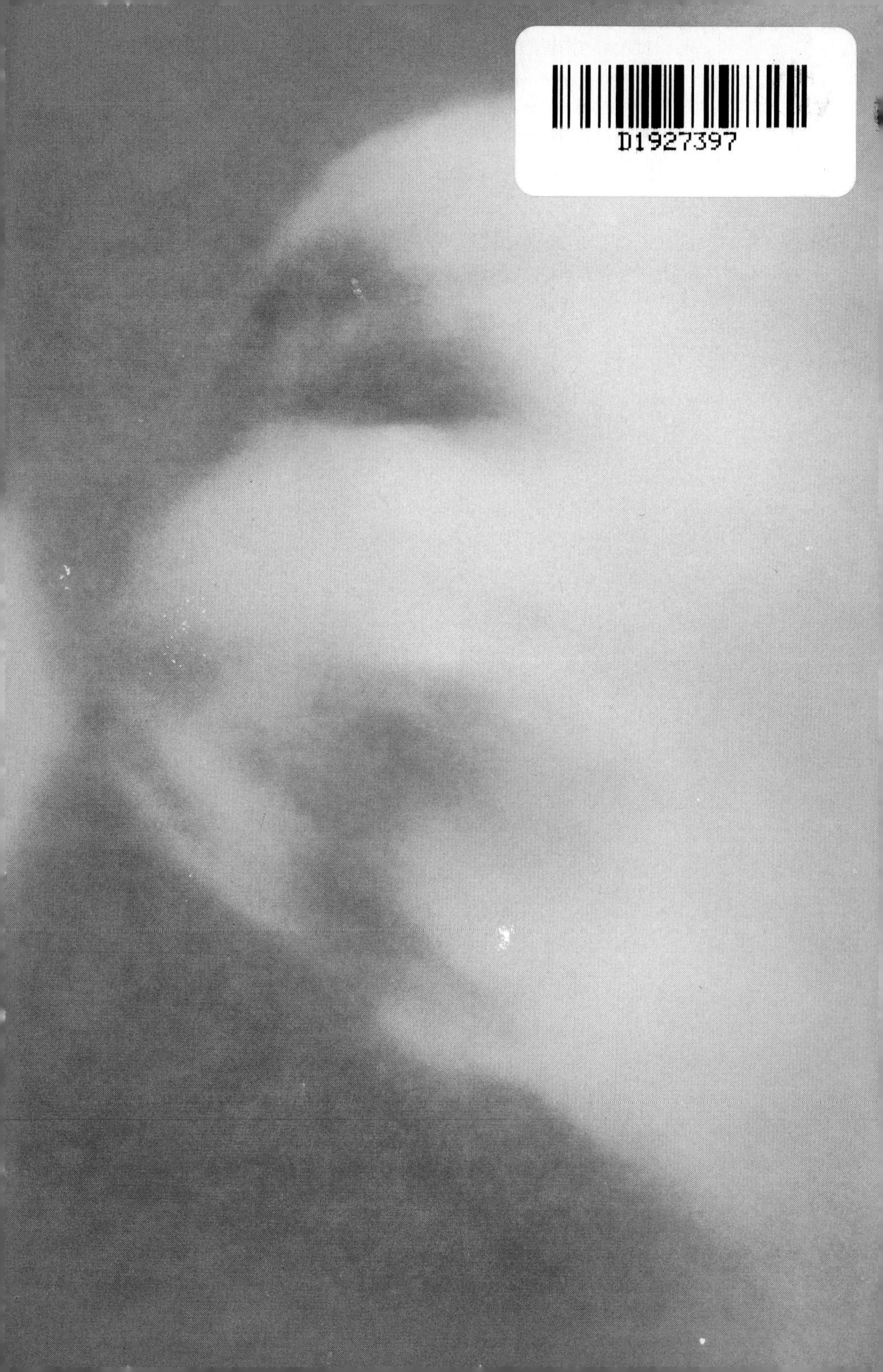

# Flauschig weich wird selbst die Leiche...

Frontberichte
aus dem Werbekrieg

# Flauschig weich wird selbst die Leiche...

Frontberichte
aus dem Werbekrieg

**von Jerry Della Femina**

herausgegeben
von Charles Sopkin

Bearbeitung
und Einführung
der deutschen Ausgabe
Dirk H. Veldhuis

**Lorch-Verlag GmbH**

Frankfurt am Main

Titel der Originalausgabe:
FROM THOSE WONDERFUL FOLKS WHO
GAVE YOU PEARL HARBOR
Front-Line Dispatches
from the Advertising War
erschienen bei
Simon and Schuster, New York
Second Printing
SBN 671 – 20571 – 4


Aus dem Amerikanischen von Fred K. Prieberg

Gestaltung: Gerd Filbig/Atelier Lorch-Verlag GmbH
Gesamtherstellung: Druckerei Schwenk & Co., Frankfurt/Main

Printed in Germany, 1971
ISBN 387 496 001 – 3

# Inhalt

# Widmung

Dieses Buch ist denen gewidmet,
die mit Herz bei der Sache sind:

*Ally, Bernbach, Burnett, Calet, Case, Dunst, Durfee, Frankfurt, Gage, Goldschmidt, Harper, Hirsch, Karsch, Kurnit, Lois, McCabe, Moss, Paccione, Raboy, Rosenfeld, Travisano, Wells*

und allen anderen.

# Vorwort

Die Werbung ist, wie keine andere Branche, höchst flatterhaft. Fakten, Umsätze, Etatwechsel und ähnliche Details sind nach unserem besten Wissen auf dem neuesten Stand. Ohne Zweifel wird sich in der Zeit, die nun einmal zwischen der Produktion und dem Erscheinen dieses Buches liegt, vieles ändern.
Etats wechseln weiterhin die Agentur, und Umsätze steigern oder verringern sich.
Wenn es trotzdem Unzutreffendes gäbe, wir bedauern es sehr.
Noch eine Schlußbemerkung: Um die Unschuldigen und die Schuldigen zu schützen, haben wir ein paar Pseudonyme verwendet.
Aber 99,44% der Namen, Agenturen und Ereignisse, die in diesem Buch vorkommen, entsprechen der Wirklichkeit.

# Die Tragikomödie der Werbung

oder ein Vorwort, das kein Vorwort ist

»Vati fährt nach Hause und bringt die Grippe mit. Nr. 1 im Doppelkammerbeutel. Olympiade im Alltag. Geschmacksnote ›würzig‹. Sorgfalt, Hygiene und gerechte Verteilung von Butter sind der Grund, warum wir seit längerem Brote mit einer Maschine bestreichen. Schwarz sein – unentschlossen zwischen Ost und West. Hartes Wasser – hartes Leben. Weil man Anzeigen anfaßt.«

Eine neue Geheimsprache? Wortschwall im Haschrausch? Nein. Nur eine kleine Ernte aus Stern Nr. 5/71. Momentaufnahme der bundesrepublikanischen Werbung. In jeden Satz ist mindestens DM 10 000 investiert worden. Eine traurige Bilanz. Und ein Zeichen werblicher Überheblichkeit. Denn welcher Verbraucher liest diesen Unsinn? Meiner Meinung nach keiner. Trotzdem geht es der Werbung seit Jahren gut. Seit Jahren sind die Verbraucher bereit, Anzeigen anzufassen und Produkte zu kaufen. Triumph der Konsumpropaganda. (Es gibt übrigens auch sachgerechte Verbraucherinformation.) Die Tragikomödie der Kreativität findet seit dem ersten Sears-Roebuck-Katalog immer wieder interessierte Zuschauer. Rosser Reeves, David Ogilvy, Harry MacMahan haben solche Tragikomödien geschrieben.

Jerry Della Femina ist der neueste Autor einer Tragikomödie. Aber bei ihm überherrscht eine gewisse Bitterkeit. Er ist ein herber Schnaps nach vielen zivilisierten Longdrinks. Er rennt offene Türen ein. Er reißt Denkmäler um. Er widerspricht und wiederholt sich manchmal. Aber seine Sprache ist erfrischend wie die Sprache der Straße, wo 95% der Verbraucher wohnen. Er war mal Laufbursche, er hat mal $ 50 000 bei Ted Bates verdient und seit dreieinhalb Jahren ist er Agenturbesitzer. Partner einer Werbeboutique.
Und mit dem Wort sind wir mitten in der Diskussion. Denn noch

nie zuvor war der Kampf zwischen dem kreativen Establishment und der kreativen Revolution so aggressiv. Und noch nie zuvor wurde von beiden Seiten soviel Unsinn geschrieben wie heute. Die alten, etablierten Agenturen versuchen kreativ zu sein. Und manchmal sind sie es auch. Die Werbeboutiquen versuchen noch kreativer zu sein. Und oft gelingt ihnen das auch.

Was heißt hier kreativ? Jeder hat dafür eine andere Definition. Der Kunde zum Beispiel ist nur dran interessiert, daß seine Produkte gekauft werden. Alles andere ist ihm egal. Die Schwierigkeiten fangen erst in den Agenturen an. Dort sitzen die Leute, die im Streß des Werbealltags beweisen müssen, daß sie kreativ sind. Jeden Tag ändern sich die Maßstäbe. Der Kreativ-Direktor versteht unter Kreativität was ganz anderes als der Etat-Direktor. Und das kreative Fußvolk grübelt und grübelt. Texter und Art-Direktoren sind die Hauptakteure der Tragikomödie, die Kreativität genannt wird.
Auf dieser Bühne wird wirklich alles geboten. Aggressivität. Intrigen. Mord. Die Freunde von gestern sind die Verräter von heute. Komplette Existenzen werden sechs Wochen vor Quartalsende am Boden zerstört. In den Kneipen der Werbestädte häufen sich die Alkoholiker. Hinrichtungen werden im »Kontakter« oder in »Werben und Verkaufen« öffentlich bekanntgegeben. Anständige Familienväter, die gestern noch stolz auf ihrem Werberoß saßen, sind morgen schon »weg vom Fenster«. Das ganze Werbereich erneuert sich immer wieder in »Blut und Eisen«.

Jerry Della Femina ist der Erste, der offen und ehrlich über dieses Thema schreibt. Ein Kapitel hat er der Angst gewidmet, der Angst des Werbemenschen. Denn in jeder Agentur gehen die Killer herum. Wie Geier wittern diese Killer, wer jetzt auf der Abschußliste steht. Und sie schlagen zu. Jeder Texter, jeder Art-Direktor weiß das. Er weiß auch, daß er nichts, nichts dagegen machen kann. Wenn die Gerüchte durch die Agentur gehen, nimmt er seine Mappe unter den Arm und bewirbt sich bei einer anderen Agentur, bevor es zu spät ist.

Aber nicht nur in der Gestaltung werden diese Tragikomödien

aufgeführt. Die zynischsten Angsttragödien finden im Kontakt statt. Weil Kontakter und Etat-Direktoren über den direkten Draht zum »deus ex machina«, zum Kunden, verfügen. Und nichts ist gefährlicher, als mit einem launischen Kunden am selben Tisch zu sitzen. Ich kenne einen Kontakter, der auf Wunsch des Kunden vom Etat entfernt wurde, weil er Nichtraucher war.

Auf der anderen Seite ist die Werbung großzügig. Wer von der Agentur A abserviert wurde, kann meistens damit rechnen, daß er ohne viel Umschweife in der Agentur B wieder einen Platz findet. Personal-Marketing wird leider bei vielen Agenturen noch klein geschrieben. Anstatt auf Killer zu hören, sollten sämtliche Agenturmanager erst mal ohne Scheuklappen die genaue Lage prüfen. Sehr oft wird sich dabei herausstellen, daß eine Kündigung wirklich nicht notwendig war. Eine Fluktuation von 30–40% kann ohne weiteres eingehend verringert werden. In der FAZ sah ich letztens eine riesige Anzeige, worin – unter Chiffre! – fast eine ganze neue Agenturmannschaft gesucht wurde, angeblich weil die Agentur so viele Etats dazubekommen hätte. Eine anonyme Anzeige von einer anonymen Agentur: Welcher gute Mann wird sich bewerben? Werden Sperrvermerke berücksichtigt? Diese Agentur hat sich noch nicht mal die Mühe genommen eine Personalberatung einzuschalten. Hier wird ein übles Spiel gespielt, ein Spiel das der Werbung unwürdig ist.

Jerry Della Femina schreibt, er wüßte nicht, nach welchen Kriterien er Kontakter beurteilen solle, die sich bei ihm bewerben. Denn im Gegensatz zu Textern oder Art-Direktoren können diese Leute nichts Greifbares vorweisen, sie haben keine Bewerbungsmappen mit Kampagnen dabei. Das ist – kurz gesagt – die Tragödie vieler Kontakter. Wie sollen sie beweisen, daß sie gut sind?
Die GWA-Agenturen setzen mehr als zwei Milliarden Mark um. Aber an keiner Universität in der Bundesrepublik gibt es einen Lehrstuhl für Werbewirtschaft. Eine traurige Bilanz.

Eine traurige Bilanz bietet auch das Werbefernsehen. Zwischen sechs und acht Uhr abends werden Millionen von Verbrauchern endlos gelangweilt mit endlosen Blocks von endlos langweiligen Spots. Ganz vorn auf der Langeweileliste stehen die Waschmittel ›Fakt hat jetzt PSE‹. Eine umwerfende Neuigkeit. All gibt's jetzt in der Silberpackung: ›Deutschlands Wäsche atmet auf‹. Und schon ist die Qual der Wahl da. Gleich hinter den Waschmitteln kommen die Zigaretten. Lüstern-verlebt aussehende Quasimänner rollen sich durch den Schnee und rauchen pausenlos »nikotinarm im Rauch«. Auf der einen Seite langweilige Spots, auf der anderen Seite zu lange Blocks. Warum es zwischen den einzelnen Sendungen statt blöd lächelnden Ansagerinnen kein 2-Minuten-Werbefernsehen geben kann, ist mir völlig schleierhaft.

Jerry Della Femina erzählt mit bitterem Humor von seinen Schwierigkeiten mit der Zensur beim Fernsehen und bei den Illustrierten. In den Vereinigten Staaten werden demnächst keine Zigarettenspots mehr auf dem Bildschirm erscheinen. Und auch hier wird es bald so weit sein. Die hiesige Zigarettenindustrie hat sich schon auf eine Art Selbstzensur geeinigt, und dies ist meistens der Anfang vom Ende. Vielleicht sind deswegen viele Zigarettenspots so penetrant langweilig. Die heimliche Zensur vieler Illustrierten äußert sich nur selten. Nur selten werden Fälle bekannt, daß eine Illustrierte eine Anzeige abgelehnt hat. Manchmal kommt es gar nicht so weit. Die Selbstzensur der Kunden und Agenturen verbietet ohnehin, daß die »Fakten des Lebens« einfach beim Namen genannt werden. Auch hier verblödende Konsumpropaganda statt kreativer Verbraucherinformation. Die widerlichste Art von Zensur wird bei sogenannten Plansboards oder Reviewboards praktiziert. Diese Massenmeetings vieler etablierter Agenturen sind im Grunde genommen nichts anderes als eine Gerichtsverhandlung. Angeklagte sind Texter und Art-Direktor, Ankläger in der Regel Mitglieder der Geschäftsleitung und Etat-Direktoren. Wer es in einer großen Agentur ziemlich weit gebracht hat, darf die Arbeiten seiner Kollegen zum Tode verurteilen. Dieses Gesellschaftsspiel gehört leider immer noch zum Agenturalltag.

13

Ein anderer Bestandteil des Agenturalltages heißt schlicht und einfach: Neugeschäft. Alle Kreativen sind wie besessen auf Neugeschäft. Denn mit Neugeschäft hat der Kreative die Chance sich zu profilieren. Er kann alle Register seines Könnens ziehen. In vielen Agenturen wird der Fehler gemacht, immer den selben Teams das Neugeschäft zuzuschieben. Die anderen fühlen sich hierdurch frustriert und zurückgestellt.

Der Grund warum gerade ›New Business‹ von den Kreativen so herzlich begrüßt wird ist, daß ein Team auf die überlieferten Ansichten der vorigen Agentur keine Rücksicht zu nehmen braucht. Der Kunde hat nur deshalb die Agentur gewechselt, um nun endlich seiner Werbung frisches Blut einflößen zu können. Aber auch in diesem Falle probieren verschiedene Leute – vor allem Kontakter – den Richter zu spielen. Sie behaupten, daß dies oder jenes dem Kunden nicht angenehm sei. Es hängt von der Geschäftsleitung der Agentur ab, ob bei Neugeschäft tatsächlich neue kreative Weichen gestellt werden können.

Jerry Della Femina wundert sich über das Phänomen, daß eine Agentur wie Doyle, Dane & Bernbach die beste Schnapswerbung macht, aber mit der Bierwerbung völlig daneben liegt. Aber DDB ist nicht die einzige Agentur, der so etwas passieren kann. Sowohl in den USA als auch in der Bundesrepublik gibt es dafür weitere Beispiele. Eine Agentur kann jahrelang erfolgreich arbeiten, und auf einmal geht es mit einem bestimmten Etat total schief. Das Resultat ist Verzweiflungswerbung. Die Anzeigen werden immer skuriler, die Fernsehspots immer unverständlicher. Bei Söhnlein Sekt war dies der Fall: meiner Meinung nach eine schöne Kampagne für die Bewerbungsmappe, aber darüber hinaus ziemlich wertlos. (Zurück zur Bierwerbung. Momentan kann ich nur zwei Brauereien nennen, die eine konsequente Konzeption haben. Es sind Henninger und Wicküler. Diese Unternehmen und ihre Werbeagenturen haben erfaßt, daß das meiste Bier nicht von der König Pilsner-Elite getrunken wird, sondern von der breiten Masse der echten Biertrinker.)

Jerry Della Feminas Buch ist ein Plädoyer für die Kreativität im wahrsten Sinne des Wortes. Der Autor hält nichts von Blabla-Kreativität, von mühseliger Dialektik in Anzeigen, weil Kunde und Agentur zu bequem und zu feige sind, den Verbraucher mit Fakten zu konfrontieren.
Wer jetzt eine Illustrierte durchblättert, braucht nur fünf Minuten, um die faulen Kompromisse herauszuholen. Einerseits gibt es die ungehemmte Kreativität, andererseits die saubere Langeweile. Aber ich sage nicht, daß die gute Werbung in der Mitte liegt. Wirklich gute Werbung beschäftigt, regt an. Der Verbraucher läßt sich fast nie manipulieren, er läßt sich aber gern lenken.

Ein treffendes Beispiel einer Manipulation ist der Farbfernseher. Der Verbraucher sieht nicht ein, warum er für ein Gerät, das ohne weiteres 500 bis 700 Mark billiger hätte sein können, immer noch einen halben VW auf den Tisch blättern muß. Da hilft auch die Werbung nicht mehr; sie kann den Rückgang nur für kurze Zeit aufhalten.
Ein anderes Beispiel von Manipulationswerbung sind die Anzeigen von einigen Autoherstellern, die lauthals verkünden, daß ein bestimmtes Modell das X-Rennen gewonnen hat und daß der Verbraucher nun die Gelegenheit bekommt, dieses Modell für DM 5999,– inklusive Mehrwertsteuer zu erwerben. Was nicht erwähnt wird, ist die Tatsache, daß das gewinnende Modell eine Sonderanfertigung war, vollgepfropft mit teuren Zusatzteilen.

Vor allem die jüngere Generation läßt sich auf diese Weise nicht mehr manipulieren. Sie hat ein gutes Gespür für Halbwahrheiten. Und dies wird leider allzuoft von Industrie und Werbung vergessen.
Jerry Della Femina plädiert für eine neue Werbung, eine Werbung, die auf kreative Weise sachgerechte Verbraucherinformation gibt. Der Begriff »Truth in Advertising« ist abgedroschen und lapidar. Denn jeder Verbraucher weiß, wie dehnbar dieser Begriff ist. Kein Mensch wird der Benzingesellschaft glauben, die mitten im Gestank

einer Tankstelle Schilder anbringt worauf Sätze stehen, wie zum Beispiel: »für mehr Kilometer und reinere Luft«. Vor zehn Jahren hätte dies vielleicht noch funktioniert, aber die Zwanzigjährigen von heute lachen sich kaputt. Genauso wie das Obrigkeitsdenken in der Gesellschaft langsam verschwindet, so wird die jüngere Generation sich nicht mehr mit Werbedialektik abspeisen lassen. Industrie und Werbung müssen endlich aus ihrer »splendid isolation« heraustreten und den Tatsachen ins Gesicht schauen.

Ein Paar Unternehmen tun dies bereits. Ich möchte hierbei an die »Esso Happy Motoring«-Kampagne erinnern, die auch in Deutschland geschaltet wird. Diese Kampagne geht zwar von einer heilen Welt aus, aber sie stellt diese Welt nicht so penetrant himmelhochjauchzend dar. Wie zum Beispiel Peter Stuyvesant das macht. Meines Erachtens wird doch niemand ernsthaft glauben, daß das Rauchen von möglichst vielen Peter Stuyvesant-Zigaretten die Verbindung von Mensch zu Mensch fördert.

Jerry Della Femina hat sich hingesetzt und alles aufgeschrieben, was ihm einfiel. Und daraus ist ein Buch entstanden. Das erste Buch über die Werbung, das mit vielen Illusionen gründlich abrechnet. Vielleicht hat er zuviel mit dem Hackebeil gearbeitet, aber das hat den Vorteil, daß der Leser sich keinen Moment langweilt.

Dirk H. Veldhuis

# Nazis nehmen einem keine Etats weg

Die meisten Leute denken, daß Tony Randall gleich Werbung ist. Sie glauben wirklich, daß diese Branche aus 90 000 Tony Randalls besteht. Aus Jungs, die alle so glatt und höflich sind wie Tony Randall. Hollywood hat ihnen die Vorstellung eingetrichtert, daß der Werbemann ein glatter, schnoddriger, höflicher Junge sein muß. Diese Leute wissen von der Werbung nicht die Bohne.
In den dreißiger Jahren bildete sich jeder ein, Adolphe Menjou sei der typische Werbemann. Gegen 1940 wurde er abgeschoben, und dann hatten wir Melvyn Douglas. Erinnern Sie sich noch? Zwischen Menjou und Douglas gab es einen Unterschied. Menjou war oberflächlich, er hatte nicht die geringste Ahnung. Auch Douglas verstand nichts davon, aber das war ihm völlig egal. Manchmal sah Menjou aus, als habe er Angst davor, einen großen Etat zu verlieren. Aber Douglas wirkte in diesen Filmen so, als ob er nichts weiter zu tun hätte als Rosalind Russell zu bumsen. So konnte es ihm auch egal sein, ob er den Etat nun verlor oder nicht.

Alle diese Filme sahen gleich aus.
*Szene 1:* Man untermalt einen New Yorker Wolkenkratzer mit irgendwelcher New Yorker Bimmelmusik. Dann fährt die Kamera auf den Fahrstuhl des Gebäudes zu. Douglas betritt das Gebäude. Der Liftboy sagt: »Guten Morgen, Mr. Höflich!« Dann knallen die Aufzugstüren zu. Schnitt. Nächste Einstellung: Die Nummern der Stockwerke leuchten auf – bis zum achtzehnten. Douglas verläßt den Aufzug und geht durchs Büro. Gleich darauf sieht man, wie er irgendwen fertigmacht. Es ist seltsam, wirklich verrückt. So stellte der Film die Werbung dar. Douglas hatte nie richtige Probleme. Obwohl er in der Werbung war.

Clark Gable. Ein schöner Typ. Er spielte den Helden in »The Hucksters« (»Werbefritzen«), den Mann, der den schwierigen Seifenetat rettet – obwohl das Drehbuch George Washington Hill von der American Tobacco Company zum Vorbild hatte. »The Hucksters« muß eine Menge Leute von der Straße weg zur Werbung verlockt haben.

Schließlich war da das Image. Gables größte Sorge war, und das mindestens fünfmal am Tag, den »Super Chief«-Schnellzug zwischen Chikago und der Küste nicht zu verpassen. Der Film hatte nämlich sowas in sich.
Dann wechselte das Image auf Randall über. Er ist glatt und höflich. Von unten gleicht er einer Muschel. Er ist grauenhaft. Ganz tief drinnen ist Randall wirklich ein sehr oberflächlicher Bursche. Die wirkliche Werbung sieht mehr wie Wally Cox aus. Anders als Randall zeigt Cox Angst. Cox ist aus dem Leben gegriffen. Man begegnet ihm. Ich hatte schon mit Leuten wie Cox zu tun.

Ich kenne jemand in einer sehr großen Agentur. Nennen wir ihn Jim. Der hatte mal Mut. Jagdflieger, zweiter Weltkrieg. 1940 ließen sie ihn in den USA nicht fliegen, weil er erst siebzehn Jahre alt war. Er ging dann zur Royal Canadian Airforce. Ein kluges Köpfchen und jede Menge Mumm. Er flog in der Schlacht um England. Von Anfang bis Ende. Wird aus dem Militärdienst entlassen und weiß nicht, was er machen soll. Er ist immer noch ein Junge. Als Soldat wurde, gerade achtzehn Jahre alt. Jim fängt bei einer kleinen Werbeagentur an. Zu diesem Zeitpunkt ist er immer noch tapfer und klug. Als er älter wird, wächst die Angst. Er könnte sein Gehalt verlieren, sein Spesenkonto. Je höher er aufsteigt, desto mehr Angst kriegt er. Dieser Junge ist heute ein verängstigter kleiner Kontakter. Und dabei ist er erst Anfang Vierzig.
Ich habe ihn mal gefragt, was zwischen der Zeit, als er noch Flugzeuge abschoß, und heute passiert sei. Warum er jetzt ein angstgehetzter Kontakter ist. Er guckte mich an und sagte: »Ja, weißt du, die Nazis haben eben nie versucht, mir einen Etat wegzunehmen.«

Jemand, der dasitzt und zusieht, wie Tony Randall sich auf der Leinwand aufspielt, sollte mal in einer großen schlechten Agentur dabei sein, wenn ein Riesen-Etat verlorengeht. Am ersten Tag jammert noch niemand. Nur ein Rundschreiben geht herum, das sagt: »Wir bedauern sehr, Ihnen mitteilen zu müssen . . .« Das nächste, was passiert, ist, daß der Präsident der Agentur sagt: »Schmeißt sie 'raus! Die waren sowieso nicht gut.«
Das ist die inoffizielle Haltung. Man genehmigt sich sogar einen, und jeder meint: »Ohne die sind wir besser dran. Die waren doch zu nichts fähig und, jawohl, jetzt werden wir erst richtig das große Neugeschäft ins Haus bringen.« Sehr interessant, das alles zu beobachten. Während die Kontaktleute reden, gehen sie in kleinen Gruppen auseinander. Sofort ist die allgemeine Eigenlob-Stimmung da.
»Hurra, wir sind diese Säcke los. Ich brauche mir von dem Scheißkerl nichts mehr gefallen zu lassen, und seine Frau ist eine Säuferin.«
Dann bilden sich noch kleinere Grüppchen. An diesem ersten Tag herrscht nur noch Aufregung. »Wir haben den Etat verloren!« Am nächsten Tag: die große Pleite. Das Telefon steht nicht still. Die Jungs holen ihre kleinen Adreßbücher heraus und rufen jeden an, den sie jemals in der Werbung getroffen haben. Am zweiten Tag rufen sie auch schon Judy Wald an, eine Dame, die eine der größten Personalvermittlungen leitet. »Judy«, sagen sie, »ich möchte mal mit meinem Mäppchen vorbeischauen.« Verschiedene Leute mit dicken, verdächtig aussehenden Paketen unter dem Arm verlassen das Büro. Diese Pakete sind ihre Bewerbungsmappen, ihr Lebenswerk, alles, was sie zusammenkratzen konnten, um irgendwie einen neuen Job zu bekommen. Sofort meint nämlich jeder, daß er seinen Job verliert.

Das obere, das Spitzenmanagement ist schlauer. Sie machen sich gleich an einen Etat heran, der noch nicht im Haus ist. Sagen wir, zum Beispiel, unsere Agentur verliert Texaco. Plötzlich sagt ein Vize-Präsident, »Ich war mal mit einem Mann von Sinclair Oil zusammen in der Schule. Die müßten

doch eigentlich von *Cunningham & Walsh* die Nase mehr als voll haben. Ich werde den alten Jack mal anrufen. Vielleicht können wir einen zusammen trinken. Ich habe das gute Gefühl, daß ich mit Sinclair irgendwas anleiern kann.«
Um nicht gleich aus dem Rennen geworfen zu werden, sagt ein anderer Vize-Präsident: »Ich kenne da einen Typ bei Esso drüben. Das ist was anderes wie dein Knabe bei Sinclair. Mein Mann bei Esso nämlich ... wir sind nicht nur zusammen in die Schule gegangen. Wir waren auch Kriegskameraden. Die Esso ist mit ihrer Agentur nicht glücklich. Mein Freund hat mir das schon x-mal gesagt. Ich meine, wir könnten mit Esso wirklich was anbahnen.«
Jeder Wichtig-Typ in der Agentur sucht sich irgendeine große Firma aus. Auf diese Weise zeigen sie alle ihre Angst. Alle reden sie über einen großen, dicken Etat, den sie ins Haus bringen könnten. Es wird nie was passieren, aber das kümmert sie nicht. Sie versuchen es. Sie glauben aufrichtig daran, daß sie's schaffen. Was für wunderschöne Telefongespräche sie führen! Der Vizepräsident ruft seinen Kumpel Jack an, der sich vielleicht an ihn erinnert –, vielleicht auch nicht, und er sagt: »Hallo, Jack, weißt du, wir sind nämlich eben von Texaco gekündigt worden ... Wird mal Zeit, daß wir beide einen trinken.« Kumpel Jack trinkt einen mit ihm. Er geht wieder in seine Agentur zurück, und so ganz beiläufig, beim nächsten Management-Meeting, sagt er: »Als ich zu Jack sagte, daß wir den Etat verloren haben, lächelte er mir zu. Ich kenne dieses Lächeln. Ich weiß, was dahinter steckt. Er wollte mir sagen: Ich kann ihn dir jetzt noch nicht geben, mein Lieber, aber in sechs Monaten hast du ihn in der Tasche. So habe ich es wortwörtlich gehört«. Es gibt noch eine schlichte Variation zu diesem Thema. »Als er nein sagte, sagte er es mit so einem Unterton, der eine Hintertür für uns offenläßt. Er meinte damit, daß der Etat in sechs Monaten uns gehört. Wir haben ihn.« Auf diese Weise belügt das Top-Management sich selbst, und so belügen diese Jungs sich auch noch gegenseitig. Nach einiger Zeit vergessen sie die ganze Sache. Sie sind vollauf damit beschäftigt, New Business ins Haus zu holen, Meetings abzuhalten und sich in die Gestaltung einzumischen. Vergessen

ist Kumpel Jack und daß der alte Schulkamerad Jack ihnen Esso, Sinclair, Shell verschaffen konnte. Vergessen alles, was sie damals anleiern wollten. Die Wichtig-Typen bleiben am Ball. Sie müssen im Geschäft bleiben. Das Fußvolk ist schon längst weg vom Fenster. Sie hatten nicht die kleinste Chance. Die Wichtig-Typen haben sie fertiggemacht. Sie wurden hinausgeschmissen.

Das Image der Werbung hat Ewigkeitswert. Ein gutes Beispiel dafür ist der Film »Blow Up«. Da ist dieser mickrige englische Fotograf – ein Modefotograf –, und die beiden Modezicken vergewaltigen ihn buchstäblich auf seinem ekelhaften violetten Hintergrund. Tausende sehen zu, wie dieser Fotograf hin und her hüpft und erst die eine und dann die andere bumst und dann wieder von vorne anfängt, und sie denken: »Du, stell' dir vor, was alles in der Werbung los ist, wenn das schon einem Fotografen passiert.« So entschließt sich jede Menge Leute dazu, nicht mehr Milch auszufahren oder was immer sie machten, sondern statt dessen gleich in die Werbung einzusteigen.
Die das nicht tun, reden darüber. Man begegnet ihnen bei Partys, und sie fragen einen: »Machen Sie die Bildunterschriften oder machen Sie die Fotos?« Für sie ist das der Unterschied zwischen einem Texter und einem Art-Direktor. Der Texter schreibselt eben die Zeilen unter die Bildchen.
Wenn es nach diesen Leuten ginge, so spielst du nur noch herum. Du bist den ganzen Tag bis oben hin voll mit Pot oder Hasch, und zwischen zwei Trips gehst du noch mit Frauen fremd.
Ein Freund, mit dem ich in Brooklyn zusammen aufwuchs – heute ist er bei der Feuerwehr –, sagte mir mal: »Junge, Junge, von morgens bis abends Fotomodelle, bis sie dir aus den Ohren kommen! Du bringst dich noch um. Ich war mal in deinem Büro und habe da die Mädchen mit den superkurzen Miniröcken gesehen. Mensch, in dieser Branche ist was los. kann ich nicht mal vorbeikommen? Und zusehen? Nur ein bißchen zugucken . . .« Er möchte dabei sein. Er bildet sich ein,

daß die Fotomodelle es mit jedem tun. Und dann dreht man auch noch Fernsehspots, das bedeutet: Schauspielerinnen! Seiner Ansicht nach bin ich in Hollywood. Und die ganze Welt ist ein einziges Riesensofa, worauf die Darstellerinnen zur Auswahl bereitliegen.

Dieses Gerücht von Herumalbern ist sehr übertrieben. Erstens ist das Durchschnitts-Modell so saudoof, daß niemand ihm gern zu nahekommt. Zweitens neurotisch. Es ist die neurotischste Gruppe von Leuten, mit denen Sie zu tun haben können. Das Durchschnitts-Modell ist so beschränkt, daß einem dabei die Spucke fast wegbleibt. Eins sollte man aber bei Modellen nicht aus den Augen verlieren: Sie leben von ihrem Aussehen, und ihre einzige Beschäftigung ist, gut auszusehen. Doch gehen sie fünfmal am Tag zu einer Agentur wie *Ted Bates* oder *J. Walter Thompson* und sitzen da in einem Zimmer mit fünfzehn anderen Fotomodellen herum, die genauso gut aussehen. Der Art-Direktor steht da und sagt: »OK, Mädchen, steht mal auf, dreht euch mal um und sagt: ›Duz macht's‹ mit einem französischem Akzent.« Also laufen die Mädchen herum, murmeln »Duz macht's« mit französischem Akzent oder ohne französischen Akzent – es kommt nicht so drauf an –, und am Ende der Vorstellung sagt der Art-Direktor: »OK, du da drüben, du bleibst. Allen anderen vielen Dank fürs Vorbeikommen!«
Ich habe mal fünfzehn Modelle wegen eines Hygienesprays für Frauen interviewt, und eine bekam den Job. Vierzehn wurden abgelehnt. Diese Modelle gehen von unserer Ablehnung zur nächsten und übernächsten Ablehnung, bis sie am Ende völlig durchdrehen. Wie oft an einem Tag erträgt man es schließlich, abgelehnt zu werden?
Daher ist das Durchschnitts-Modell so verrückt, daß die meisten Männer nichts mit ihr zu tun haben möchten. Übrigens sind der Art-Direktor und vielleicht noch der Kontakter die einzigen Leute in der Agentur, die persönlich mit Fotomodellen zu tun haben. Die Modelle sind auf Art-Direktoren gar nicht scharf, weil es sich meistens um einen einmaligen Job handelt. Und das ist was anderes als eine Auswahl bei einer Filmproduktion.

Der Art-Direktor nimmt das Modell nur für einen Spot, und dann sieht er es vielleicht nie wieder.
Die einzigen, die es darauf anlegen mit Fotomodellen zu schlafen, sind die Fotografen. Und Fotografen sind Affen. Ich meine, sie sind wirklich Affen. Wissen Sie, die meisten Fotografen sind kleinwüchsig und haben sehr lange Arme. Ich denke, daß die langen Arme vom Taschen-Tragen kommen. Schließlich ist es eine Menge Ausrüstung, die sie dauernd mit sich herumschleppen müssen. Die Arme einiger Fotografen streifen den Boden, so lang sind sie. Meiner Meinung nach tun die Fotografen es mit den Modellen. Vielleicht mache ich es jetzt wie mein Freund, der Feuerwehrmann. Denn er ist sich sicher, daß ich es bin, der jedes Fotomodell in der Stadt bumst. Und ich bin sicher, daß es die Fotografen sind, die das große Bumswerk tun.

Wenn es in der Werbung schon mit »erwachsenen« Modellen wenig Romantik gibt, so noch weniger mit Kindermodellen. Sie müßten Kindermodelle mal erleben! Kindermodelle fressen die Fransen vom Teppich, so verrückt sind sie. Bei denen ist eine Schraube locker. Und die Mütter haben auch eine Meise.
Als ich für *Daniel & Charles* arbeitete, mußten wir einen Spot für ein Kinderspielzeug drehen, das Colorforms hieß. Weil wir es uns nicht leisten konnten, den Spot auf Location zu drehen, mußten wir uns mitten im Winter mit dem Central Park begnügen. Wir ließen die Kinder Polohemden und kurze Hosen anziehen und fuhren zum Park hinaus. Es muß sieben bis neun Grad unter Null gewesen sein, und überall lag Schnee. Wir schafften es, ein Stück Boden freizuschaufeln, wo die Kinder mit dem Spielzeug spielen sollten.
Die Kinder waren blau gefroren und weinten. Die Mütter brüllten die Kinder an, weil sie nicht wollten, daß die Kinder den Job vermasselten. Es war fürchterlich.

Da machte mal eine Agentur einen Fernsehspot auf Fire Island. Beim Drehen war die übliche Bande von Leuten dabei: das Kindermodell, die Mutter vom Kindermodell, die dauernd dem *Agentur-FFF-Mann* in den Ohren lag, der Regisseur, der

Regieassistent, Beleuchter, Kameraleute, Skriptleute, Leute von der Agentur, Kontaktleute . . . die übliche, riesige Bande.
Wie es auch sei, der Film ist im Kasten, und jeder packt ein und geht zur Anlegestelle hinunter, um die nächste Fähre zurück nach New York zu bekommen. Die Mutter redet immer noch auf den *FFF-Mann* ein und erzählt ihm, wie großartig ihr Kind ist. Der Kameramann erzählt dem Regisseur, was für eine gute Kameraführung der Spot hat. Der Texter erzählt dem Kontakter, was für ein gutes Drehbuch er geschrieben hat – das übliche Geschwätz derer, die dabei waren. Jedermann erreicht das Boot, und sie schicken sich an, an Bord zu gehen, da dreht sich jemand um – und es war nicht die Mutter – und fragt: »Nanu, wo ist denn der Kleine?«. Alles wird sofort durchgekämmt. Und nun stellt sich heraus, daß sie das Kind am Strand zurückgelassen hatten. Einfach am Strand zurückgelassen, wo es im Sand spielte.

Als ich noch für *Bates* arbeitete, ging ich eines Tages durch den Empfang, als plötzlich kleine chinesische Knaben um mich herumwimmelten. Der Raum war gestopft voll. Mindestens fünfzig chinesische Mütter müssen auch dabei gewesen sein. Nun sind die Chinesen eine sehr stabile Gruppe. Wahrscheinlich sind sie der vernünftigste Bevölkerungsteil von New York. Dennoch gab es genügend verrückte chinesische Mütter, um den Empfang von *Bates* mit diesen kleinen chinesischen Kindern vollzustopfen, die sich alle um nur einen Job rissen. Wieder wird nur ein chinesisches Kind gebraucht, und man denke an die Ablehnungen. Fünfzig chinesische Kinder könnten eine Revolution anfangen, wenn sie nur oft genug abgelehnt worden sind.
Man muß wirklich einen Vogel haben, um Fotomodell zu werden. In einer jener Perioden, als ich ohne Arbeit war, drehte ich auf gut Glück einen Fernsehspot mit meiner eigenen Tochter, weil ich kein professionelles Kindermodell bezahlen konnte.
Als wir loszogen, fiel mir auf, daß das Kind schon völlig überkandidelt war. Es war übergeschnappt. Meine Tochter war so außer sich, daß sie gar kein Kind mehr war. Sie war so weit

weg, als wäre sie im Haschrausch. Sie konnte nicht mehr sprechen, sie atmete heftig. Für ein Kind ist es eine verrückte Erfahrung, so was machen zu müssen. Es bekommt die Idee, es sei besser als normale Leute, weil es in einer Anzeige zu sehen ist.

Als ich bei *Fuller & Smith & Ross* arbeitete, war ich in der Basketball-Mannschaft der Agentur. Eines Abends stand ein Spiel mit einer Gruppe Dressmen auf dem Spielplan. Nun heißt es immer, daß alle männlichen Fotomodelle schwul sind. Das trifft nicht für alle zu, aber eine ganze Reihe von ihnen sind zu schön um wahr zu sein.
Da kommen die Dressmen herein, und fünf von den allerschönsten Kerlen der Welt laufen aufs Spielfeld. Wir starrten sie an, so süß sahen sie aus. Und wie wir uns das schon ausgemalt hatten, Sie wissen ja, Dressmann und so, Jungs, wir hauen die in die Pfanne. Eins vergaßen wir dabei: Viele Dressmen waren früher im College verdammt gute Basketball-Spieler. Es war eine großartige Schau. Das Spiel geht los, und schon bald finde ich eine Lücke und fange an, auf ihren Korb loszurennen. Ich stehe frei, völlig frei, jedenfalls denke ich das. Ich will gerade hochspringen, und während ich springe, kommt da einer dieser Burschen, einsneunzig groß, so wahr mir Gott helfe, also einer dieser Apolle trifft mich mit dem Ellbogen gleich an der Nasenspitze. Ich stürzte zu Boden und konnte sekundenlang nichts sehen. Der Schmerz war unerträglich. Das Blut schoß mir aus der Nase. Ich selbst, der Boden, alles war voll Blut. Als ich mich auf dem Boden herumwälzte, schrie ich: »Meine Nase! Meine Nase!« Und dieser schöner Bursche schaut da so auf mich herunter und sagt: »Nennst du das eine Nase?« Es war so komisch, daß ich lachte und Blut spuckte zugleich.

Selbst wenn ich mit Engelszungen redete, dann würden die Leute die Werbung weiterhin doch neidvoll betrachten. Unverständlich! In einem gewöhnlichen Versicherungsbüro gibt es auch ganz schön schiefe Sachen. Aber es kommt den Leuten viel weniger romantisch vor als in der Werbung. Vor vielen

Jahren, als ich mal pleite war und bei Macy's Spielzeug und dann bei Gimbel im Untergeschoß Bademäntel verkaufte, dachte ich über das Durcheinander in der Werbung nach. Kürzlich hörte ich von einem Buch mit dem Titel »Seventh Avenue«, in dem jedermann aus der Konfektionsbranche versuchte, möglichst als erster durchs Ziel zu gehen.
Als ich da bei Gimbel im unteren Erdgeschoß saß, kam mir das alles gar nicht so romantisch vor.
In jeder Branche gibt es Leute, die gern mal rumfummeln. Ich bin sicher, daß es eine Menge Handwerker gibt, die nicht nur Bücherregale aufstellen. Und Milchfahrer, die nicht nur Milch ausfahren. Nur der Werbung wird dieser Zauber nachgesagt, und wir können nichts dran ändern.

Kommen wir aufs Saufen. In den sehr großen arrivierten Agenturen findet tagsüber kein Gelegenheits-Saufen statt. Clark Gable kippte zwar schnell einen vor jedem Meeting. Aber bei *Bates* gibt's fürs Fußvolk keinen Schnaps. Wer zum Fußvolk gehört, trinkt einfach nicht. Man kann sich bei *Bates* einen genehmigen, wenn man zu den Wichtigen, zu den ganz Wichtigen gehört, aber dann auch nur im eigenen Zimmer. Sobald eine Agentur einen Etat dazugewinnt, mag da einer besonders nett sein und echt New Yorker Champagner spendieren. Bei *J. Walter Thompson* können Sie das alles gleich vergessen. Die wollen da kaum wahr haben, daß es so was wie Alkohol gibt. Jahrelang weigerte sich *Thompson* sogar, Schnapsetats zu betreuen, weil der Präsident Anti-Sauf war. Der sicherste Weg, bei *Thompson* rausgeschmissen zu werden, war damals, leicht angedudelt in die Agentur zu kommen. Man gehe alle größeren Agenturen durch: getrunken wird da sehr wenig. Natürlich kann jemand zum Mittagessen einen trinken. Und es gibt in einer Agentur immer eine Handvoll Leute, die, wie jeder es nennt, ein »Saufproblem« haben. Aber auch in einem Börsenmaklerbüro sitzen ein paar Burschen mit demselben Problem.

Als ich vor sieben Jahren bei *Fuller & Smith & Ross* arbeitete, war da ein Kontakter, der sich schon zu einem richtigen Säufer entwickelt hatte. Wer mit ihm zu reden hatte, mußte das vor elf Uhr morgens erledigen. Um drei Uhr nachmittags konnte man sich zwar mit ihm unterhalten, aber so ein Gespräch verlief ziemlich einseitig; er war mit dem Köpfchen nicht dabei. Er war besoffen. Und besoffen wie er ist, dreht er die schönsten Geschichten. Die standhafte Sauftruppe in den Agenturen ist mittags schon nicht mehr ansprechbar. Wer auf Nummer Sicher gehen will, muß sie vor dem Mittagessen aufsuchen.

In unserer Agentur greifen wir gegen Feierabend zur Flasche, besorgen uns etwas Eis, und wer was saufen will, nimmt sich ein Glas. Bei den neueren und mehr legeren Agenturen in der Stadt wird nur wenig gepichelt. Niemandem ist es unangenehm, wenn ich ihn trinken sehe, denn er hat mich auch schon trinken gesehen. Niemandem in unserer Agentur ist es peinlich, eine Flasche aufzumachen. Ein Kontakter kann zu mir herüberkommen und sich eine Flasche holen, ohne daß ich zu mir selbst sage: »Du, der hat bestimmt ein Saufproblem, den müssen wir im Auge behalten.« Vielleicht wird deswegen in unserer Agentur mehr getrunken als in anderen New Yorker Agenturen.

Es gibt ein paar Leute, die das Saufen anheizen. Als ich bei *Delehanty, Kurnit & Geller* arbeitete, war ich der Anheizer. Meine Sache war's, Shep Kurnits Schnaps zu klauen. Er war der Präsident, und ich mußte versuchen, an seinen Schnaps heranzukommen. Sechs Monate lang ging das so: Immer, wenn Shep einen Kunden bei sich hatte, machte er seinen Getränkeschrank auf – den er stets unter Verschluß hielt – und griff nach der Flasche, und siehe da: Sie war schon weg. Er wußte, daß ich sie hatte. Die ganze Agentur lauerte nur darauf, daß ich sie klaute. Das war eine Schau. Zum Schluß kam er eines Tages auf mich zu und sagte: »Jerry, sieh mal, ich will ja gar nichts sagen, aber du mußt mir verraten, wie du an den Getränkeschrank rankommst. Ich spendiere dir das Zeug, du brauchst mir nur zu erzählen, wie du einen verschlossenen Getränkeschrank aufkriegst«. Shep hatte einen Brieföffner auf seinem Schreibtisch liegen, ein Geschenk vom »One Hundred Million Club«, einer Direct-Mail-Gesellschaft. Ich nahm den Brieföffner und sagte: »Schau, ich mache jetzt den Schrank schneller auf als du mit dem Schlüssel.« Ich schob den Öffner zwischen Rand und Tür und ließ das Schloß ohne Mühe aufspringen. Die Schranktür schwenkte auf. Shep guckte mich an und sagte: »OK, ich lasse den Schrank offen, aber Pfoten weg von meinem Brieföffner!« Shep ist wirklich ein patenter Junge.

Manchmal saufen die Agenturleute nicht im Büro. Statt dessen schaffen sie sich in die einschlägigen Lokale.
Das Teheran auf der 44. Straße ist zum Beispiel die *DDB*-Stammkneipe. Es ist ihr Lokal. Immer voll, Weiber im Überfluß, und allezeit ist dort was los. Die Freitagabende sind die schönsten Abende im Teheran. Am Freitagabend finden Leute, die vor fünfzehn Jahren bei *Doyle, Dane* weggegangen sind, den Weg zurück ins Teheran.
Die Leute von *Delehanty* gehen ins Mont d'Or, drüben auf der 46. Straße Ost, und ins P. J. Clarke.
Bei den »swinging« Agenturen – *Wells, Rich; DDB, Delehanty; Carl Ally; Papert, Koenig, Lois; Lois, Holland, Callaway; Smith/Greenland; Daniel & Charles; Spade & Archer* – geht alles viel freier, legerer zu. Sogar die Kleidung ist anders. Ich habe einen zweiundzwanzigjährigen Art-Direktor, der Stresemannhosen, durchsichtige Hemden und Gott weiß was trägt. Aber er ist gut, und so lange er gut ist, kann er von mir aus nackt arbeiten. Bei *Ted Bates* kam mal eine Sekretärin im Hosenanzug ins Büro. Sie war wirklich hübsch, ein wirchlich schöner Zahn.
Am nächsten Tag war natürlich ein Rundschreiben da, das sagte: Sie wissen schon – bitte normal, nichts von diesem Hosenzeugs, dies ist ein Geschäftsgebäude. Alle großen Agenturen möchten ihre Büros seriös erscheinen lassen, so daß man gern sein Geld da investiert. Genau wie bei einer Bank und noch schön verschlafen dazu.

Wenn ich sage, daß das Leben lockerer geworden ist, dann machen die Müllers und Meiers sofort Orgien daraus. Jeder kennt die Geschichte von der wilden Weihnachtsparty, die angeblich vor Jahren mal bei *Young & Rubicam* stattgefunden hat. Eine Fassung besagt, daß die Frau des Präsidenten der

Agentur in ein Zimmer hineinspazierte und dort einen Texter erwischte, der gerade dabei war, seine Sekretärin zu bumsen. Nun, ich glaube das einfach nicht. Aber jeder in der Madison Avenue schwört, daß es stimmt. Als ich bei *Fuller & Smith* war, fand die Story angeblich bei *Fuller & Smith* statt. Wahrscheinlich ist sie doch erfunden. Ich glaub's einfach nicht, daß man so viele Kerle im vollen Galopp erwischen kann. Noch so eine schöne Story: Da war mal einer, der immer schon um sechs Uhr morgens in die Agentur ging, um dann auf dem großen Konferenztisch einen Zahn zu bumsen. Glauben Sie's keine Minute.

Nehmen wir den Präsidenten einer Agentur, wo ich mal gearbeitet habe. Der dachte immer, daß wir in seinem Zimmer bumsten. Er war darüber ganz aus dem Häuschen. Nun ja, hier haben wir den Fall eines Mannes, der in der Werbung ist, aber auch sein zweites, gutbürgerliches Leben führt. Jeden Abend fährt er heim nach Darien, aber er möchte das Gefühl haben, daß in der Firma bis an die Decke gefickt wird. Die Einbildung, wie seine Angestellten sich aufführen, macht ihn glücklich. Er kokettiert mit dem Gedanken, daß eine Bande von fremdgehenden Wüstlingen für ihn arbeitet. Er selbst beteiligt sich in keiner Weise. Aber wenn er zu einer Party in Connecticut geht, erzählt er gern von seinen Verrückten. Fährt er mit dem Zug nach Hause, dann genießt er es sich einzureden, Mensch, in meiner Agentur wird gebumst. Ich wette, jetzt, jawohl jetzt tun sie es auf meiner Couch. Wenn er am nächsten Tag in sein Zimmer kommt und auf seiner Couch eine Haarklemme findet, ist er überzeugt, gestern abend ist es genau hier wieder mal passiert.

Vor einigen Jahren, im Sommer, fingen wir an, ein paar Runden Strip-Poker zu spielen, eine Art Pfandspiel. Nichts Ernstes, nur so zum Vergnügen. Eines Tages ging ich durch den Gang, und da kam dieses nette Mädchen aus einem Zimmer gerannt und knöpfte sich die Bluse zu. Ich schaute in das Zimmer, wo ein Kollege mit einem Spiel Karten in der Hand und einem Lächeln auf dem Gesicht saß. Er hatte sie gefragt: »Wollen wir Strip-Poker spielen?« Sie sagte: »Ja, warum

eigentlich nicht«, und verlor dabei ihre Bluse. Die Stimmung im Büro war in dieser Woche auf Strip-Poker orientiert, nichts Ernstes, wozu auch.
Viele Leute beschuldigten die jungen Kreativen, daß sie ein Haufen Hascher sind. Da möchte ich mal was über Hasch sagen. Wenn ich durch New York spaziere, habe ich den starken Eindruck, daß die Hälfte der Bevölkerung unter Dreißig so aussieht, als wäre sie gerade auf den Trip gegangen oder hätte eine schlechte Reise gehabt. Keiner der jungen Leute trinkt mehr. In unserer Agentur trinken nur noch die, die über Dreißig sind. In der ganzen Werbung arbeiten jede Menge junge Leute, die jeden auslachen, der trinkt. Ich schätze, man entdeckt von selbst, daß Hunderte dieser jungen Leute dann und wann mal Hasch ausprobiert haben, in der Werbung und außerhalb.
Ein Art-Direktor, den ich kenne, arbeitete mal frei für einen Avant-Garde-Verleger tief in Greenwich Village. Er sitzt da im Büro und muß warten. Eine Sekretärin fragt ihn: »Wollen Sie rauchen?« Unschuldig wie er ist, antwortete er: »Gern«. Darauf holt sie die ganze Apparatur heraus, komplett mit einem Wasser-Kühler oder »Hookah« oder wie diese Dinger auch immer genannt werden. Also, er zündet sich eine an. Weiß aber nicht, daß die Bullen schon längst Spitzel auf diesen Verleger angesetzt haben. Gerade als er und diese Zicke auf den Trip gehen, kommen die Bullen. Er wird gleich eingelocht, und ich meine, das zeigt mal wieder, daß man nichts Rauchbares von einem Fremden annehmen sollte.
Trotz diesem Gerede über Romantik, Saufen und Bumsen ist die Werbung nicht, wie Sie denken. Verrückt? Ja. Romantisch und bezaubernd? Nicht die Bohne. Die wilden Geschichten sind, fürchte ich, ziemlich übertrieben.

# Wer schoß Speedy Alka-Seltzer ab?

Am Anfang war Volkswagen. Das ist die erste Kampagne, bei der jeder die Spur zurückverfolgen und sagen kann: »Hier fing der große Umschwung an.« Es war der Tag, an dem die neue Werbeagentur wirklich geboren wurde. *Doyle, Dane und Bernbach* waren auf einmal da. Obwohl sie schon um 1949 herum als Agentur begonnen hatten, waren sie in der Werbung zwar als eine gute Agentur bekannt, aber keiner wußte so recht, was sie machten. Bis der Volkswagen kam.
Volkswagen wurde in den USA zuerst von *Fuller & Smith & Ross* betreut. *DDB* übernahm den Etat so um 1959 herum.
Eine der ersten Volkswagenanzeigen, an die man sich erinnern kann, war zugleich die erste Anzeige im neuen Agenturstil. Es war die erste Anzeige, die ganz anders aussah. Diese Anzeige sagte schlicht und einfach: »Lemon« (Zitrone)*)
Der Bodytext zu »Lemon« sagte, daß »wir, Volkswagen, ab und zu mal einen Wagen produzieren, der eine »Lemon« ist. Und wenn so was mal passieren sollte, fackeln wir nicht lange: sofort auf den Schrotthaufen damit. Wir sind nämlich peinlichst genau mit unseren Autos. Wir testen sie erst, bevor wir sie verkaufen. Also, keine Angst, daß Sie eine ›Lemon‹ bekommen.«
Zum ersten Mal in der Geschichte sagte ein Inserent, daß er, wenn auch selten, imstande wäre, ein minderwertiges Produkt herzustellen. Ein Inserent sagte, daß das Leben nicht immer süß und daß nicht alles in der Geschäftswelt fantastisch und schön sei. Und damit kam er beim Verbraucher sofort an. Die Kampagne wurde ein Knüller und das Produkt ein Riesenerfolg. *Davor* hatte es keiner gewagt, sein Produkt eine »Lemon« zu nennen. Heute ist das alles schon fast normal geworden. Es

*) Im amerikanischen Slang Bezeichnung für Ausschuß, ein Produkt, das nicht gut ist.

war das erste Mal, daß jemand die Realität in die Werbung hineinbrachte. Das erste Mal, daß ein Inserent mit dem Verbraucher redete wie mit einem Erwachsenen, statt wie mit einem Baby. Vor »Lemon« gab's eine Anzeige, die sagte: »Think small« (Denkt klein). Jetzt schaut sich der Durchschnittsautokäufer in den USA, der mit Chrom, Plastik und Heckflossen aufgewachsen ist, die Anzeige an und beginnt, »klein« zu denken. Die Reaktion in Detroit auf dies alles: »Das läuft nie. Was soll denn der Quatsch, sein Produkt eine ›Lemon‹ zu nennen?« Es war als ob ein Politiker sagt: »Ich werde nicht alle Versprechungen halten ... Wenn nötig, lüge ich auch mal.« Zum ersten Mal sagte jemand die Wahrheit, Schwarz auf Weiß. Die Reaktion war sofort da; die Menschen fingen an, über die Volkswagenwerbung zu reden.
Die VW-Anzeigen machten auch aus dem Firmennamen kein Monument. Der Name war als ein winziges Logo ganz unten in der Anzeige plaziert. Alles war so gemacht, daß jemand den Verbraucher in einer Sprache anredete, die er verstand, die er gern hörte. Es war ein Bombenerfolg. »Lemon« und »Think small« machten nicht nur Volkswagen groß, sondern führten direkt zu der Werbung, die wir heute haben.

Detroit ignorierte natürlich nicht nur die Werbung, sie ignorierte auch alles, was das kleine Auto zu sagen hatte. Nach Volkswagen kamen Renault und Volvo und Peugeot und ein Dutzend andere. Detroit aber bildete sich ein, daß die Nation immer noch einen Prachtschlitten braucht, der sich nicht parken läßt und nach drei Jahren einfach auseinanderfällt. Dann brachte Detroit zunächst den Kompaktwagen heraus, zum Beispiel den Corvair und den Falcon. Das waren aber bei Gott keine Kleinwagen, und die Verbraucher merkten das und kauften sie eben nicht massenweise. Die Kompaktautos waren billige Imitationen. Sie hatten nichts von der Idee, die in den kleinen ausländischen Autos steckte. 1964 war es endlich so weit, daß Detroit kapierte, daß an dem Kleinwagen-Zeug doch was dran ist, und Ford produzierte den Mustang. Der Mustang verkauft sich heute noch immer gut. Nur fünfzehn Jahre nach dem Erscheinen des Volkswagens!

Die Werbung schätzt die Verbraucherintelligenz immer noch zu niedrig ein. Weil die Leute, die die Anzeigen machen, genau so dämlich und dumm sind, wie die Menschen, zu denen sie zu reden meinen. Die Werbeindustrie wimmelt von Holzköpfen. Vor kurzem zitierte eine der Fachzeitschriften den Creativ-Direktor einer *konservativen (old-line) Agentur,* der sagte, daß diese direkte Methode, Leute anzusprechen, nicht funktioniere. Dieser Knabe erklärt, daß der *DDB*-Stil eine kurzlebige Masche sei; sie werde vorbeigehen und ihn eines Tages nicht mehr stören.

Eine kurzlebige Masche, in der Tat! Sie überholten seine Agentur schon vor fünf Jahren. Vor einem Jahr machte seine Agentur rund 125 Millionen Dollar. Wer weiß was *DDB* macht? Sie holen sich die Etats so schnell ins Haus, daß man da einfach nicht mehr mitkommt. Sie machen vielleicht 225 Millionen und auf, weiter geht's. Sie sind einfach nicht mehr zu stoppen.

Alles was *Doyle, Dane* anpackt, verwandelt sich in Gold, ausgenommen Bier. Mit der Polaroid-Land-Camera leisteten sie großartige Arbeit. Wenn Sie sagen wollen, mit Polaroid hätte jeder gut gearbeitet, weil das Produkt so einmalig ist, okay, verlieren wir damit keine Zeit. Nehmen wir Levy's Roggenbrot. Sie bekommen Levy's Brot und einen Etat von vielleicht 100 000 Dollar, und plötzlich erscheinen überall in der Stadt diese Bilder von Indianern mit der Headline: »Sie brauchen kein Jude zu sein, um Levy's Roggenbrot zu genießen.« Meiner Meinung nach schmeckt jedes Roggenbrot gleich. Aber schauen Sie mal, was *DDB* daraus machte. Dann passiert folgendes: Ein Knabe bei General Foods guckt sich diese Indianer und Chinesen und Bilder von Godfrey Cambridge an, die Levy ins große Geschäft bringen, und er sagt: »Verdammt noch mal, was tut unsere Agentur eigentlich? Seht euch mal an, was diese Jungs für nur 100 000 Dollar auf die Beine stellen.« Als nächstes bekommt *DDB* einen Teil vom General-Foods-Etat. Sie machen für General Foods prima Arbeit, und dann sagt jemand bei Kraft: »Guckt euch das mal an. Jahrelang haben wir rumgelungert und nichts getan. Holen wir uns doch so einen wie diese Leute und sorgen dafür, daß General Foods uns nicht noch mehr aus dem Rennen wirft.«

In der ganzen Stadt geht das Geschrei los: Gebt uns eine Agentur wie *Doyle, Dane.* Gebt uns eine *DDB*-Anzeige!

Gute Werbung spricht sich herum. Die Leute reden darüber, bemerken sie und denken darüber nach. Der Kunde steht da auf dem Bahnsteig und wartet auf den New-Haven-Express, der ihn nach New York bringen soll, und er sehnt sich danach, daß seine »Zugfreunde« ihn ansprechen werden. Er sehnt sich nach Lob über seine neue Kampagne. Denn jeder möchte gern gelobt werden: »Mensch, hast Du da eine verdammt gute Anzeige!«. Genau das möchte der Kunde hören. Und die Klingel an der Ladenkasse. Er liebt es, wenn seine Freunde sagen: »Ihr Leute wißt, wie man's macht.« Er ist ganz scharf drauf. Da gibt's dieses Märchen, daß der Kunde sich nicht für Auszeichnungen interessiert. Dummes Geschwätz. Kunden lieben Preise, weil sie genau wie die Agenturen Anerkennung suchen. Sie wollen, daß ihre Etats, ihre Anzeigen, so viele Preise gewinnen wie nur möglich.

Die *DDB*-Werbung hat das Zeug in sich; sie weiß, daß der Verbraucher clever genug ist, um zu verstehen was die Werbung meint. Und daß der Verbraucher kein Brett vor dem Kopf hat und wie ein Zwölfjähriger behandelt werden muß. Heutzutage sind die Menschen wählerischer. Und zwar nicht nur wegen des Fernsehens, obwohl das ein Teil davon ist. Es ist eine Tatsache, daß ich alles schneller kapiere als mein Vater, und daß mein Sohn alles wieder schneller kapieren wird als ich. Ich verstehe zwar nicht, wie die neue Mathematik funktioniert, aber meine Kinder werden das verstehen. Sie werden mir ein ganzes Stück voraus sein. Sie sind viel klüger, sie wissen genau was in der Welt los ist. Der Verbraucher – und das ist sonnenklar – kauft einem lausige Werbung nicht mehr ab. Er kauft nicht mehr so eine Masche ab wie: »nikotinarm im Rauch«. Er glaubt dem Schauspieler nicht mehr, der da ganz auf Seekapitän getrimmt herumsteht und sagt, daß die Zigarette, die er raucht, so einen gesunden Geschmack hat. Leute, die solche Werbung machen, hinken zwanzig Jahre hinter ihrer Zeit her. Es ist sogar möglich, daß auch *DDB*

hinterherhinkt. Wir haben immer noch nicht gelernt, dem Verbraucher so zuzureden, daß er uns die ganze Zeit verstehen kann. Ich weiß, daß dies verrückt klingt, aber manchmal kapiere ich nicht, warum wir in Fernsehspots und Anzeigen nicht so reden können, wie wir's in Wirklichkeit tun. Nun ja, es gibt eben staatliche Behörden, Sender und so, die uns davon abhalten wollen, so zu reden, wie wir reden. Und damit wäre dieses Thema wohl beendet.
Da ist nun eine Zeitschrift im Handel. Sie heißt: »Screw« (Fick!). Und wenn es Ihnen gelingt, an Ihrem Kiosk eine Nummer zu bekommen, ohne dabei gleich verhaftet zu werden, lohnt es sich, einen Blick hineinzuwerfen. Ganz ehrlich, vielleicht übertreiben die es in der anderen Richtung. Aber sie sprechen mehr in der Art, in der die Leute reden, denken und fühlen. Mehr auf jeden Fall als die »Saturday Evening Post«, als sie einging. »Screw« hat mehr Appeal, sie geht unter die Haut, sie beißt sich fest.

Auch *DDB* ist so nahe wie nur möglich an dem dran, was Menschen wirklich denken, wie sie wirklich sind. Wenn Sie in New York eine Anzeige schalten mit der Headline: »Mein Sohn, der Pilot«, dann reden Sie in der Sprache der Menschen. Es ist eine großartig getextete Anzeige, scheinbar von einer Frau geschrieben, die von ihrem Sohn erzählt, einem El-Al-Piloten. Und ihr Sohn wird sich auf dem Flug echt um Sie kümmern. Er kümmert sich sogar besonders um Sie, wenn Sie von dem vielen Meerrettich Sodbrennen bekommen haben. Ich liebe die El-Al-Anzeigen. Als ich noch bei *Fuller & Smith & Ross* arbeitete, haben diese Anzeigen mich sogar ein wenig in Schwierigkeiten gebracht. Wir hatten gerade von einer der arabischen Fluggesellschaften den Etat bekommen. Alles was ich noch weiß, war, daß eine Menge Leute im Haus herumliefen mit komischen weißen Dingern auf dem Kopf. Ich wurde aufgefordert, alle angepinnten Anzeigen schleunigst von der Wand verschwinden zu lassen und den Raum fürs große Meeting peinlichst sauber zu machen. Ich faßte dies als eine persönliche Beleidigung auf. Ich rief einen Freund bei *Doyle, Dane* an, und der verfügte über jede Anzeige und jedes Plakat,

die sie je für El Al gemacht hatten, Ich pinnte meine Wände von oben bis unten voll mit diesen El-Al-Plakaten.
Als der Bursche, der den Araber durchs Haus führte, die Tür meines Zimmers öffnete, fing er an zu sagen: »Dies ist Mr. Della Femina, einer unserer kreativen ...«. Er warf einen kurzen Blick auf die Wand, faßte den Araber am Arm, ließ ihn eine Kehrtwendung machen und verschwand. Später bestellte er mich in sein Zimmer und sagte: »Jerry, das war ganz mies, was du da gemacht hast. Wenn Abdul diese Plakate gesehen hätte, dann wäre das nicht nur für ihn, sondern auch für die Agentur sehr peinlich gewesen. Es hätte uns den Etat kosten können.« Aber alles wurde wieder ausgebügelt, und ich behielt meinen Job.
Kommen wir mal wieder auf *Fuller & Smith & Ross* zurück, als sie Volkswagen noch hatten.
Es ist interessant, wie eine Agentur über einen Etat denkt, der weggegangen ist und dann ein Riesenerfolg wird. Die Einstellung ist etwa so: Mensch, es ist wirklich nicht zu fassen, daß Volkswagen, der von den letzten Holzköpfen geleitet wurde, als er noch bei *Fuller & Smith* war, nur zu *DDB* zu gehen brauchte, um eine dufte Gruppe von hippen Jungs zu werden. Dasselbe Management, dieselben Leute! Sie sind bei *Fuller & Smith* und produzieren Scheiße. Am nächsten Tag gehen sie zu *Doyle, Dane* und produzieren verdammt gute Werbung. Wie können Sie da dem Volkswagen-Management noch Vorwürfe machen?
Eastern Airlines war in der Werbung als ein mieser Etat bekannt, als er 1964 noch bei *Benton & Bowles* war. Eines Tages ging der Etat zu *Young & Rubicam,* die eine dufte Werbung für sie machten. Nicht das Management von Eastern Airlines änderte sich über Nacht, es war die Werbung. Benson and Hedges wurde bei *Benton & Bowles* als doofer, dummer, mieser Kunde angesehen. Sie gingen 1967 zu *Mary Wells*, und sie produzierte eine sagenhaft gute Serie Spots, worin sämtliche Leute mit ihren superlangen Benson-and-Hedges-Zigaretten zwischen Fahrstuhltüren geraten. Und plötzlich werden sie zu einem klugen, aufgeschlossenen Kunden.
Das Märchen vom schlechten Kunden ist eben ein Märchen.

Tatsache ist, daß es schlechte Werbung gibt. Die Liste ist endlos. Als Talon-Reißverschlüsse 1961 noch ein *McCann-Erickson*-Etat waren, hatten sie den Ruf, einer der übelsten Kunden zu sein. *McCann* präsentierte Kampagnen, die von Talon prompt abgeschlossen wurden. Talon haßte einfach alles, was *McCann* machte, und sie wurden immer frustrierter. Sie bekamen nicht, was sie wollten; und selbstverständlich dachte *McCann*, mit den vielen abgeschlossenen Kampagnen vor Augen, „Mensch, ist das ein mieser Kunde«. Mit dem selben Werbeleiter, mit dem selben Management gingen sie zu *Delehanty, Kurnit & Geller**), und auf einmal hatte Talon eine hervorragende Werbung.
Die Schuld liegt nicht beim Kunden. Er nimmt, was für ihn richtig ist. Wenn er es von einer Agentur, die ihm dauernd Scheiße liefert, nicht bekommen kann, dann ist er mit der Agentur so lange auf Kriegsfuß, bis er kündigt. Braniff war bei einer kleinen Agentur in Wisconsin, als er zu *Mary Wells* ging, die damals bei *Jack Tinker & Partners* arbeitete. Die Werbung besserte sich fast schlagartig. Oder Alka-Seltzer. Eine Agentur mit Namen *Wade* hatten diese kleine Märchenfigur »Speedy Alka-Seltzer« erfunden. Diese Figur hätte man eigentlich für den Sohn von Johnny von Philip Morris halten können. Sie versuchten, Alka-Seltzer mit dieser billigen, lahmen Speedy-Masche zu verkaufen. Nun, eines Tages gingen sie mit dem Etat zu *Jack Tinker*, und das erste, was *Tinker* machte, war Speedy abzuschießen. Oder wenn sie Speedy nicht abgeschossen hätten, dann hätten sie Speedy auf der Herrentoilette vom Grand Central Bahnhof wegen Exhibitionismus verhaften lassen. Und sie kamen mit einer großartigen Kampagne heraus: »Alka Seltzer on the Rocks.« In 1969 kündigte Miles Laboratory *Jack Tinker* und ging mit dem Etat zu *DDB*. Ich weiß nicht warum, aber ich weiß sicher, daß jeder, der mit dem Etatwechsel zu tun hatte, *Tinkers* großartige Leistung lobte.
Zu viele Agenturleute verschwenden ihre Zeit damit, daß sie ihre Kunden schlecht machen. »Mein Kunde läßt mich nichts machen. Mein Kunde läßt sich von mir nichts sagen.« Aber der

*) Ende 1969 änderte Delehanty den Firmennamen in D.K.G. um, aber ich behalte in diesem Buch den Namen Delehanty meistens bei; denn so ist die Agentur in der Werbung immer noch bekannt.

selbe Kunde geht zu einer anderen Agentur, die dann verdammt gute Arbeit macht. Das ist eben alles dummes Geschwätz. Diese Jungs machen das nur zum Selbstschutz, damit sie nicht verrückt werden, damit sie nicht merken, wie unfähig sie in Wirklichkeit sind. Wie könnte ein Mann zu sich selbst sagen: »Ja, wissen Sie, ich bin ein unfähiges Arschloch und deshalb ist meine Arbeit so schlecht.«

Gute Werbung setzt ein gutes Thema voraus. Oder besser gesagt: Gute Werbung fällt einem leichter, wenn man ein gutes Thema hat. Fast alle Zielort-Werbung ist gut. Man redet über romantische Orte quer durch die ganze Welt. Ich meine, wer könnte versagen, wenn er eine Anzeige für Tahiti machen muß? Aber haben Sie in der letzten Zeit eine gute Anzeige für Korean Airways gesehen? Sie müssen eingestehen, daß ihre Werbung nicht so gut ist wie zum Beispiel die von Eastern Airlines, wo sie ein Kind zu zeigen pflegen, das gerade in Acapulco von einem Felsen ins Wasser springt. Sie müßten wirklich ein Vollidiot sein, wenn Sie eine Anzeige für Janmaica oder einen Fernsehspot für eigentlich jede amerikanische Stadt versauen würde. Gewöhnlich kann man aus jeder Stadt etwas machen, ganz gleich aus welcher. Die Fluggesellschaften haben Spots produziert, die sogar aus Chicago einen ganz angenehmen Ort machen. Ich meine, das ist schon eine tolle Werbung, wenn es einem gelingt, Chicago in eine Stadt zu verwandeln, in der Sie sich mehr als drei Stunden aufhalten möchten. Mit einem Ort wie Detroit wird das schon schwieriger. Haben Sie jemals einen guten Spot für Detroit gesehen?

Zielort-Werbung zu machen, ist die leichteste Sache der Welt. Als ich bei *Delehanty* war, hatten wir den TAP-Etat, die portugiesische Fluggesellschaft.

Sie brauchen kein Flugzeug zu zeigen. Sie zeigen den Ort, wo sie ankommen, wenn Sie das Flugzeug nehmen. Wir machten schöne Anzeigen, denn Portugal ist ein herrliches Land, um Werbung dafür zu machen. Natürlich paßten wir schön auf, Salazar nicht zu erwähnen oder die Tatsache, daß Sie sich den ersten dreißigjährigen Urlaub der Welt einhandeln können, wenn Sie in Portugal was falsch machen.

Werbeagenturen können ein Bilderbuchland wie Frankreich betreuen und fantastische Arbeit machen. Aber es amüsiert mich immer zu sehen, daß ein paar der standhaften Linksliberalen der amerikanischen Nation in der Werbung sind, und daß die Anzeigen, die diese Jungs für einige der besser bekannten Diktaturen der Welt machen, verdammt gut sind. Es ist interessant, wie bestimmte Leute ihre politischen Überzeugungen wie heiße Kartoffeln fallen lassen, sobald es um Werbung geht. Ich kenne Jungs, die Sie so weit kriegen können, daß Sie gleich mit der Nazi-Fluggesellschaft fliegen, oder daß Sie Ihr Voodoo-Köfferchen packen, um einen kleinen Abstecher nach Haiti zu machen.

Die Qualität fast aller Werbung beruht tatsächlich darauf, was gesagt werden muß. Sie schreiben Anzeigen für eine Versicherung, das ist einfach. Es macht Spaß, Anzeigen für Wertpapiere zu machen. Es ist leicht, Anzeigen für eine Fotokamera zu machen, die einem sechzig Sekunden nach der Aufnahme das fertige Foto liefert. Das größte Problem hat der Junge, der Anzeigen für Seife machen muß. Gerade in diesem Augenblick sitzt da bei *Compton* so ein armes Schwein in seinem Zimmer und brütet darüber, was er sagen soll, was nicht zwanzigtausendmal zuvor über Ivory-Seife gesagt worden ist. Ich meine, was sollte man sagen? Wie soll man ran? Egal, was man da sagt, Seife ist Seife.

Das heißt aber nicht, daß die Durchschnittsanzeigen oder Fernsehspots für Seife nicht besser sein könnten. Es gibt Jungs, die es schon längst aufgegeben haben. Aber ich sage Ihnen: Es gibt Gründe für einen Mann, sich mit einer Seifenanzeige auseinanderzusetzen. Es ist verdammt schwierig. Wenn Sie der Junge wären, der eine Anzeige für Tide machen muß, was würden Sie sagen? Und wie würden Sie an Axion rangehen? Nun ja, Sie ziehen los und Sie bitten Arthur Godfrey oder Eddie Albert, ein paar nette Worte über Axion zu sagen, oder welchen Schmutzlöser Sie auch immer verhökern möchten.

Wir haben Probleme von besonderer Art mit einem Produkt, das Feminique heißt. Es ist, klar und direkt gesagt, ein duftender Vaginalspray. Aber die Illustrierten und die Sender stehen auf dem Standpunkt, daß dieses Land für das Wort Vagina noch nicht ganz reif ist. Wir können also noch nicht einmal sagen, was für ein Produkt es ist.

Frauenhygiene wird für die Agenturen ein großes Geschäft werden. Unser Zeug, Feminique, verkauft sich gut. Auch FDS geht gut. Johnson & Johnson brachten Vespré heraus, und es verkauft sich gut. Der amerikanische Geschäftsmann hat die Vagina entdeckt, als wäre das die dringendste Sache, die erledigt werden muß. Was passierte, war folgendes: Die Geschäftsleute fanden keine Körperteile mehr! Eine Zeitlang hatten wir Kopfschmerzen, aber wir wurden damit fertig. Die Achselhöhle hatte ihren Augenblick des Ruhms, und auch die Zehen mit ihrem Fußpilz standen im Rampenlicht. Wir machten Falten durch, und wir machten die Diät-Sachen durch. Wir holten die Haut herunter, wir zogen Haut über. Wir machten den Magen mit saurem Aufstoßen durch, und wir besiegten die Hämorrhoiden. Da lehnte sich der Geschäftsmann zurück und fragte sich: »Was gibt's noch«. Und irgendein schlauer Junge antwortete: »Die Vagina«. Jetzt haben wir uns auf sie eingeschossen. Und es fängt erst an. Heute die Vagina und morgen die ganze Welt. Ich denke, es wird alle möglichen Sachen für die Vagina geben. Vitamine, Anregungspillen, duftende Brausen, wie Cupido's Wonniger Schauer (mit den Düften: Himbeer, Apfelsine, Jasmin und Champagner). Wenn wir mit einem Spray durchkommen, dann können wir alles, was neu ist, verkaufen. Und der Spray geht gut. In den ersten paar Monaten von 1969 steckte der Hersteller von Feminique in den Testgebieten für rund $ 600 000 an Spray in die Läden, ohne daß auch nur ein Spot gesendet wurde. Der Produzent von Feminique hatte mit einem Umsatz von anderthalb Millionen Dollar kalkuliert, bei dem die Kosten schon wieder rausgekommen wären. Aber noch ehe die Werbung anfängt, hat er $ 600 000 in der Kasse. Er wird es schon allein schaffen aufgrund der Nachbestellungen.

Der erste Fernsehspot, den wir für Feminique drehten, war fast eine Katastrophe. Wir ließen ein schwedisches Fotomodell

durch den Wald spazieren, die Szene glich einer Einstellung in dem Film »Elvira Madigan«. Die Schwierigkeit war, daß das Mädchen kein Englisch konnte, und dann entdeckten wir, daß sie noch nicht einmal Schwedisch konnte. Und sie war steif wie ein Brett. Wir drehten an einem Ort namens Sterling Forest in der Nähe von Tuxedo Park, New York. Wenn man Fernsehspots dreht, kommen immer Leute vorbei, die dumme Fragen stellen. Mitten in den Dreharbeiten kam eine Frau auf mich zu und fragte: »Was machen Sie denn da?«. Ich sagte: »Oh, das ist ein Fernsehspot für Feminique.« Natürlich hat sie noch nie was von Feminique gehört, aus dem einfachen Grund, weil es in New York noch nicht auf dem Markt ist. Und doch sagt sie: »Oh, ja, ich gebrauche es schon immer.« »Wirklich?«, sagte ich. »Ja, natürlich«, antwortete sie, »und mein Mann gebraucht es auch.« Ich runzelte ein wenig die Stirn und fragte: »Benutzen es die Kinder auch?«. Sie antwortete: »Aber nein, wir lassen die Kinder nicht ran, nur mein Mann und ich.« Ich bedankte mich herzlichst bei ihr und sagte, daß die Leute von Feminique sich freuen würden, so was zu hören.
Einige Kampagnen gehen aus seltsamen Gründen schief. Mein Partner Ron Travisano arbeitete für *Marschalk,* als die eine Cake-Mischung bekamen, die fast zu gut für den Markt war. Alles, was man zu tun hatte, um den Cake zu machen, war Wasser zuzufügen. Aber das Produkt setzte sich nicht durch. Sie machten Tests und wieder Tests. Schließlich entdeckten sie, daß die Durchschnitts-Hausfrau das Produkt nicht mochte, weil sie sich bei der Zubereitung nicht körperlich betätigen konnte. Sie hatte das Gefühl, daß sie hintergangen wurde. Wenn sie nichts anderes zu tun hatte, als nur Wasser zuzugießen, dann bildete sie sich ein, keine echte Hausfrau und keine gute Köchin zu sein. Das Produkt war zwar gut, aber es bewirkte keine wirkliche Befriedigung.
Sie nahmen es also aus dem Markt und machten das, was man immer bei der Cakezubereitung machen muß: Ein Ei war hinzuzufügen. In der Gebrauchsanleitung schrieben sie, man würde den schönsten und leckersten Cake bekommen, wenn man ein Ei in die Mischung schlüge und dann noch etwas Wasser zufügte. Aber ohne Ei sei das Produkt nichts. Es

funktionierte. Die schlichte Handbewegung, nämlich das Ei aufzuschlagen, überzeugte die Hausfrau davon, eine gute Köchin zu sein. Das Produkt schlug ein und ließ sich wie warme Semmeln verkaufen. Einfach unglaublich.

Ron war auch mit einem Problem beschäftigt, das mit einer »Erste Hilfe«-Salbe zu tun hatte, einem Johnson & Johnson-Produkt. Dieses Zeug war ein schmerzloses Antiseptikum gegen Schnittwunden, Kratzer und dergleichen. Da ist also Johnson & Johnson, eine verdammt gute Firma, und sie gehen ran und erfinden eine antiseptische Salbe, die einen nicht gleich vor Schmerzen an die Decke gehen läßt, wenn man sie auftut. Sie testen es, aber keiner kauft das Zeug zum zweiten Mal. Die Firma kann nicht herausfinden, was nun los ist. Sie testen wieder und endlich entdecken sie, daß es den Leuten weh tun muß, ehe sie glauben wollen, daß die Heilung anfängt. Sie müssen ein Brennen verspüren. Und was stimmte nun nicht mit diesem Zeug? Offenbar ist es nicht gut; denn wenn man es aufstreicht, brennt es nicht. Was soll eigentlich der Quatsch, daß eine Schnittwunde heilt und man merkt dabei kein Brennen? Also mischen die Jungs bei Johnson & Johnson, die sich krumm und bucklig geschafft hatten, um dieses wunderbare Zeug zu erfinden, ein bißchen Alkohol hinein, nur damit's ein wenig brennt. Ich stelle mir vor, daß die in der Forschungsabteilung sich wunderten, was wohl mit den Leuten los sei. Aber sofort, nachdem sie den Alkohol zugefügt hatten, stieg der Umsatz wieder. Der Mensch will dieses Brennen fühlen, denn wenn's brennt, so bedeutet das, daß er leidet. Und jedermann weiß, daß man zuerst leiden muß, damit's einem nachher besser geht.
Und der arme Texter? Er sitzt da und macht die beste Kampagne aller Zeiten, die sagt, daß dieses Zeug nicht brennt und dann stellt sich heraus, daß dieses Brennen sein USP ist. Manchmal ist die Werbung wirklich kein Vergnügen.
Die Hertz-Avis-Kampagne ist in vieler Hinsicht ein Klassiker. Leute, mit denen ich gesprochen habe, sagten, daß die Avis-Kampagne: »We try harder« (Wir geben uns mehr Mühe) von *DDB* keinesfalls gegen Hertz gemeint war. Aber in den

Anzeigen und Fernsehspots sah es genauso aus. Als die Avis-Kampagne begann, war Hertz Nummer Eins, während Avis und National für den zweiten Platz Kopf an Kopf lagen. Aber schauen Sie mal, wie schlau das war; Avis greift die Firma an, die ganz oben ist und tut so, als ginge es nur um den ersten und zweiten Platz. Niemand denkt dran, daß es auch National gibt. Ich glaube nicht so sehr, daß Avis die vielen Kunden von Hertz wegschnappte; sie schnappten sie weg von National, von Olins, von Budget-Rent-A-Car, von allen kleineren Mietwagenunternehmen, die an vierter, fünfter oder sogar an sechster Stelle hinter Hertz rangieren.
Jeder guckt sich die Anzeigen an und sagt: »Mensch, was für eine Strategie, sie greifen Hertz an!« In Wirklichkeit taten sie das nicht. Was passiert, ist, daß der Mann, der bisher immer seinen Wagen bei Nummer Vier mietete, den Schritt nach vorn machte und jetzt die Firma Nummer Zwei ausprobierte.
Es war auch eine gute Kampagne für den Geschäftsmann, der häufig Autos mietet. Er sitzt da und sagt sich, daß seine Kesselstahlfabrik vielleicht an sechster Stelle hinter American Standard steht, und er findet die Leute von Avis sympathisch, und so geht er nicht zu National, sondern versucht es mit Avis.
Als die *Carl-Ally-Leute* den Hertz-Etat bekamen, wurden sie sofort mit dem Avis-Problem konfrontiert. Sie unterstützten Avis damit, daß sie die Existenz eines anderen auf dem Markt anerkannten. Zum ersten Mal gab der Junge an der Spitze zu, daß unter ihm auch noch einer war. Aber sie mußten das tun. Ihre Untersuchungen zeigten, daß die Hertz-Angestellten wegen der Avis-Kampagne ziemlich sauer waren. Es war also notwendig, mit einer Antwortkampagne auf Avis zu kommen. Dadurch zementierten sie den Eins-Zwei-Zustand, mit dem Avis angefangen hatte. Noch jahrelang wird man die Avis-Kampagne als Beispiel in den Werbefachschulen erwähnen. Es war brillant, und die Kampagne wird wegweisend bleiben.

Neben der Zielortwerbung ist die Werbung für Öffentliche Dienste die einfachste Werbung. Jeder, aber auch jeder, kann einmaliges Zeug dafür schreiben. Jedes Jahr gewinnen Agenturen alle möglichen Preise für ihre »gemeinnützigen

Kampagnen«. Es gibt einen Grund dafür: Das Thema bietet sich für dramatische Werbung geradezu an! Ich möchte nicht zynisch werden, aber denken Sie einen Augenblick darüber nach: Sie reden über Verhungernde, über Kranke, über koreanische Waisenkinder, Sie reden über Fanatismus, über Leute, die keine Wohnung bezahlen können, Sie reden über Vietnam und Atomexplosionen. Wer wäre da nicht imstande, eine verdammt gute Anzeige über Ratten und Küchenschaben in den Wohnkasernen von New York zu machen? Die jungen Leute, die mich wegen eines Jobs aufsuchen, lasse ich zehn solche Anzeigen schreiben. Sie möchten wissen, worüber. Nun, die Story ist, daß in dieser schrecklichen Welt immer irgendwo einer verhungert. In Europa hungern vielleicht keine Kinder mehr, aber sie verhungern in Biafra. Es gibt auf der Welt immer irgendwo Kinder, die verhungern. Einer dieser jungen Leute machte eine Anzeige, die sagte: »In einer Dose Bier ist mehr Protein, als ein Kind in Biafra in der ganzen Woche bekommt.« Ein anderer kam zu mir mit einer Anzeige, die sagte: »Das Heilmittel gegen Herzkrankheiten haben Sie in Ihrer Brieftasche.« Ich gab Unterricht in Werbung an der Kunstschule, und einer meiner Studenten machte diese Headline für eine Anti-Vietnam-Anzeige: »Wird Ihr Sohn leicht oder schwer verwundet werden?« *Young & Rubicam* machte die fantastische »Give a damn« (Es geht euch doch einen Dreck an) Kampagne für den Verein für »Städtische Zusammenarbeit« in New York City. Eine sagenhaft gute Arbeit. Einer produzierte einen klassischen Fernsehspot über einen Neger, der versucht eine Wohnung zu mieten. Der Makler, der ihm die Wohnung zeigt, probiert die Wasserspülung der Toilette, aber sie funktioniert nicht. »Ach«, sagt er, »eine Gummidichtung für 10 Cent macht das schon in Ordnung.« Die Wohnung fällt fast auseinander, und der Makler setzt dem Neger weiter die Daumschrauben an: »Los, Mensch, wollen Sie nun oder wollen Sie nicht. Da warten noch andere Leute, um diese Wohnung zu mieten, wenn Sie nicht wollen.« Sehr nahe dran, dieser Spot, und großartig gemacht!

45

Wenn die Werbung anfängt, schwierig zu werden, dann deshalb, weil alle Produkte fast gleich sind. Die Gebühren für viele Mietwagen sind fast die gleichen. Und bei Hertz und Avis gibt's fast keinen Unterschied mehr. Der Flugpreis nach London ist gleich, ob Sie nun mit Pan Am, TWA oder BOAC fliegen. Über Island nach London ist es etwas billiger, aber sonst ist es dasselbe. Also muß die Werbung mit Unterschieden arbeiten. Und wenn Sie nach Unterschieden suchen, dann müssen Sie sich schön anstrengen. George Lois' Agentur – *Lois, Holland, Callaway* –, machte eine Serie Fernsehspots, worin zwei Berühmtheiten in einem Braniff-Flugzeug sitzen und sagen: »Wenn you've got it, flaunt it.« (Wenn Sie begriffen haben, zeigen Sie's dann auch mit Stolz).
Shep Kurnit, der Präsident von *Delehanty, Kurnit & Geller,* machte mal eine sehr treffende Bemerkung über diese Kampagne: »Ich möchte nicht mit Andy Warhol oder Sonny Liston im selben Flugzeug sitzen.« Die meisten Werbeleute mögen die jetzigen Braniff-Kampagne nicht. Aber das kann an ihrer Eifersucht auf George Lois liegen. Ich habe so das Gefühl, daß die Jury immer noch über diese Kampagne diskutiert. »Flaunt« ist ein Wort, das die Leute nur schwer kapieren. Wenn Sie's begriffen haben, dann zeigen Sie das meistens nicht mit Stolz. Ich glaube, daß *Mary Wells* für Braniff bessere Arbeit machte, als sie die Flugzeuge anmalte, denn das war was Wirkliches, etwas, das man sehen konnte.

Was würden Sie mit Benzin anfangen? Beim Benzin gibt's sehr wenig Markentreue. Die Gesellschaften brechen sich also mit ihren Spielen gegenseitig den Hals. Die Benzinfirmen sitzen in der Tinte, und sie wissen das. Sie wissen, daß es dem Kunden scheißegal ist, welche Benzinmarke er tankt. Das Benzin geht einem aus, also los in die nächste Tankstelle. Um den Unterschied zu betonen, kommen sie mit Glücksmünzen, mit Glücksdollars, mit dem Präsidentenspiel, mit dem Oldtimer-Spiel, mit dem Fußballstar-Spiel und mit allen möglichen Spielen, die sie sich haben einfallen lassen.

Diese Spiele sind nicht nur Nepp, die Regierung ist auch dabei, die Spielregeln viel schwieriger zu machen. Die Leute kapieren allmählich, daß sie gar nicht gewinnen können, daß die Gewinnchance eins zu einer Million ist. Mobil hat jetzt eine ganz schöne Kampagne, die sagt: »Wir möchten, daß Sie leben.« Shell redet mir ein, daß ich Platformat haben muß. Esso, ich weiß noch nicht mal, was die mir sagen wollen, vielleicht versuchen sie immer noch, einen Tiger in den Tank zu schieben. Ein anderer sagt: »Besuchen Sie diese Woche eine Tankstelle.« Als sei das ein fantastisches Erlebnis! Wieder andere sagen: »Unsere Waschräume sind so schön, daß Sie stolz wären, sie zu Hause zu haben.« Das ist einfach verrückt. Neun Zehntel aller Waschräume in Amerika sind Schweineställe, und neuerdings bringen die Tankstellen Münzschlösser an, so daß Sie für die Benutzung zahlen müssen.

Mobil ist schlauer als diese Jungs. Sie haben zwar auch Spiele, aber sie bitten einen zugleich, seinen Wagen nicht zu Schrott zu fahren. Sie möchten, daß Sie lange genug leben, um ihre Spielchen mitzuspielen. Und das ist natürlich die Beste aller Welten. Die meisten Benzinfirmen gehen auf Nummer Sicher und halten sich an die trägen, steifgestärkten Agenturen. Die trägen Agenturen haben schon bei einmaligen Produkten Schwierigkeiten, und bei so was wie Benzin sind sie erst recht in der Scheiße gelandet. Auch eine aufgeschlossene junge Agentur kann mit Benzin ihre Schwierigkeiten haben, aber sie gehen auf jeden Fall auf eine andere Weise ran. Eine kleine Agentur – *Smith/Greenland* – bekamen den Etat für Flying-A-Benzin, und sie machten hier ein paar dufte Sachen. Ihr Argument war, daß Flying-A ein Spezialbenzin für den Stadtverkehr und nicht für den Fernverkehr herstellte. Sie zeigen einen Mann, der irgendwo auf dem Long-Island-Expressway in einen Stau steckt und versucht durchzukommen. In der Geschichte der Benzinwerbung steckte noch nie jemand in einem Stau. Immer sehen Sie Typen, die mit hundertfünfzig Sachen über leere Straßen fliegen. Niemand deutete je an, daß man im Verkehr steckenbleiben kann. Diese Kampagne war gut. Sie sagte dem Autofahrer, daß der Stadtverkehr fast immer nur aus Bremsen und dann wieder drei Meter Weiterkriechen besteht und daß Flying-A für solche Situationen das beste Benzin ist. Es war das erste Mal, daß eine kleine Agentur die Chance bekam, was für Benzin zu tun und ich meine, sie leisteten gute Arbeit. Im Januar 1970 ging der Etat von *Smith/Greenland* zu *Delehanty*. Ich nehme an, daß das wegen der Texterin, Helen Nolan, war, weil sie die Konzeption für diese Kampagne machte und nun von *Smith/Greenland* zu *Delehanty* ging.

Natürlich gehen einige Kampagnen aus den seltsamsten Gründen baden. So ist eine große New Yorker Agentur dabei, einen sehr großen Etat im Mittleren Westen zu verlieren. Niemand redet drüber, aber was passierte, war, daß ein Agenturmann mit der Frau des Präsidenten vom Kunden eine Affäre hatte. Er wurde erwischt, und seine Agentur schaffte ihn blitzschnell aus der Stadt, indem sie ihn zum Mitglied der Geschäftsleitung im New Yorker Büro machten. Und das ist meiner Meinung nach das Allerletzte in Sachen Beförderung. Obwohl die Agentur den Mann aus der Stadt entfernt hatte, werden sie den Etat doch verlieren. In flagranti erwischt zu werden, ist fast immer ein Grund, den Etat zu verlieren.

# Angst

An einem Freitagabend, so gegen elf, halb zwölf, entschloß sich ein Mann, der bei *Marvin, Scott und Friml* länger gearbeitet hatte, zusammenzupacken und heimzugehen. Er verließ sein Zimmer, und zum Glück wartete ein Aufzug auf seinem Stockwerk. Dieser Knabe – er war Kontakter – schaute sich um, und da niemand zu sehen war, stieg er in den Aufzug, machte die Tür zu und ließ ihn ins Erdgeschoß fahren. Er öffnete die Tür, stolperte hinaus, vergaß aber, die Tür wieder zuzumachen, so müde war er.
Am Montagmorgen kommt jemand in sein Zimmer und fragt ihn, ob er am Freitagabend länger gearbeitet hätte. Der Kontakter sagte ja, das habe er, und zwar bis so ungefähr halb zwölf. »Hast du dich um 23.25 Uhr ausgetragen?«
Der Junge sagt, dies sei ungefähr die Zeit gewesen, als er sich auf der Anwesenheitsliste wieder ausgetragen hätte.
»Mann«, sagte der andere, »ich weiß nicht, wie ich's dir sagen soll. Es tut mir leid. Aber du bist entlassen.« Der Kontakter war erschüttert, und er fragt: »Wieso denn?«. Der andere Knabe sagt: »Ich weiß, daß es verrückt klingt, und ich weiß wirklich nicht, wie ich es dir klarmachen soll, aber du hast Freitagabend den persönlichen Aufzug von Marvin L. Marvin geklaut. Der Aufzug, den du genommen hast, wartete dort auf ihn. Es war sein Privataufzug, der Marvin L. Marvin immer 'rauf und 'runterbringt.«
Marvin L. Marvin ist der Aufsichtsratsvorsitzende der Agentur, und diese Story kommt übrigens von einem anderen Kontakter, der nie länger machte und daher auch keine Probleme hatte. Auch wenn's mehr Märchen als Tatsache sein sollte, steht doch fest, daß der Kontakter, von dem die Rede war, in seinem weiteren Leben vielleicht eine panische Angst vor Aufzügen haben wird.

Die Story zeigt auch die verschiedenen Arten von Verrücktheit, die in der Madison Avenue umgehen, und wie die Angst wachsen kann. 1967 und 1968, als eine große Agentur die große Kündigungswelle veranstaltete, um ihre Haut zu retten, müssen sie rund sechshundert Leute entlassen haben. Viele dieser sechshundert waren Sekretärinnen, Verwaltungsleute und so weiter, aber ein paar Dutzend wichtige Leute müssen auch dabei gewesen sein. Sie saßen alle auf einer Etage – und diese Etage wurde von den anderen Agenturleuten in der Stadt »die Etage der vergessenen Männer« genannt. Dieses Stockwerk wurde von nur einem Mädchen betreut, das irgendwo hinten saß und die Anrufe entgegennahm, so daß diese Jungs noch einen letzten Fetzen Würde behalten konnten und nicht gleich selber ans Telefon mußten. Sie waren die vergessenen Männer. Sie hatten alle eigene Zimmer, und alle hatten ihre Verträge mit dieser großen Agentur selbst weitgehend mitbestimmt. Sie waren Großverdiener, Etatdirektoren und Geschäftsleitungsmitglieder, die fünfzig-, sechzig-, siebzigtausend Dollar im Jahr machten – die absolute Spitze der Werbung. Keiner von ihnen gab zu, daß er zu den Gekündigten gehörte. Aber wissen Sie, sie hatten auch keine Sekretärin oder so etwas. Es war unheimlich: Sie wußten wirklich nicht, ob sie nun die »Etage der vergessenen Männer« waren oder nicht. Aber sie hatten schon einiges kapiert. Sie rannten herum, um sich zu bewerben, und das Telefon klingelte, und Nachrichten wurden ausgerichtet, und wenn sie zurückkamen, trat dieses Mädchen in ein Zimmer und sagte: »Da waren fünf Anrufe für Sie.« Sie liefen zwar herum, aber sie waren lebendige Leichen. Worüber ich nicht hinwegkomme, ist die Tatsache, daß sie nie untereinander darüber redeten, daß ihnen gekündigt worden war. Alle erschienen sie um halb zehn morgens zur Arbeit, denn das war so üblich. Und sie mußten in ein anderes Stockwerk gehen, um einen Kaffeeautomaten zu finden, denn auf der »Etage der vergessenen Männer« gab es keinen. Niemand sagte je: »Du, ich habe da bei *Kenyon und Eckhart* was angeleiert.« Ein Bursche, den ich jetzt kennengelernt habe, war auch auf dieser Etage, und vor kurzer Zeit traf er sich zufällig mit einem anderen Knaben, der ebenfalls auf der Etage war. Sie fingen an, sich darüber zu unterhalten, und sie kapierten zum ersten Mal, daß ihnen gekündigt worden war.

Zur gleichen Zeit stand drüben bei *Interpublic* Marion Harper, der Vorstandsvorsitzende, kurz davor, selber ein »Vergessener Mann« zu werden. Er revolutionierte die Werbung. Er wurde »Wunder-Harper« genannt, und das war er auch. Seine Konzeption war, daß eine Werbeagentur eine Full-Service-Agentur sein müsse, und auf dieser Konzeption baute er ein riesiges Unternehmen auf. Er hatte eine separate Public-Relations-Gesellschaft für seine Kunden. Und er hatte sogar eine Forschungsgesellschaft, die neue Produkte ausdachte und entwickelte, die ihrer Herstellung vielleicht um vier Jahre voraus waren. Eines Tages war er dran. Was passierte, war, daß sechs Jungs in einem Konferenzraum ein Meeting abhielten, und sie luden Harper ein, seiner eigenen Hinrichtung beizuwohnen. Das Erstaunlichste an der Sache war, daß alle Jungs von Harper hereingeholt worden waren. Sie saßen herum, und dann sagte einer: »Marion, es ist Zeit, wir möchten abstimmen.« Es war ein Schock, denn obwohl die Geschäfte ziemlich schlecht gingen, hatte Harper nie an eine Abstimmung geglaubt. Er dachte immer, daß er stark genug sei, auch wenn sie es auf eine Abstimmung ankommen lassen würden. Also stimmten sie ab. Sechs Stimmzettel, eine Enthaltung. Harper enthielt sich. Es war wie eine Sitzung der Mafia, wo sie einen Handschlag machen und dann mit den Daumen zu Boden weisen. Es war der Todeskuß der Geschäftswelt. Schauen Sie, sie waren immer noch Hiwis, aber zusammengepackt formten sie ein großes Oberhaupt. Harper hatte sie so mächtig werden lassen, daß sie ihn killen konnten. Harpers Fall war eine Ausnahme, und zwar so sehr Ausnahme, daß er Schlagzeilen machte. Harper bemühte sich, wieder ins Geschäft zu kommen. Im Januar 1970 kam die Meldung, daß Marion zusammen mit Ron Rosenfeld, einem Texter, und mit Len Sirowitz, einem Art-Direktor, eine neue Agentur aufmachte.

Wie sagen sie's einem bei *Ted Bates,* daß man rausgeschmissen ist? Zu mir schauten schon Jungs herein, die sagten: »Ich bin jetzt dran. Hast du nicht was für mich? Ich weiß, daß ich gehen muß, denn da war heute eine Besprechung über meinen Etat, und sie haben mich nicht dazu eingeladen. Sie hielten eine wichtige Besprechung ab, ohne mich zu informieren.« Wissen Sie, es hätte ein Fehler vom Amt sein können. Es könnte sein, daß eine Sekretärin einfach vergessen hatte, seinen Namen auf dem Memo einzutragen. Es hätte alles sein können, aber dieser Junge nimmt sofort an, daß dies seinen Tod bedeutet, daß dies sein Ende ist. Nach und nach sagen ihm die Kollegen, die einmal davon überzeugt waren, daß er ein As im Neugeschäft war, keinen guten Tag mehr. Sie begegnen sich auf dem Flur, und es geht blitzschnell. »Hallo, wie geht's?«, und »wie steht's?«. Diese Jungs, die sich plötzlich einbilden, daß sie schon mit einem Bein im Grab stehen, müssen viel Wind machen, um wieder beachtet zu werden. Sie rennen herum und hoffen, einen neuen Etat zu finden und dann zurückkehren zu können. Sie suchen eine Chance.

Wenn es in der Werbung so was wie einen Dschungel gibt, dann ist er hier – hier, wo jemand verwundet worden ist und zu überleben versucht. Aber es spricht sich herum, und in der Stadt gibt's eine Menge Leute, die es einfach wittern, wenn so ein Junge am Abkratzen ist. Und sie fallen über ihn her. Sie fallen wortwörtlich über ihn her. Da gibt's keine Hemmungen mehr. In dem Moment, in dem ein Junge tot zu sein scheint, wird er gleich zum Ziel des Gespötts: »Er hätt's ja nie zu was gebracht; ich wußte schon immer, daß er eine Flasche war.«

Ein Agenturgeschäftsführer, den ich kenne, hat einen Generalplan für die ganze Agentur. Er weiß genau, wenn jeder sein Fett kriegt. Dieser Geschäftsführer kapiert, daß er in Schwierigkeiten kommt, wenn ein Hiwi zu mächtig wird oder ein zu großes Stück vom Geschäft kontrolliert. Also hat er eine Tabelle im Kopf, auf der neben jedem Namen das Datum des Weggehens steht. Ich sprach mal einen Kontakter, der für diesen Geschäftsführer arbeitete, und ich sagte zu ihm: »Du bist tot, weil nach dem Generalplan jeder mal gehen muß, du auch.« Dieser Junge lachte sich kaputt. Aber als ich ihn das letzte Mal sah, sagte er: »Weißt du, du hattest recht. Er hat wirklich einen Generalplan. Jeder muß gehen. Der Reihe nach, jeder ist mal dran.« Der Generalplan funktioniert so: »Dieser Knabe kann uns von einer Mode-Agentur zu einer Markenartikel-Agentur machen, wo das große Geld liegt. Aber über Markenartikel hinaus kann er uns nicht bringen. Und dieser andere da, der mir ein Stück vom Kosmetikgeschäft besorgt hat, ist mein bester Freund, und er hat mich gerettet, und er hat mir geholfen, eine Agentur aufzubauen, und ich mag ihn, und er ist großartig, aber wenn wir's schaffen, eine Fünfzig-Millionen-Dollar-Agentur zu werden, und Henry Ford kommt mit seinem Etat zur Tür hineinspaziert, dann schafft dieser Junge das einfach nicht.«

Gewöhnlich haben die großen Agenturen einen Killer fürs Rausschmeißen. Die meisten Agenturen haben einen Killer, die größeren Agenturen haben vielleicht zwei Killer. Bei *Ted Bates* war der Agenturkiller ein kleiner Bursche, den ich Billy nennen will, er fing zusammen mit Ted Bates an, als die Agentur in den frühen vierziger Jahren aufmachte. Er blieb dort bis zu seiner Pensionierung vor einigen Jahren. Während seiner »Amtszeit« schmiß er Hunderte von Leuten raus, und er war buchstäblich die Ursache von mehr Unglück als jeder andere Mensch, den ich kenne. Für die Leute draußen sah es nicht so aus, als hätte er eine wichtige Position in der Agentur. Aber er war der Killer. Und dieser Knabe knöpfte sich jeden vor. Er hatte wirklich viel Macht, und er hatte so viel Macht, weil er immer in der Nähe von Bates war, dem wirklichen Ted Bates. Der übrigens existiert. Die meisten Leute wissen das nicht. Der wirkliche Ted Bates soll ein ruhiger und sehr verlegener Mensch sein und die Leute meiden. Er ist der Howard Hughes der Werbung. Die meisten Leute denken, daß Ted Bates ein Bursche ist namens Ted, der einen anderen Knaben namens Bates traf, und als sie zusammenkamen, sagten sie: »Nennen wir die Agentur Ted Bates.«

Rosser Reeves war das leuchtende Genie, das sich überall heraushielt. Der Junge, der die ganzen Schwierigkeiten erdachte, war Billy. Als er sich ins Privatleben zurückzog, veranstalteten sie für ihn einen riesigen Empfang und schenkten ihm ein goldenes Stilett als Abschiedspräsent. Ich witzele zwar über dieses goldene Stilett, aber sie hatten Angst vor ihm.
Der Killer von *Bates* verließ die Agentur, den Berichten nach, mit einer runden Million, als er ausschied. Dazu das goldene Stilett. (Die Menschen sind sich nicht im klaren, daß die Werbung der größte Wohlfahrtsstaat der Welt ist. Wenn Sie lange genug in einer Agentur bleiben, können Sie einen riesigen Haufen Moos zusammenschaufeln. Sie geben Ihnen vielleicht fünf Prozent vom Jahresgehalt und legen dieses Geld für Sie in Form einer Gewinnbeteiligung an. Und das zusätzlich zu dem enormen Gehalt und Spesenkonto.)
Der *Bates*-Killer konnte jeden rausschmeißen – und er hatte auch die Potenz dazu. Er faßte den Beschluß, daß er vom Texten und Gestaltung genauso viel verstand wie irgendein Kreativer. Und daß er Leute aus jeder Abteilung der Agentur entlassen konnte. Jahrelang lebten sämtliche Jungs in Angst vor ihm. Er war der Super-Killer.

Als ich bei *Fuller & Smith & Ross* arbeitete, hatten sie einen Killer, der eine Zusammensetzung war aus einem Killer und einem Schwulen. Er war's wirklich. Er konnte einen todküssen. Er ist jetzt tot, aber ich höre nicht, daß viele Leute um ihn trauern. Nun war dieser Killer der Buchhalter der Agentur, der Kassen-Mann. Er war zuständig fürs einkommende und ausgehende Geld.
Eines Tages bestanden sie darauf, daß ich meine Zeitberichte ausfüllte – so viele Stunden für den Kunden, und so viele Stunden für den Kunden und so weiter. Ich hatte keine Lust, mich mit den Zeitberichten herumzuärgern. Zum Schluß war es so, daß die Agenturkasse mir noch hundertundfünfzehn Dollar schuldete und daß ich dieses Geld sehr dringend brauchte. Also, ich ging zum schwulen Killer und sagte:

»Joey, ich hätte gern das Geld, das du mir schuldest.« Der Killer sagte: »Du bist mit den Zeitberichten im Rückstand.« Ich sagte: »Ach, komm, Joey, was soll's. Ich gebe dir morgen einen Zeitbericht. Aber gib mir jetzt das Geld.« Joey sagte: »Nein. Und noch mal nein. Du bekommst dein Geld erst, wenn ich jeden Zeitbericht hier auf meinem Tisch habe.« Also sagte ich: »Okay, ich gehe und werde schon zu meinem Geld kommen.« Er sagte: »Wie willst du denn zu deinem Geld kommen, wenn ich es dir nicht gebe?« Ich sagte: »Ich werde meine Schreibmaschine verschachern.« Also nahm ich die Schreibmaschine, packte sie unter den Arm und war gerade dabei, die Agentur zu verlassen. Der schwule Killer erwischt mich und fängt zu schreien an: »Ich lasse dich verhaften, wenn du diese Schreibmaschine mitnimmst.« Nun ja, der Kreativ-Direktor hört das Geschreie – und niemand kann so schreien wie ein schwuler Killer – und er kommt aus seinem Zimmer gerannt, und da fand ein großes Meeting statt. Sie entschlossen sich, mir das Geld zu geben, aber es war alles umsonst, weil ich zwei Tage später alle Zeitberichte schön ausgefüllt abliefern mußte.

Ich glaube, daß die meisten Agentur-Killer sich selber den Job aussuchen. Niemand kommt zu ihnen und sagt: »Du siehst wie ein widerliches Arschloch aus, du kannst hier der Killer werden!« Er braucht noch nicht einmal die Macht dazu zu haben; das ist das Interessante an der Sache. Killer tun was, wodurch sie vielleicht diesen Job bekommen. Sie machen zum Beispiel viel unnötigen Wirbel, wenn es drum geht, wegen fünfzig Cent auf einer Rechnung der betreffenden Firma kräftig die Daumenschrauben anzudrehen. Gelegentlich teilen sich die Killer ihre Aufgaben. Ein Killer ist zum Beispiel zuständig für Kontakt und vielleicht noch Media, der andere Killer übernimmt die kreative Seite der Agentur. Sehr effektiv, diese Agentur-Killer! Geht es einer Agentur schlecht, dann haben die Killer so viel zu tun, daß sie's kaum schaffen.
In vieler Hinsicht sind sie den Schlägertypen in der Mafia

sehr ähnlich. Schlägertypen, wissen Sie, sind eigentlich keine schlechten Jungs. Sie sind nett zu Hunden und kleinen Kindern – sie sind wirklich nett – außer, daß sie Leute killen. Aus irgendwelchen seltsamen Gründen gehören Killer fast nie zur Geschäftsleitung. Entweder leiten sie einen Teil der Produktion oder der Media-Abteilung oder – wie der schwule Killer – Rechnungswesen oder Buchhaltung. Sie sind Mittelschicht-Jungs.
Killer treffen die Entscheidung, jemand zu killen, nicht selber. Aber sie liegen irgendwem in den Ohren, diese Entscheidung zu treffen. Sie sind die Leute, die sagen: »Der Harry dahinten, der hat im letzten halben Jahr noch keine anständige Anzeige gemacht. Ich weiß wirklich nicht, was wir mit so einem Jungen anfangen sollen.« Harry, der aus irgendwelchen verrückten Gründen nicht so auf dem Damm ist, hört plötzlich das Gerücht, daß er ein halbes Jahr lang keine Anzeige gemacht hat, und das macht ihn so nervös, daß er auch im nächsten halben Jahr nichts besonderes auf die Beine stellt. Am Ende des Jahres ist Harry weg vom Fenster.

Texter und Art-Direktoren haben Zeiten, in denen nichts herauskommt; es sind die sogenannten kalten Zeiten. Wenn sie das nicht wie Profis hinnehmen können, und sie zeigen es, dann sind sie öffentlich kalt, ich meine, dann zeigen sie es der ganzen Welt, daß sie ihre kalte Zeit haben. Sie bringen überhaupt nichts mehr. Statt gelassen zu bleiben und sich zu entspannen, zeigen sie, daß sie ihre kalte Zeit haben, und damit haben sie alles schon verloren. Denn so was ruft die Killer auf den Plan. Sie wittern es. Sie riechen es besser als jeder andere. Sie wissen, wann ein Junge dabei ist abzukratzen. Killer gedeihen am besten in Agenturen, denen es schlecht geht, und in Agenturen, die blitzschnell wachsen und jeden Moment größer werden. So killt der eine Killer aus Furcht, und der andere Typ killt vielleicht aus Ungeduld. Sie wollen, daß ihre Agentur schneller wächst als die von *Mary Wells*. Und wenn jeder Neue, der hereinkommt, nicht sofort was bringt, möchte der Killer,

daß man sich mit ihm befaßt. Killer sind heutzutage fast ein integraler Bestandteil einer Agentur.
Es ist ein bißchen wie im alten Wilden Westen. Zuerst hören Sie, in welchem Ruf jemand steht. Sagen wir, Sie fangen in einer Agentur an. Und schon in der ersten Woche kommt einer auf Sie zu, und er sagt: »Hallo, ich heiße Soundso und arbeite auch hier.« Ausnahmslos und unvermeidlich mündet dann das Gespräch in ein: »Paß auf vor dem Mann da!« Dann sagt Ihr neuer Freund: »Es ist nett hier, und ich bin gern dabei. Man kann hier zwar nicht viel machen, aber das ist alles halb so schlimm.« Plötzlich ist es wie in einem Film über ein Gefängnis: »Dieser Knabe da drüben, dieses Arschloch, nimm dich vor dem in acht.« Das ist die Sprache der Werbung. Dann wissen Sie, daß der, von dem er redet, der Killer ist. Dann wissen Sie, daß jener der Mann ist, der eines Tages auch Sie killen wird, wenn das je passieren sollte.

Nehmen wir an, ein Creativ-Direktor hat einen schlechten Art-Direktor eingestellt, der nun gehen muß. Da der Creativ-Direktor den Art-Direktor selber hereingeholt hat, besteht die Möglichkeit, daß er selbst Angst hat. Also läuft er nicht überall herum und schwätzt überall herum: »Ich habe mit dem Joe den Falschen eingestellt, ich habe eine unrichtige Entscheidung getroffen, ich hätte ihn eigentlich nicht ins Haus holen sollen.« Der Creativ-Direktor steht weit darüber. Und der Präsident der Agentur? Er ist so weit von allem entfernt, daß er eigentlich nicht mehr in der Werbung ist. Er verbringt fast seine ganze Zeit mit ein paar Jungs, die die öffentliche Meinung manipulieren können und behaupten, daß sie die Agentur ins Gespräch bringen und auf diese Weise jedem einen Haufen Kies verschaffen werden. Der Etatdirektor hat so viel Angst, den Etat zu verlieren, daß er kaum reden, geschweige denn klar denken kann. Es wird dann so gemacht, daß der Gestaltungsgruppenleiter dem Killer etwas zuflüstert, das ungefähr so klingt: »Du weißt doch, daß der Joe in letzter Zeit nicht mehr so auf Draht ist.« Dann rafft sich der Etatdirektor zu einem mutigen

Schritt auf und stottert vielleicht zum Killer: »Hm, hm ... Joe wird untragbar, gestern morgen kam er erst um zehn und war betrunken. Er muß weg.« Also räumt der Killer auf.
Einige Killer killen so viele Leute, daß der Aufsichtsrat sich zu einem Wechsel in der Geschäftsleitung entschließt. Eine ganz neue Mannschaft kommt herein, und die Neuen merken nicht, daß sie einen Killer in ihrer Mitte haben. In diesem Fall bekommen es die Killer. Immer, wenn in einer Agentur ein Killer abserviert wird oder sich pensionieren läßt, findet ein Fest statt, eine richtige Party. Die Pensionierungsparty für den *Bates*-Killer war großartig. Praktisch die ganze Agentur ließ sich blicken. Erstens hatte jeder viel Respekt vor dem Mann – Sie wissen, da haben wir einen erfahrenen und wahrhaftigen Überlebenden! –. Und zweitens sagt niemand: »Ihr könnt mich alle ... « und läßt sich etwa nicht blicken. Denn wer weiß, vielleicht langweilt ihn die Pensionierung, und er kommt zur Arbeit in die Agentur zurück. Niemand möchte dieses Risiko eingehen. Sogar als Rentner macht der Killer den Leuten noch Angst.

Als ich noch bei *Daniel & Charles* war, fanden so viele Abschiedspartys für Jungs statt, denen gekündigt worden war, daß ich mir eine Methode ausdachte, die finanzielle Belastung für ihre Leute zu verringern, die jede Woche fünf oder zehn Dollar zur Party beisteuern mußten. Ich beschloß, eine Versicherung zu verkaufen. Ich machte die Runde durch die Gestaltungsabteilung und sagte: »Gib mir jede Woche drei Dollar von deinem Gehalt und ich werde diesen Betrag eintragen. Wenn's wieder mal einen erwischt, werde ich die Party bezahlen.«
Da war ein Texter, namens Marvin, der mit seinen Etats ganz schön über die Runden kam. Eines Tages traf er sich mit ein paar anderen Jungs von der Gestaltung, und die sagten: »Marvin, die zahlen dir zu wenig. Du machst dufte Sachen, aber wenn's um die Piepen geht, sind sie nicht zu Hause. Offen und ehrlich gesagt, Marvin, du bist viel mehr wert.«

Nun lagen die Jungs ihm nicht direkt in den Ohren, sie meinten aufrichtig, daß er seine Sachen ganz gut machte und daher mehr verdienen sollte. Marvin sagte: »Verdammt noch mal, ihr habt recht. Ich gehe gleich hinein und rede mit Charlie.« Charlie Goldschmidt war einer der beiden Gesellschafter der Agentur und Geschäftsführer. Er ging also zu Charlie, und Charlie sagte: »Marvin, das ist ja merkwürdig, so ein Zufall, ich wollte nämlich auch mit dir reden.« Und dann schmiß er Marvin raus. Marvin sollte schon längst gekündigt werden; hätte er den Mund gehalten, dann hätte er noch ein paar Wochen bleiben können.

Charlie ließ damals eine Menge Leute über die Klinge springen. Eines Tages kamen die neuen Etatzuweisungen heraus, und Charlie mußte für jeden die Zuweisungen eintragen. Er trägt also eine Menge Namen ein, und wie er zu einem Jungen namens Dennis kommt, schreibt er nicht Dennis hin sondern »Mr. X«, der auf diesem Etat arbeiten soll. In Gedanken war er nämlich gerade dran, Dennis zu kündigen. Das einzige Problem ist, daß Dennis seinen Etat auf der Liste stehen sieht, und neben Dennis' Name steht »Mr. X«. Natürlich war er noch nicht dazu gekommen, Dennis zu sagen, daß er schon weg vom Fenster war und daß an seine Stelle ein »Mr. X« kommen würde. Seine Sekretärin, die natürlich von nichts weiß, macht einfach weiter und tippt die Liste ab, und die Etatliste geht mit der Hauspost durch die ganze Agentur. Die nächste Szene: Charlie rennt in der ganzen Agentur herum und versucht, diese Listen bei jedem – auch bei Dennis – wieder einzusammeln. Nun ja, er war nicht schnell genug – bei einem Agentur-Geschäftsführer sind zuerst die Beine hin –, und als Charlie ins Zimmer von Dennis kam, sitzt da Dennis, totenbleich, und starrt auf die Liste.
»Tut mir leid,« sagte Charlie, »tut mir wirklich leid, daß du es auf diese Weise erfahren mußt.« Charlie hatte noch nicht einen Ersatz für Dennis finden können und wollte ihn erst dann rausschmeißen, wenn der richtige Zeitpunkt da war.

Charlie mochte mich gern, und als ich ihm sagte, daß ich kündigen würde, sagte er zwei Wochen lang kein Wort zu mir. Am vorletzten Tag kam er in mein Zimmer und sagte: »Junge, überleg's dir noch mal. Junge, was kann ich für dich tun? Junge, diese Agentur könnte dir eines Tages gehören.« Am letzten Tag ist er wieder in meinem Zimmer. Ich schüttelte ihm die Hand und sagte: »Auf Wiedersehen, Charlie.« Er sagte: »Auf Wiedersehen, Junge. Ich wünsche dir Glück, aber du machst einen Fehler.«
Ich ging zu einem allgemeinen Abschiedsdrink hinunter. Ein Bursche platzt plötzlich herein und sagt: »Du mußt wieder raufgehen. Charlie läuft Amok.
Er schmeißt alle raus. Hilf mir. Geh' rauf.«
Es stimmte. Charlie war einfach ins Zimmer eines Kollegen namens Mike Lawlor gegangen und hatte gefragt: »Mike, hast du vor, zusammen mit Jerry wegzugehen?« Mike sagt: »Nein, Charlie, so was mache ich doch nicht.« Charlie sagt: »Mike, gehst du mit deiner Mappe (das heißt: Bewerbungsmappe) zu *Fuller und Smith und Ross* rüber?« Mike sagt: »Vielleicht tue ich das mal.« Er meinte nämlich, daß die Verfassung es einem erlaubt, sich mit seiner Mappe irgendwo zu bewerben. »Raus hier«, sagt Charlie. »Du bist entlassen. Pack' deine Sachen und verschwinde.« Dann ging er ins Zimmer eines Knaben namens Bert Klein und fragt: »Bert, du bist doch Jerrys Freund, nicht wahr?« »Ja.« »Wirst du mit ihm gehen?« »Ach, das weiß ich nicht.« »Warst du mal mit deiner Mappe weg?« »Ja, ich war mal mit meiner Mappe weg.« »Raus!«, sagt Charlie, »du bist entlassen.« Ein anderer Freund von mir, ein Bursche namens Bob Tore, kam gerade aus der Herrentoilette.
Er war ein bißchen zittrig, weil er gehört hatte, daß Charlie von Zimmer zu Zimmer ging und die Leute rausschmiß.
Charlie nahm sich gleich diesen Bob vor und sagte: »Du bist ein Freund von Jerry, nicht wahr?« Armer Bob.
Er fing zu stottern an: »Äh, äh, ich kenne Jerry ...«
Charlie kriegte Mitleid: »Macht ja nichts. Du hast zwei Kinder. Dich schmeiße ich nicht raus.«
Charlie, der jetzt ein guter Freund von mir ist, leistete

an dem Tag eine tolle Arbeit. Ich weiß nicht, wie viele Köpfe rollen mußten, aber er verrichtete ein gutes Tagewerk. Am nächsten Tag holte er sich vier freiberufliche Jungs, um die Lücken zu stopfen. Und die Knaben, die er rausschmiß, waren bestimmt keine kleinen Jungs. Mike Lawlor ging zu *Doyle, Dane* und Bert Klein zu *Wells, Rich*.
Einer der Gründe für das ganze Chaos ist, daß der Agentur ein Etat plötzlich gekündigt werden kann. Der Kunde muß der Agentur mit neunzig Tagen Frist kündigen, bevor der Etat weggeht. Ich schwöre, daß es auf der Madison Avenue einige Jungs gibt, die sich freitags im Badezimmer verstecken. Freitag ist nämlich der Killtag, weil er der letzte Arbeitstag ist. Das Killen findet wegen der Buchhaltung immer am Freitag statt. Das Traurige an der Sache ist, daß die falschen Leute rausgeschmissen werden. Die Geschäftsleitung bestellt irgendein armes Schwein zu sich und sagt: »Wie Sie wissen, ist uns gerade ein 15-Millionen-Etat baden gegangen, und Ihre hundertundsechzig Scheine in der Woche stehen zwischen uns und dem Überleben.« Es ist fast lächerlich. Die Agenturen bekommen 15% von der Etatsumme als Provision, und dazu kommen noch Extraeinnahmen an Dingen wie Produktionskosten. Gehen der Agentur 15 Millionen an Umsatz flöten, so heißt das zweiundeinhalb Millionen für die Agentur, und dann gehen sie zu einem Jungen, der im Jahr vielleicht acht oder neun Riesen macht, und sagen ihm: »Schauen Sie mal, es geht uns schlecht, und darum müssen wir Sie leider gehen lassen.« Der Knabe, der dies sagt, macht übrigens seine vierzig oder fünfzig Riesen im Jahr, und er ist gewöhnlich sicherer.

Es scheint irgendwo ein dummes, ungeschriebenes Gesetz zu geben, nach dem derjenige, der dreißigtausend oder mehr macht, viel sicherer ist als einer, der nur elftausend verdient. Es ist ein schreckliches System, und eines der Resultate dieses Systems ist, daß der Knabe, der seine dreißig oder vierzig Riesen im Jahr macht, ein ganz fickeriger Typ ist. Obwohl er sich sicherer fühlen kann, hat er auch soviel mehr zu verlieren. Nachts jammert er viel. Tagsüber

können Sie ihn erwischen, wie er zu einer Fünfzig-Minuten-Behandlung bei seinem Seelentröster schnell die Agentur verläßt. Gott weiß, wie viele Leute auf der Madison Avenue zu den Seelentröstern gehen, aber Zahl und Prozentsatz müssen riesig sein. Mittwoch nachmittags sehen Sie zwischen zwei und drei jeden für eine Behandlung die Agentur verlassen. Sie kommen zurück und benehmen sich wieder wie richtige Menschen. Sie sind Okay. Wenn Sie mit jemand über einen Seelentröster ins Gespräch kommen, gehen bei ihm sofort die Jalousien herunter. Zum Seelentröster gehen, ist kein Statussymbol. Die Leute werden sehr diskret, wenn's um ihre Seelentröster geht. Oh, natürlich mag sich einer nur so beiläufig erinnern, daß er mal – vor zehn Jahren ungefähr – seinen Seelentröster kurz besucht hat, und das ist alles. Der Werbejunge geht zum Seelentröster, weil er Angst hat, seinen Etat zu verlieren. Der Seelentröster schleicht sich wahrscheinlich zu seinem Seelentröster, weil er Angst hat, alle Werbejungs zu verlieren, die die großen Scheine auf seinen Tisch blättern. Also muß der Seelentröster zu den Werbejungs halten, und der Werbejunge muß seinen Etat behalten. Jeder hält sich ums liebe Leben dran.
Der Tag wird kommen, an dem eine Truppe Seelentröster sich entschließt, eine Agentur aufzumachen.

Es ist nicht schwierig, sich auszumalen, weshalb es in der Werbung so viel Angst gibt. Nach meiner Theorie fängt die Angst meistens sehr beiläufig an. Sagen wir, die Frau des Aufsichtsratsvorsitzenden einer großen Firma sitzt eines Tages unter der Trockenhaube, und sie hört, wie ein paar Zicken über einen witzigen Volkswagenspot reden. Beim Abendessen fängt sie an, an ihrem Mann herumzunörgeln. Er hat schon genug Kopfschmerzen. Wie soll er einen neuen Kredit bewilligt bekommen, der nicht auf Wucher hinausläuft? Und er denkt auch, daß er dabei ist, ein Herzleiden zu bekommen. Wie's auch sei, seine Frau quengelt: »Harry, ach Harry, wieso kann deine Firma denn nicht diese süßen kleinen Spots haben, wie sie die für Volkswagen machen?« Harry fühlt einen kleinen Stich in seiner

Brust und murmelt ihr was zu. Anderntags ist er nicht ganz auf dem Damm, und der Präsident seiner Gesellschaft kommt herein, und der Aufsichtsratsvorsitzende sagt zum Präsidenten: »Hör mal, Fritz, warum bekommen wir hier nicht ein bißchen Werbung. Ich unterschreibe eine Menge Rechnungen. Wir geben in einem Jahr drei Millionen Dollar für die Werbung aus. Und was haben wir eigentlich vorzuzeigen?« Der Präsident spürt plötzlich diese unheimliche kleine Gänsehaut und sagt: »Mein Gott, Harry, du hast recht.«

Der Präsident platzt dann plötzlich zum Werbeleiter herein und sagt: »Weißt du, Don, ich frage mich, ob es jetzt nicht Zeit wäre, unsere Werbung mal zu überdenken. Wir haben nun vier Jahre mit *Winthrop, Saltonstall, Epstein und Gambrelli* zusammengearbeitet. Und sie haben bisher keine anständige Kampagne gemacht, worauf wir stolz, oder womit wir glücklich sein können.« Nun, wer hört jetzt auf, den Schwarzen Peter weiterzugeben? Der Werbeleiter, der vielleicht achtzehn oder zwanzig Riesen im Jahr macht und bis zu seinen Ohren in den Hypothekschulden in Tenafly steckt, wird dem Präsidenten bestimmt nicht sagen: »Da irren Sie sich.« Auch der Präsident wird dem Aufsichtsratsvorsitzenden nicht sagen: »Ach, Harry, ich denke, daß du unserer Werbung Unrecht tust. Warum trinkst du nicht ein schönes Schnäpschen und regst dich ab?«

Und so kommt es zu dem fatalen Telefongespräch. Der Werbeleiter ruft zwei oder drei Agenturen an, die er im Auge behalten hat, und sagt so ganz beiläufig: »Na, wollt ihr Jungs mal zu uns rüber schauen und mal mit uns reden? Wir sind gerade dabei, unsere Werbung zu überdenken und ... Wir sind sehr zufrieden mit *Winthrop* etc. ... darüber besteht kein Zweifel, wir haben nur so gedacht, wir könnten uns doch mal anschauen, ob es da auch noch andere Wege gäbe ...«.

Whamm! Whumms! So bald zwei, drei Agenturen so was spitz kriegen, geht's gleich herum. Ich weiß nicht warum, aber ziemlich schnell weiß es jeder in der Stadt. Seit Jahren hat's keinen Etatwechsel gegeben, der eine Überraschung war. Schließlich erreicht die Nachricht eine der Werbefachzeitschriften. Ist es wahr, daß Ford sich nach einer neuen Agentur umschaut? Nun, da sitzen Sie bei *Thompson* und arbeiten auf dem Fordetat, und auf einmal geht einem das Leben vor den Augen dahin. Sie sehen, daß Sie in zwei oder drei Monaten ohne Arbeit dastehen, und wenn Sie in der Werbung weg vom Fenster sind, dann dauert das mindestens acht oder neun Monate.

Nehmen wir nun mal an, daß nicht getratscht wird. Vielleicht spüren Sie nur, daß der Aufsichtsratsvorsitzende mit dem Präsidenten gesprochen hat. Vielleicht, vielleicht findet eine Sitzung statt, und Sie bekommen dieses komische Gefühl: »Die Art, wie Don mir zulächelte, als er aus der Sitzung kam, nein, die mag ich nicht.« Ich habe erlebt, wie Leute nach einem Meeting herumstanden und sagten: »Habt ihr bemerkt, was er zuletzt gesagt hat? Er sagte: Bis später, es war nett, Sie kennenzulernen. Was hat er damit gemeint?« Dann meldet sich ein anderer zu Wort und sagt: »Der will uns anscheinend nur Angst machen.« Ein Dritter sagt: »Der kann uns am Arsch lecken, der kann uns überhaupt keine Angst machen.« Und wissen Sie was, es ist ihnen unter die Haut gegangen. Am nächsten Tag sitzt jeder herum und grübelt darüber, auf welche Weise sie den Etat verlieren werden. Noch ein anderer sagt: »Erinnert Euch mal an den Kundentyp. Der hat während der Präsentation überhaupt nicht gelächelt.« Und dann fallen sie über einander her: »Warum hast du so viel gequatscht?« »Ich habe nicht zuviel gequatscht, du hast zu lange mit dem Knaben geredet, der nicht gelächelt hat.« »So viel habe ich nicht gesagt, aber du hast den Projektor versaut. Kein Wunder, daß dieser Bursche nicht gelächelt hat.« Nehmen wir jetzt mal die Kehrseite. Sagen wir, daß der Werbeleiter sich entschließt, seiner Agentur zu sagen, daß die Weichen nicht so gut stehen. Also das Gegenteil dessen, was passiert, wenn man's nicht offiziell erfährt; das heißt, daß dem Etatdirektor klipp und klar gesagt wird, daß er tief in der Tinte sitzt. Und daß er sich nicht um den ganzen Schlamassel zu kümmern braucht, wer nun wohl oder nicht während der Sitzung gelächelt hat. Also setzt sich Don, der Werbeleiter, mit dem Etatdirektor zusammen und sagt: »Joe, ich hatte gestern ein kleines Meeting mit unserem Präsidenten und – versteh' mich nicht falsch, ich möchte ja nicht, daß ihr Leute nervös werdet – aber er ist nicht sehr erfreut, wie die Sachen laufen.« Das Blut weicht aus Joe's Gesicht, und seine Finger werden klamm. Er beginnt zu nicken und stammelt: »Na, Don, mach' dir keine Sorgen, wir lassen uns schon was einfallen.« Joe rennt in die Agentur zurück wie einst Paul Revere mit dem Ruf: »Die Engländer kommen, die Engländer kommen!« Er schreit: »Wir sind in den größten Schwierigkeiten, wir sind in Schwierigkeiten«. Jungs fangen an herumzurennen. Es gibt Dutzende von Meetings. Das Ganze sieht verrückt aus, denn wenn dieser Etatdirektor zurückgekommen wäre, und sie hätten die Tür zugemacht, und er hätte gesagt: »Schau mal, wir sind in den größten Schwierigkeiten, der Präsident der Firma sagt, daß unsere Anzeigen lausig sind«, dann ist das das erste Anzeichen des Todes. Woher die Nachricht auch kommt, entweder direkt vom Werbeleiter oder indirekt vom Werbegetratsche in der Fachpresse oder aus dem, was bei einer Sitzung aufgeschnappt wird, sie geht gleich und dann blitzschnell durch die Agentur.

Ich war Laufbursche bei *Ruthrauff & Ryan* als sie auf dem Weg waren, den Kentile-Etat zu verlieren. Die Jungs, die in der Expedition arbeiteten und sechzig Dollar die Woche verdienten, wußten schon ein Jahr vorher, daß *Ruthrauff & Ryan* dabei war, den Etat zu verlieren, und sie waren starr vor Angst. Und, wissen Sie, sie hatten recht: Nach zehn Monaten ging Kentile weg. Heute gibt's *Ruthrauff & Ryan* nicht mehr, sie sind definitiv weg vom Fenster. Eine der Ursachen ihres Todes war das Fehlen von Kommunikation. Die Expedition wußte noch vor der Geschäftsleitung, daß sie Etats verlieren würden.
Sie waren eine altmodische Agentur, alter Stil, und sie dribbelten einfach weiter auf dem Weg zum Nichts. Als ich

1955 dort zu arbeiten anfing, war die große Neuigkeit, daß sie gerade einen Burschen ins Haus geholt hatten, der ein »großes Buch voll Namen« hatte. Ich wußte nicht, was zum Teufel das bedeutete, und dann dämmerte es mir: Sie waren losgezogen und hatten sich einen Typ geholt, der mehr Strichknabe und Zuhälter war als ein Kontakter. Das war der Junge mit dem dicken, fetten Adreßbuch, der sie retten sollte. Ach, vergessen Sie's gleich! Was er wußte, war, wie man jedermann in der Stadt antanzen lassen konnte. Pornofilme. Er hatte sie. Blondinen, Dunkelhaarige oder Rotköpfige. Er hatte sie. Wissen Sie, ich war wirklich verdammt tief beeindruckt. Dieser Bursche sollte der Puffvater der Agentur werden. Und dann das Gerede über diesen Knaben: »Er wird uns das Neugeschäft ins Haus holen.«
Sie glaubten ehrlich, daß so ein Schwein sie retten würde. Und noch heute existieren Agenturen mit ähnlicher Haltung. Pack den Etat mit Samthandschuhen an. Besorge dem Kunden Karten fürs Fußballspiel der Giants. Große Diners im »21« und »Le Pavillon«. Die schwachen Agenturen, voll Angst vor dem Verlust eines Etats, stellen alles mögliche an, nur um den Etat zu behalten. Die schwungvollen Agenturen haben das nicht nötig. Was fängt *Doyle, Dane* mit einem Puffvater an? Sie machen verdammt gute Sachen. Wozu braucht *Delehanty, Kurnit* so einen Kerl? Oder *Wells, Rich, Greene?* Diese Leute sind Profis, die professionelle Arbeit machen.

Nun, so hin und wieder nutzt ein Kunde diese ganze Angst, einen Etat zu verlieren, ganz schön aus. TWA ist das klassische Beispiel. 1967 war TWA bei *Foote, Cone & Belding,* und sie kamen mit dem Etat ganz gut zurecht. Die meisten Fluggesellschaften verlieren sehr schnell Geld, nicht weil die Werbung so schlecht oder gut ist, sondern weil die Regierung das Geschäft so versaut hat. Die Fluggesellschaften leben von Regierungszuweisungen und Subventionen und von Luftpostkontrakten. Und die Regierung schreibt den Gesellschaften vor, wohin sie fliegen sollten. Geben Sie mir eine Fluggesellschaft, die auf Anweisung der Regierung nach Buffalo fliegen muß, und ich zeige Ihnen eine Fluggesellschaft, die Geld verliert. Ich meine, niemand geht nach Buffalo.

Wie dem auch sei, bei TWA wird jemand übereifrig, und sie entscheiden, daß sie vielleicht außer ein paar Linien nach Hawaii, etwas neue Werbung brauchen. So rufen sie *FCB* an und sagen: »Ihr seid eine dufte Truppe Leute da bei *FCB,* aber so glücklich sind wir nun auch wieder nicht ... «
Ich schätze, daß der TWA-Etat damals 22 Millionen Dollar groß war. Verstehen Sie, was das für eine Agentur bedeutet? Für jede Agentur? Ungefähr vier Millionen im Jahr Verdienst. Nun, bei *Foote, Cone* verbreitete sich die Panik wie ein Lauffeuer. Zur selben Zeit war ich bei *Bates* Gestaltungsgruppenleiter und da kamen die Anrufe. Texter, Art-Direktoren, die Kreativen ... die große Angst ging um. In der Mittagszeit traf ich in einem Restaurant ein Mädchen von *FCB,* und sie sagte: »Es ist wahr, es passiert. Wir werden den Etat verlieren, in ein paar Tagen oder so.« Sie war wie versteinert. Sie verdiente vierzigtausend im Jahr als Texterin, und der TWA-Etat war der einzige Etat, auf dem sie arbeitete. Sie mußte also schnell einen neuen Job finden. Sie hatte eine ganze Liste von Leuten, die sie wegen eines neuen Jobs aufsuchen wollte.

Was in den nächsten paar Wochen passierte, war die zweite öffentliche Vergewaltigung, seit die Sabinerinnen dran waren. Nie zuvor in der Werbegeschichte wurden so viele Jungs zugleich überrumpelt. TWA leistet einen erstklassigen Job. Eine ganze Menge sehr schlauer, kluger Jungs wurden überrumpelt. Das Ganze war eine große Bauernfängerei. TWA war nämlich auf Gratismuster – auf unbezahlte Agenturpräsentationen – aus. Um diese unbezahlten Präsentationen zu bekommen, wandten sie sich an nervöse Agenturen: *Dancer-Fitzgerald-Sample; Benton & Bowles; Ted Bates.* Und sie waren solch nette Jungs, daß sie sogar den armen Schweinen bei *FCB* erlaubten, zum Wettbewerb um ihren eigenen Etat anzutreten. Auch *William Esty, N. W. Ayer, Sullivan, Stauffer* und sogar *McCann-Ericson* waren mit von der Partie. Sie gingen zu den Agenturen vom alten Typ, die von den neuen, aufstrebenden Agenturen in die Ecke gedrängt wurden. Nun sind diese »Alter Stil«-Agentur-Jungs keine Ersatzfiguren, sie sind ganz kluge Jungs. Ich weiß nicht, wie viele Leute TWA anriefen und sagten: »Wir möchten auch eine Präsentation machen«, und ich weiß auch nicht, welche Leute von TWA speziell noch mal angerufen wurden und zu hören bekamen: »Wir hätten Sie gern dabei.« TWA war natürlich ganz schön gerissen. Sie ließen nie die Katze aus dem Sack und sagten: »Machen Sie mal und geben Sie 40 000 oder 50 000 Dollar für einen Fernsehspot aus.« Nein, statt dessen sagten sie: »Wir hätten gern einige Beispiele Ihrer Arbeit gesehen, und zwar von der Arbeit, die Sie für uns machen würden.« TWA sagte niemals: »Gebt nicht zuviel Geld aus, Jungs.« Sie grinsten nur und hauten jeden übers Ohr. Von Leuten wie *Doyle, Dane,* oder *Ogilvy,* oder *Mary Wells* bekamen sie überhaupt keine Antwort. Agenturen wie diese zeigen möglichen neuen Kunden, was sie in der Vergangenheit so alles geleistet haben, und damit hat's sich. Wenn jemand *Doyle, Dane* etwa auf eine Muster-Kampagne ansprechen würde, dann würde *DDB* sagen: »Dieses Spielchen spielen wir nicht mit.« Sie machen verdammt gute Sachen. Ihre Mitarbeiter gewinnen jedes Jahr Preise. Sie sind gut und sie wissen es.

Diese ganze Sache entwickelte sich wie ein Schneeball. Der Schneeball rollte weiter und weiter und schließlich außer Sicht. Es fing damit an, daß jeder sagte: »Wir zeigen denen ein paar Skribbels, vielleicht ein paar Rohlayouts.« Dann sagte ein anderer Knabe: »Schau mal, wir haben's mit den *Bates*-Jungs zu tun. Ihr wißt, wie scharf diese Jungs rangehen. Wir sollten mehr tun als nur Rohlayouts. Wir fotografieren.« Und der nächste sagt: »Nun ja, wenn wir schon für Anzeigen fotografieren, dann können wir nicht einfach mit einem Storyboard aufkreuzen. Ihr wißt ja, wie schwierig es ist, Storyboards zu präsentieren.« Und ein anderer sagt: »Ich kenne einen guten Mann, der macht uns den Spot für zwanzigtausend Dollar.« Plötzlich steigen Jungs ins Geschäft ein und arbeiten für den TWA-Etat, ohne ihn zu haben.

Vor Jahren fing an der Westküste ein magerer Bursche mit viel Haar, namens Jim Webb, als Songtexter an. Wenn dieser Junge gewußt hätte, welches Chaos er in New York anrichten sollte, wäre er gleich ausgeschieden. Einer seiner Songs hieß: »Up, Up and Away« (Auf, Auf und Weg von allem) und hatte Sätze wie: »Möchtest Du nicht gern fliegen, in meinem schönen Luftballon?«, und weiter in dieser Art. Nun, eine Jagd auf die Rechte dieses Songs setzte ein. Eine Band namens »Fifth Dimension« brachte die Platte heraus, und der Song stand damals auf der Hitparade. Was für ein Gerangel um dieses Lied! Es wurde auch bekannt, daß TWA seinen jetzigen Song nicht mochte, und dieser Song schien geradezu ideal. Wie dem auch sei, *Foote, Cone* ergatterte die Rechte dieses Songs, und sobald die anderen erfuhren, daß *FCB* einen Song hatte, mußte jeder einen Song haben.

Sie können kaum glauben, was für ein Micky-Mouse-Getue inzwischen bei Bates los war. Ich weiß nicht, was bei den anderen Agenturen los war, aber bei Bates war es von vorne bis hinten einfach verrückt. Lieferburschen von Feinkostgeschäften kamen mit den Bestellungen herauf und konnten nicht herein. Alles Micky-Mouse. Ich erinnere mich noch, daß einer der ganz Wichtigen mit einer Plattenhülle durch den Empfang rannte – dieser Junge machte vielleicht hundert Riesen im Jahr – und sagte: »Das ist der Song. Dieser Song hier ist der Song, der uns den Etat bringt.« Da herrschte eine falsche gehobene Stimmung, die fast krankhaft war. Da herrschte das positive Gefühl, daß wir den Etat schon in der Tasche hatten.

Nun gut, jeder präsentierte. Wer weiß wieviel Geld für diese Präsentationen ausgegeben wurde? Mehr als eine Million Dollar, würde ich so schätzen. Jedenfalls, jeder präsentiert. Und da ist *Foote, Cone* mit diesem schönen Song, den sie jetzt umgestaltet haben in: „Up, Up and Away-TWA«. Und da ist jedermann mit wirklichen, echten Fernsehspots, mit wirklichen, echten Anzeigenandrucken, mit wirklichen, echten Arbeiten. Dieser Knabe Webb schreibt einen verdammt guten Song, und nachdem sie sich alle Präsentationen angeschaut hatten, gaben es die TWA-Leute den Sabinerinnen. »Gute Arbeit«, sagten sie, und dann: »*Foote, Cone*, ihr habt die Sache so gut gemacht, daß wir den Etat bei euch lassen.«

Als sie bei *Bates* erfuhren, was passiert war, war das so wie am Tag des Sieges über Japan, aber sie waren nicht wie die Japaner, die sich auf Schwerter fallen lassen. Unglaublich. Ungefähr sechs Monate später gab es bei TWA eine Art Umgruppierung. Ein neuer Knabe mit viel Macht kam herein, und er entschied, daß der Etat trotz »Up, Up and Away-TWA« nicht *Foote, Cone* gehörte. Also kommt da die schöne *Mary Wells*, die gerade die ganzen Braniff-Flugzeuge fuchsienrot und in ähnlichen, schönen Farben angemalt hatte – sie spaziert herein und wieder hinaus mit dem Etat. Keine formelle Präsentation, nichts. Vielleicht hat sie ihnen ein fuchsienrotes Flugzeug gezeigt, aber mehr nicht. Und sie hatte den Etat. Um ihn zu bekommen und um den Wettbewerbsbestimmungen zu entgehen, mußte sie den Braniff-Etat kündigen. Und der Präsident von Braniff ist ihr Mann.

George Lois, der früher Partner bei *Papert, Koenig, Lois* war, und dann *Lois, Holland, Callaway* aufmachte, kümmerte sich um seine eigenen Sachen, und ganz schön bald kommt da Braniff mitsamt fuchsienroten Flugzeugen und allem Drum und Dran. Es ist nicht so, daß die ganze Werbung verrückt ist, aber es gibt Zeiten, Zeiten gibt's . . . Und es ist die Verrücktheit auf Madison Avenue, die zur Nervosität führt, und die führt wieder zur wirklichen Angst. Die TWA-Geschichte muß zwanzig Jungs in den Alkoholismus getrieben haben, und so einzigartig ist diese Story noch nicht mal. Wo es soviel großes Geld zu verdienen gibt, herrscht immer Nervosität. Und vor allem bedeutet Madison Avenue das große Geld.

# Laßt zu mir kommen die Trunkenen, die Verrückten...

Die Werbung ist die einzige Branche der Welt, die auch Lahme, Süchtige und Spinner nimmt. Als Etatdirektor bringen Sie's nicht weit, wenn Sie den Ruf haben, ein Hascher zu sein. Aber als Texter oder Art-Direktor können Sie sich vielleicht auch dann behaupten, wenn Ihre Pupillen ein wenig erweitert sind. Die Werbung zieht Exzentriker an und heißt sie willkommen. Den höchsten Grad von Ekzentrizität finden Sie normalerweise auf der kreativen Seite, bei Textern und Art-Direktoren.

Wir bekommen einen Haufen Leute, die eine Meise haben. Sagen wir mal, es gibt Hunderte – vielleicht Tausende – von Jungs in der Werbung, die in Gewahrsam kämen – als Bankangestellte. Wissen Sie, ihr Boß hätte sich etwas zurückgelehnt und entschieden: »Bei dem piept's ja.« Und er hätte die Frau von dem Jungen angerufen und ihr gesagt: »Ich glaube es ist Zeit, daß wir ihn mal abholen lassen. Wissen Sie, er macht da so merkwürdige Sachen.«

Nehmen wir zum Beispiel Ned Viseltcar, einen guten Freund von mir. Er ist eine Legende. Und doch schaffte er es, einen guten Job nach dem anderen zu bekommen.

Ned arbeitete mal drei Stunden bei *Grey Advertising*. Er war als Texter eingestellt worden, und er erscheint morgens um neun zur Arbeit. Weil es bei *Grey* sehr formell zugeht, kommt Ned am ersten Tag pünktlich – um neun Uhr. Er trifft ein paar Leute, füllt alle Formulare aus, die man am ersten Tag nun einmal ausfüllen muß, und dann geht er um 12.15 Uhr zu Tisch. Er hatte eine Verabredung mit jemand von *Daniel & Charles*. Nun, sie hatten ein angenehmes Mittagessen, und der Junge von *Daniel & Charles* sagt: »Warum willst du nicht als Texter zu uns kommen?«. Sie gehen die Einzelheiten durch, und

Ned wird ein Job angeboten, der besser war als der Job bei *Grey*. Also geht er zu *Daniel & Charles,* trifft Danny Karsch, den zweiten Besitzer der Agentur und Geschäftsführer, und er nimmt gegen zwei Uhr mittags das Angebot an. Aber er konnte nicht widerstehen, gleich zu telefonieren. Er ist immer noch bei *Daniel & Charles,* und er ruft *Grey* an und verlangt die Personalabteilung. Er sagt: »Mein Name ist Ned Viseltear. Heute morgen habe ich bei Ihnen gearbeitet. Ich habe für Sie so ungefähr drei Stunden gearbeitet.« Und die Frau am anderen Ende sagt: »Ja, was kann ich für Sie tun?« Viseltear sagt: »Ich kündige. Ich gehe weg bei *Grey* und fange irgendwo anders an.« Die Dame fühlt sich nicht wohl in ihrer Haut, sie denkt, daß er ein Schmutzfink ist und gleich anfangen wird, heftig zu atmen. Viseltear sagt: »Ich wollte nur wissen, ob mir schon Urlaubszeit angerechnet wird. Ich weiß, daß ich erst drei Stunden bei *Grey* gearbeitet habe, aber wenn mir trotzdem Urlaubsgeld zusteht, hätte ich gern, daß Sie's mir per Adresse *Daniel & Charles* schicken.«

1961 war *Daniel & Charles* wie ein Schule – bis auf die Tatsache, daß alle Schüler verrückt zu sein schienen. Es war mein erster richtiger Job in der Werbung, ich meine, mein erster echter Job. Bevor ich dort hinging, war ich sieben Monate lang arbeitslos. Davor hatte ich mir einen Bandscheibenschaden geschrieben für einen Saftladen, namens *Advertising Exchange* (Anzeigenexpedition). Ich wohnte in Brooklyn und hatte keinen Cent. Meine Verwandten pflegten mich und meine Frau zum Essen einzuladen. Wenn wir dann um den Tisch herumsaßen, sagte irgendein Onkel: »He, Junge, ich habe in der »Chief« (die offizielle Zeitung der Stadt New York) gelesen, daß es demnächst ein paar offene Stellen beim Gesundheitsamt geben wird. Warum schlägst du dir nicht den ganzen Werbe-Unsinn aus dem Kopf und suchst dir einen echten Job?«
Ich hatte nicht das Herz – oder den Magen – auf dem rechten Fleck fürs Gesundheitsamt. So saß ich in meinem Apartment in Brooklyn herum und versuchte, was anzuleiern. Ich beschloß, daß *Daniel & Charles* die Agentur für mich war. Ich hatte

nämlich in einem Buch mit dem Titel »Verzeichnis der Werbeagenturen«, geblättert, das alle Werbeagenturen aufzählt, und ich war bei D. gelandet. Ich fing an, ihnen selbstentworfene Anzeigen – Skizzen – zu schicken. Ich schickte sie einfach an Danny Karsch, einen der Gesellschafter der Agentur, aber ohne meinen Namen, nur mit den Initialen J. D. F. Ich schickte dauernd diese Anzeigen ein, und eines Tages rief ich *Daniel & Charles* an und verlangte Danny Karsch. Als die Sekretärin wissen wollte, wer am Apparat war, sagte ich: »Ich bin J. D. F.« Danny bestellte mich zu einem Gespräch zu sich, und er nahm mich für hundert Dollar in der Woche.

Ich hatte gleich raus, daß das ganze Haus von jungen Leuten wimmelte, die plötzlich entdeckten, daß ihnen jemand für den Rest ihres Lebens einen Haufen Geld für eine Sache namens Werbung zahlen wird. Alle packte dieser Wahnsinn, und wir spielten verrückt. Eine ganze Gruppe von Leuten verlor den Kontakt mit der Wirklichkeit.

An meinem ersten Arbeitstag saßen wir im Zimmer von einem Art-Direktor, und ein Knabe kam hereingerannt und rief: »Das dritte Programm, das dritte Programm, da ist was im dritten Programm los!«

Schon leerte sich das Zimmer, das voller Leute gewesen war, schlagartig. Sie rannten mich buchstäblich um. Sie rannten den Flur entlang, und ich hinterher, und am Ende des Flurs angekommen, machten sie die Tür zum Treppenhaus auf. *Daniel & Charles* lag an der 34. Straße, ungefähr dreiundeinhalb Meter von einem Apartmenthaus entfernt. Es sah fast so aus, als wären die Häuser miteinander verbunden. Vom Treppenhaus aus konnten diese Jungs geradewegs ins Apartmenthaus schauen, und sie hatten die verschiedenen Apartments als »Erstes Programm«, »Zweites Programm« und so weiter bezeichnet. Das »Dritte Programm« war ein sehr appetitlich aussehendes Mädchen, das in ihrem Büstenhalter und sonst nichts herumlief. Und da standen alle, wissen Sie, und machten Bemerkungen über den Zahn, wie: »Ich glaube nicht, daß sie so schön ist wie das Erste Programm.« Das war meine

Einführung in die Werbung. Bei *Daniel & Charles* gab's Jungs, die waren diesen Fenstern so hörig, daß sie stundenlang die »Programme« im Auge behielten. Der komischste Anblick und das komischste Geräusch der Welt kam zustande, wenn wir mal länger arbeiteten – nach zehn Uhr abends. Sie konnten hören, wie ein Texter, Evan Stark, seinen Schreibmaschinentisch über den Flur zum Treppenhaus schob und die Schreibmaschine so hinstellte, daß er zugleich tippen und gucken konnte. Bob Tore, der Art-Direktor, mit dem Evan zusammenarbeitete, setzte sich gewöhnlich auf die Stufen, und beide starrten aus dem Fenster und arbeiteten an Anzeigen, mit einem Auge hielten sie Ausschau nach allem, was sie finden konnten. Evan saß da und dachte an etwas, und dann tippte er wieder, weil er nie mit einem Bleistift arbeitete. Er saß da und tippte eine Headline, behielt dabei immer die Fenster im Auge, und schließlich eines Tages erwischte Charlie Goldschmidt sie alle. Eine große Gegenüberstellung fand statt, und da Charlie gewöhnlich mich für die verrückten Sachen in der Agentur verantwortlich machte, rief er mich herunter und sagte: »Jerry, du und deine Bande haben's jetzt geschafft. Die Nachbarn haben die Bullen gerufen, und sie sagen, daß ich hier eine organisierte Bande von Voyeuren im Hause habe.« Ich sagte: »Charlie, ich weiß nicht, wovon du redest.« Und ich habe es auch wirklich nicht begriffen. Er sagte: »Du und deine Kumpane haben's jetzt geschafft.« »Charlie«, sagte ich, »du weißt nicht, was du sagst.« Er sagte: »Geh lieber rauf und sage deiner Bande, daß sie tief in der Tinte sitzt.«

Ich lief hinauf, und der erste, den ich sah, war ein Art-Direktor namens Bill Arzonetti, und ich sagte: »Bill, wir sitzen in der Tinte. Charlie sagt, daß es bei *Daniel & Charles* eine organisierte Bande von Voyeuren gibt.« Bill guckte mich mit einem ausdruckslosen Gesicht an und sagte: »Du, das ist ja zum ersten Mal, daß ich irgend einer Organisation angehöre.«

Bill ist ein ungewöhnlicher Junge. Sehr ruhig und ein sehr guter Art-Direktor. Eines Tages arbeitete ich mit ihm zusammen, und tatsächlich war das das erste Mal, daß wir wirklich Anzeigen gemeinsam gemacht hatten. Jedenfalls sind wir an der Arbeit, da fängt das Telefon zu klingeln an. Bill ist ein sehr in sich gekehrter Junge wenn er arbeitet, und er arbeitet einfach weiter und kümmert sich nicht ums Telefon. Ein paar Minuten vergehen. Der Apparat klingelt immer noch. Ich gucke aufs Telefon, aber da ich neu bin, denke ich, daß Bill es vielleicht gern mag, wenn das Telefon fünf Minuten klingelt, ehe er abhebt. Es klingelt immer noch, und er nimmt immer noch nicht ab, aber ich sehe, wie er immer nervöser wird und daß er gerade dran ist zu explodieren. Endlich schaut er um sich, nimmt eine Schere und sticht sie mit voller Wucht ins Telefon. Er schneidet nicht einfach den Draht durch oder so was. Ich meine, er ersticht es, vom Hörer ganz durch den Apparat durch. »Das sollte reichen«, sagte er.

Ich guckte ihn an, und dann sagte ich: »Ich glaube, da ruft mich Einer. Ich bin gleich wieder da.« Ich kam erst zwei Tage später wieder zurück. Wir treffen uns immer noch ab und zu und lachen dann drüber. Wie viele Jungs erstechen ihr Telefon? Er fummelte nicht dran herum, er wollte dieses Telefon ermorden, meine ich.

Das Lustige ist aber, daß es weiter klingelte, nachdem er es erstochen hatte. Bill war viel ruhiger, als er es erstochen hatte.

Wir hatten bei *Daniel & Charles* noch einen anderen Art-Direktor; ich will ihn Jack nennen. Eines Tages entschloß sich Jack, seine Frau zu verlassen. Er ging nach Hause und sagte zu ihr: »Ich gehe weg von Dir. Ich habe eine Freundin.« Seine Frau sagte: »Wie kannst du mir so was antun?« Jack sagte: »Ich habe eine Freundin.« Seine Frau brach auf einem Stuhl zusammen, schlug sich auf die Brust und schrie: »Warum, warum?« Und er sagte: »Nun, was ist denn so schlimmes dran, eine Freundin zu haben? Sieh' mal, alle anderen Jungs in der Agentur haben Freundinnen. Warum darf ich keine haben?« Sie beschloß, jeden in der Agentur aufs Korn zu nehmen. Irgendwie verschaffte sie sich eine Liste der Agenturmitarbeiter mit ihren privaten Telefonnummern und sie entschloß sich, alle Ehefrauen anzurufen und ihnen zu erzählen, daß ihre Männer fremdgingen. Dann sagte uns Jack, daß sie auf die Telefonliste verzichtet hatte, aber statt dessen losgezogen sei, einen Revolver zu kaufen, um jeden in der Agentur zu erschießen. Wir fingen an, uns nach einem guten Versteck umzusehen, falls sie auftauchte. Hinten in der Gestaltungsabteilung befand sich ein Schrank, der hinter einer falschen Wand verborgen war. Bob Tore und ich verabredeten, daß wir in den Schrank springen wollten, wenn wir je Schüsse oder so was hören, und dort bleiben wollten, bis der Sturm vorüber war. Sie denken vielleicht, daß ich Witze mache, aber sie soll gesagt haben: »Ich gehe da hinein und schieße jeden über den Haufen, der mir in die Quere kommt.«

Sie können Jack eigentlich nicht mit einem Jungen wie George Lois vergleichen, der mit seiner Wildheit eine Menge fertig bringt. Es gibt wirklich Hunderte von George-Lois-Geschichten in der Stadt. George ist ein großer, stämmiger, griechischer Junge, der verdammt viel Temperament hat und zugleich sehr, sehr kreativ und ein sehr guter Art-Direktor ist. Alle diese Eigenschaften kommen auf einen zu, und sie machen Verschiedenes sehr aufregend, wenn George in der Nähe ist. Auf der Madison Avenue gehen ein paar klassische Geschichten um, in denen Art-Direktoren mitspielen, die versuchen, ihre unmittelbaren Vorgesetzten aus dem Fenster zu kippen. Einer dieser Geschichten nach passierte folgendes: Ein Art-Direktor versuchte Norman B. Norman im Look-Gebäude aus dem Fenster zu werfen, aber die Fensterflügel und eine helfende Hand eines anderen Art-Direktors namens Onofrio Paccione hielten ihn davon ab.

Es gibt in der Stadt einen tollen Verrückten, den ich Riley nennen möchte. Er war ein sehr guter Texter bei *Doyle, Dane*. Eines Tages ging er zu Tisch, ließ sich voll laufen, und er fing an, Selbstmitleid zu bekommen. Zum Schluß sagte er: »Alles Scheiße, die ganze Werbung«, und als er vom Tisch zurückkam, fing er an, sein Zimmer zu zertrümmern. Sie wissen ja, er schmiß Lampen durch die Gegend und zerbrach den Stuhl. Seine Art, über die ganze Sache hinwegzukommen, war nicht, bei *Doyle, Dane* wegzugehen, sondern alles kaputt

zu machen, was es da gab. Der Schreibtisch war als letzte Arbeit dran.
Er schob das Fenster hoch und begann, den Schreibtisch hinauszuschieben. Nun gut, solche Schreibtische können über einen Zentner wiegen. Auf jeden Fall erregte der ganze Krach, den Riley beim Zerstückeln der Stühle machte, viel Aufmerksamkeit. Die Leute kamen in sein Zimmer gerannt, und das erste, was sie sehen, ist Riley, wie er gerade dabei ist, sich einen Bruch zu heben. Der Schreibtisch hing schon halb aus dem Fenster und konnte jeden Moment hinauskippen. Ein paar Jungs greifen ihn, und ein paar andere Jungs greifen den Schreibtisch, und auf diese Weise gelingt es ihnen, ein paar Leben zu retten. Jahrelang tratschten die Leute über Riley und seinen Schreibtisch, und eines Tages fragte ich ihn, ob die Geschichte stimmte. »He, Riley, hast du wirklich versucht, das zu machen? Hast du wirklich probiert, deinen Schreibtisch aus dem Fenster zu schmeißen?« Und er sagte: »Ja, aber es war nur an der Seite, die auf die 43. Straße hinausgeht.« Ich meine, man muß doch so einen Jungen gern haben, dem klar ist, daß es eine Menge Kopfschmerzen gibt, wenn sein Schreibtisch auf die 42. Straße hinunterfällt; aber zur 43. Straße hin ist die Sache »Okay«. Ein sehr rational denkender Mensch.

Nun möchte ich auch nicht den Eindruck vermitteln, daß alle kreativen Jungs in der Stadt verrückt sind. Tatsächlich weiß ich nur von einer Stecherei, die jemals stattfand, abgesehen von der Scherenstecherei aufs Telefon. Ein Art-Direktor, namens Angie kriegte sich mal in die Haare mit einem Kontakter wegen einer Anzeige, und sie fingen an, sich gegenseitig anzubrüllen; also stach Angie den Kontakter einfach mit seinem Kugelschreiber nieder. Oh, ich schätze, daß es eine Menge Blut und Geschrei gab, aber der Kontakter überlebte. Die Agentur entschloß sich dann, etwas gegen Angie zu unternehmen, und so wurde er während eines Plansboards (letzte interne Sitzung vor einer Präsentation), der aus sehr einflußreichen Leuten zusammengestellt wird, offiziell gerügt. Der Kontakter genas ohne Komplikationen und holte dann eine Höchstsatz-Krankenversicherung aus der Tasche. Dann und wann sehe ich Angie noch. Unlängst traf ich ihn auf der 59. Straße. Er sah sehr merkwürdig aus. Sein Jackett hatte er unter dem Arm, sein Hemd steckte nicht in der Hose, und er hatte einen Bart von drei Tagen, und ich glaube, daß er eine ganze Weile nicht mehr zu Hause gewesen war.

Im ganzen gibt es nicht so viel Gewalttätigkeit. Einmal geriet ein Agenturgeschäftsführer in der U-Bahn mit einem Mann, der neben ihm saß, in Streit über die Politik, und gleich darauf haute der Geschäftsführer dem Mann eine voll in die Fresse. George Lois absolvierte mal mit meinem Freund Bill Casey eine kleine Rauferei. Casey hatte bei *Papert, Koenig und Lois* gearbeitet und ging weg. Es gab eine Art Diskussion über Anteile an der Firma wegen seiner Kündigung, und so planten sie eine Versöhnungssitzung. Casey war der Typ, der in einer Bar ein paar Drinks nimmt, und plötzlich entstehen um ihn herum Keilereien.
Beim Versöhnungsgespräch ging es schief, und das nächste, was passierte, war, daß Lois über den Tisch langte, um Casey eine runterzuhauen. Sekretärinnen schrien, das übliche Durcheinander. Es war noch nicht mal das größte Beispiel eines Jungen, der von einer Agentur wegging. Casey verklagte dann Lois, Julian Koenig und die ganze andere Truppe mit der Begründung, daß »eine Atmosphäre physischer Gewalttätigkeit« es ihm unmöglich gemacht habe, ordentlich seine Arbeit bei der Agentur zu verrichten. Vielleicht hat er was bekommen, denn schon 1965 kam es zu einem großartigen Kampf bei *PKL*, bei dem ein Etatdirektor namens Bert Sugar einem anderen Jungen dermaßen eine runterhaute, daß das Blut überall hinspritzte. Sie pflegten *PKL* nach der alten Boxhalle »Stillman's East« zu nennen.

Wenn man mir die Wahl ließe, würde ich sagen, daß die Texter unter den Kreativen die Verrücktesten sind. Einmal arbeitete ein junger Mann – er hieß Herb – für mich, als ich noch bei *Delehanty* war; ein großartiger Spinner. Er stand auf allem, was die Welt kennt, auf Spritzen, Hasch, Stickies und weiß Gott was noch. Er pflegte sehr merkwürdig-aussehend in die

Agentur zu kommen. Das ging bis zu dem Punkt, an dem ich verrückt geworden wäre, wenn ich noch einmal in seine erweiterten Pupillen hätte starren müssen. Er war der verkörperte Hiobsbote. Aber er war ein verdammt guter Texter, und deshalb behielt ich ihn.

Das eigentliche Problem war nicht, in welchem Zustand Herb auftauchte, sondern *wann* er auftauchte. Er pflegte um vier Uhr nachmittags in die Agentur zu kommen. Meistens erzählte er mir, daß er vor dem Morgen Angst hatte und deswegen den Morgen haßte, darum blieb er bis drei oder vier im Bett und ging dann zur Arbeit. Es war nicht so, daß er sich drückte – er arbeitete gewöhnlich bis Mitternacht oder ein Uhr morgens. Es war einfach so, daß er eine andere Zeiteinteilung hatte.

Nun, da fingen die Probleme an. Art-Direktoren schauten nach ihm aus. Aber natürlich war er im Bett. Kontaktleute wollten ihn immer auf Termine festnageln, und dann war er da. Um vier Uhr nachmittags raste er in die Agentur, noch voll im Rausch, und Kontakter wissen nie, wie man mit Leuten umgehen muß, die noch im Rausch sind. Und dann merkten die anderen Texter, wie Herb seine Arbeitsstunden einteilte, und nun wollten sie auch abends arbeiten und morgens schlafen.

Ich sagte ihm immer: »Herb, du mußt ein bißchen früher kommen. Die Leute wollen dich nach zehn Uhr morgens hier sehen, das weißt du doch – oder nicht?« Herb sagte: »Ich kann nichts dafür. Ich mache alles, was du willst, aber ich kann nichts dafür, ich muß einfach um vier oder fünf Uhr nachmittags kommen.« Ich sagte: »Herb, hör zu, sie schmeißen dich raus, wenn du so weiter machst.« Aber er wollte nichts davon hören.

Zum Schluß mußten wir ihn loswerden, weil er zu viele Schwierigkeiten verursachte. An dem Tag, an dem ich mich entschloß, ihm zu kündigen, kommt er in mein Zimmer.

»Jerry«, sagt er, »ich habe jetzt raus, wie ich früher kommen kann. Ich möchte eine Gehaltserhöhung.« Das überraschte mich ein wenig, und daher fragte ich, was er damit meinte.

»Ich habe jetzt eine Freundin, und ich brauche eine Gehaltserhöhung, damit sie ihre Wohnung verlassen und zu mir ziehen kann. Wenn sie zu mir zieht, wird sie mich jeden Morgen wecken, denn sie hat keine Angst vor dem Morgen wie

ich, und dann kann ich pünktlich zur Arbeit kommen. Dann verschlafe ich nicht mehr.«
Ich sagte: „Herb, du brauchst mehr Geld von mir,
so daß deine Freundin einziehen kann,
und sie dich dann aufweckt, stimmt's?«
»Ja«, sagte er.
Ich sagte: »Herb, hast du je was von einem Wecker gehört?«
»Hast du mal probiert, einen Wecker zu ficken?«, sagte er.

Herb ging von *Delehanty* zu verschiedenen Agenturen, wo er gute Arbeit machte und ihm immer gekündigt wurde, und jetzt ist er wieder irgendwo nahe dran, rausgeschmissen zu werden. Bei einigen der besten Agenturen der Stadt flog er hinaus. Ein Knabe in wieder einer anderen Agentur kündigte ihm in der traditionellen Manier der Mafia. Er ging und kaufte einen großen Fisch, kam zurück in die Agentur und legte den Fisch auf Herbs Tisch. Das war seine Art zu sagen, daß Herb weg vom Fenster war.
Viele, viele Texter sind Paranoiker. Herb meinte, daß Leute und Dinge ihn immer ablehnten. Eines Tages steckte er einen Bogen Papier in die Xerox-Maschine, um eine Kopie zu machen. Jeder kam zu der Xerox-Maschine und steckte sein Stück Papier hinein und erhielt Kopien. Aber als Herb es versuchte, gab es ein paar seltsame Geräusche, und das Original kam ganz zerfetzt aus der Maschine. Er nahm es, blickte hoch und sagte: »Sogar die Xerox-Maschine will nichts mit mir zu tun haben.«

Es gibt Hunderte von diesen Leuten, die sich in New York herumtreiben. Einer von ihnen namens Wilder hatte praktisch schon in jeder Agentur der Stadt gearbeitet. Sie stellen Wilder ein, und am nächsten Tag kommt er barfuß durch den Empfang gerannt, schreit laut und verbreitet eine Menge Unruhe. Er taucht zu unüblichen Zeiten auf und tut sehr merkwürdige Dinge. Weil er ziemlich gut ist, bekommt er immer wieder neue Jobs.
Da gibt's einen anderen Typ namens Harry, ein netter Junge, ruhig, mit guten Manieren. Er hat nur die fixe Idee, Leute zu

verklagen. Gewöhnlich verklagt er zwei oder drei Leute am Tag – so mir Gott helfe. Es ist in der Stadt eine bekannte Tatsache, daß, wenn Sie Harry einstellen, er die meiste Zeit beim Gericht verbringt.
Er liebt es, Leute zu verklagen und die Zeit mit Rechtsanwälten zu verbringen. Er macht es zum Beispiel so, daß er die Straße hinuntergeht und an der Haltestelle auf den Bus wartet. Sagen wir, der Bus hält mehr als einen halben Meter vom Bordstein entfernt. Und er muß durch eine Pfütze waten, um einsteigen zu können. Das erste was er zum Fahrer sagt, ist: »Was soll das, so weit vom Trottoir zu halten?« Busfahrer, die den ganzen Tag mit Verrückten zu tun haben, sagen ihm gewöhnlich, er sollte seinen Arsch möglichst schnell hinten in den Bus befördern, und natürlich löst so was einen Brief von Harry an die Städtische Verkehrsbehörde aus, und er informiert sie, daß er sie verklagen wird – mit irgendeiner verrückten Begründung, von der Harry glaubt, daß er damit durchkommt.

Als er bei *Delehanty* arbeitete, nahm er mal American Airlines aufs Korn. Er hatte einen schlechten Flug gehabt. Er ist nämlich auch Rennfahrer und war auf dem Weg zu einem Rennen. Der Abflug verzögerte sich, und er verpaßte das Rennen. Also schreibt er American Airlines, daß er sie verklagen werde. Als Antwort auf seinen Brief bekam er zwei blendend aussehende Vize-Präsidenten von American Airlines. Sie riefen ihn an und sagten: »Wie können wir dieses Problem aus der Welt schaffen?«
Harry sagte: »Die einzige Möglichkeit, daß wir uns gütlich einigen können, besteht hier in meinem Büro. Und warum sehen Sie nicht zu, daß Sie um halb zehn morgens hier sein können?«
Ich wußte nicht, was los war, aber an jenem Montagmorgen brauchte ich das Konferenzzimmer für eine Sitzung. Ich schaute hinein, und da saß Harry und redete mit zwei sehr steif-geschäftlich aussehenden Knaben, die anscheinend ziemlich beunruhigt waren. Er saß da und diktierte etwas, und auch eine Sekretärin

saß da und nahm es auf. Ich hatte keine Ahnung, was vorging, und so hielt ich eine Sekretärin vor dem Konferenzzimmer an und sagte ihr, daß ich das Zimmer für eine Besprechung mit einem Kunden brauche. Sie sagte mir, daß Harry schon längere Zeit drin wäre und ein schnelles Ende der Sitzung nicht in Sicht sei.
Ich wurde ein wenig wütend, aber ich meinte, er sei da mit einem Kunden drin, obwohl wir zu der Zeit gar keinen so blendend aussehenden Kunden hatten. Ich zog mit meinem Kunden in ein winziges Zimmer. Später an jenem Morgen fragte ich Harry, mit welchem Kunden er sich im Konferenzzimmer unterhalten habe. Harry sagte: »Nein, das war kein Kunde. Das waren ein paar Jungs von American Airlines, und ich habe ihnen meine Bedingungen diktiert. Ich denke, daß sie auf meine Bedingungen eingehen werden, so daß ich sie vielleicht nicht zu verklagen brauche.« Ich sagte: »Heißt das, daß du sowohl Arbeitszeit als auch das Konferenzzimmer dafür benutzt hast?«. Harry sagte: »Weißt du, Jerry, für mich ist es sehr wichtig, daß diese Dinge ausgebügelt werden.«

Am nächsten Tag schmissen wir ihn raus.
Wieder einen Tag später rief Harry mich an und bat mich, ihm bei der Beschaffung eines Apartments behilflich zu sein, das er zur Häfte als Büro benutzen konnte. »Harry«, sagte ich, »ich werde gern jedem jederzeit und jeweilig schreiben, daß du in etwa ein Profi bist.« »Vielen Dank, Jerry«, sagte er und hängte auf, vielleicht um wieder jemanden zu verklagen.

Die ganze Verrücktheit beschränkt sich aber nicht auf die kreative Seite. Die Kontaktseite, die die direkte Verbindung zwischen Agentur und Kunde herstellt, hat auch ihren Wahnsinn. Der große Unterschied besteht aber darin, daß die kreative Seite aus ihrem kreativen Renommee Vorteile zieht, und die Jungs in den neueren Agenturen sich Bärte stehen lassen, durchsichtige Hemden und Hosen tragen und manchmal erweiterte Pupillen haben. Die Kontaktseite muß steif und zugeknöpft bleiben, Paul Stuart-Anzüge tragen und Ban,

Secret oder Right Guard gebrauchen und täglich einmal baden. Auch die Kontaktleute leben unter Druck, und wenn sie mal aus der Reihe tanzen, ist das schön anzusehen. Ich kenne eine Truppe Kontaktleute, die mal nach Batavia in Illinois reisen mußten, um die Campana-Leute zu besuchen. Die Campana Company ist ziemlich ins Menstruationsgeschäft eingestiegen. Sie stellen da Tampons her, die sie Pursettes nennen. Da ist also diese Truppe von New Yorker Agentur-Schlauköpfen, und die fliegen nach Batavia, Illinois, und Batavia ist garantiert noch eine Stufe schlimmer als Des Moines. Sie verbringen den Morgen, um über die Marketing-Pläne für Pursettes zu diskutieren, und dann gehen sie alle zu Tisch. In Batavia haben sie von Martini-Cocktails gehört, und die Jungs aus New York tanken kräftig, etwas zu kräftig. Nach Tisch sagt der Präsident von Campana, er hätte gern, daß alle an einem Brainstorming über andere Verwendungsmöglichkeiten für Pursettes teilnehmen. »Expansion des Geschäftes«, »Marktlücken finden«, »neue Horizonte stürmen«, das übliche Gewäsch.

Die Jungs aus New York sitzen da – angesäuselt – und einer ruft: »Was haltet Ihr hiervon: wir verwenden Pursettes als Fackeln für Zwerge!«.
Wenn man in Batavia wohnt, und man wird bei der Campana Company rausgeschmissen, dann gibt's nicht so viel Auswahl mehr, wo man noch hingehen kann. So erklärt sich die Neigung, in Batavia blöde Witze über Pursettes für sich zu behalten. Die New Yorker Jungs lachen sich kaputt bei der Vorstellung, daß Zwerge Pursettes als Fackeln benutzen, aber der Präsident von Campana runzelt die Stirn, und jeder macht schnell die Klappe zu.

Sie schwitzen das Brainstorming aus, und der nächste Punkt auf der Agenda ist eine Werksbesichtigung. Niemand kommt jemals aus Batavia heraus ohne Werksbesichtigung. Mit dem Präsidenten vorneweg latschen sie durchs Werk, und plötzlich kommt die Gruppe an einem sehr, sehr merkwürdig aussehenden Ding vorbei. Stolz erklärt der Präsident, daß dieses Ding eine künstliche Vagina ist und daher auch Syngina heißt. Dieses Ding testet, wie gut Pursettes sind. Die Jungs aus New York begucken diese Synginas, und sie beißen sich die Lippen kaputt vor lachen. Der Präsident quatscht weiter und weiter über die besonderen Qualitäten der Synginas, und schließlich sagt einer der New Yorker: »Wenn du ganz, ganz nett bist, dann darfst du die Syngina zum Essen ausführen.« Und da wälzen sich die Jungs in einer Fabrik zu Batavia, Illinois, vor Lachen auf dem Boden; der Präsident wird weiß vor Wut; der Werbeleiter ist wie versteinert; die Agenturjungs sind zu besoffen, um sich Sorgen zu machen.

Ich arbeitete mal für einen Vize-Präsidenten einer Agentur, den wir »Der Klutz« nannten. »Der Klutz« brachte es immer fertig, eine ganze Präsentation über sich ergehen zu lassen, um sie dann ganz am Ende gründlich zu versauen. Wir pflegten zu wetten, wann er seine Klappe aufmachen und damit die Präsentation baden gehen würde. Wir sagten immer und immer wieder zu ihm – er hieß David –: »Bitte, halte dich aus der Präsentation heraus, wenn du nicht aufhören kannst, die Leute zu beleidigen.« David sagte dann: »Ich werde mich gut benehmen, ich werde wirklich ein ganz netter und höflicher Mensch sein.« Er hatte nun einmal das unwiderstehliche Verlangen, Kunden zu beleidigen, und es war richtig gefährlich, ihn dabeizuhaben.
Eine Tages bewarben wir uns um den mexikanischen Fremdenverkehrs-Etat und ein Typ, das Sprachrohr von Staatspräsident Alemán von Mexico, erscheint, um sich die Präsentation anzugucken. Dahinter stand der Gedanke: Wenn unsere Präsentation dem Sprachrohr gefiel, dann mußte auch das Oberhaupt damit übereinstimmen.
Die Präsentation dauerte und dauerte, und David war ein Wunder. Er saß da, sagte kein Wort, und es tat mir schon leid, wie wir ihn immer angebrüllt hatten. »Er ist doch großartig«, sagte ich zu mir selbst, »er benimmt sich wie ein richtiger Gentleman. Es tut mir wirklich leid, daß wir ihn vor der Sitzung wegen seines Benehmens so in die Mangel genommen haben.«

Zwei Stunden lang war er wirkliche Klasse. Die Sitzung geht zu Ende, und ich sagte zu mir: »Gott sei Dank, wir haben's geschafft, die Sitzung ist vorbei und er hat nichts versaut, er hat den Knaben nicht beleidigt, er hat überhaupt nichts angestellt.« In diesem Augenblick legt David den Arm um das Sprachrohr, dessen Name vielleicht Pedro war oder José, und während sie zur Tür hinausgehen – schon zur Tür hinaus – sagt David: »Pedro, du bist ein netter Junge. Wir werden zusammenarbeiten, und ich bin sicher du wirst sehen, daß auch wir nette Leute sind. Und wenn du weiter so nett bist, José, dann werden wir Euch vielleicht Texas zurückgeben.« Sofort und auf der Stelle wußte ich, daß wir mausetot waren.

Weil es in der Werbung so viel Verrücktheit gibt, lebt man für große Geschichten. Eine komische Geschichte kann Ihnen helfen, über den Tag hinweg zu kommen. Eine der besten Geschichten, die ich je hörte, passierte, als ich noch bei *Delehanty, Kurnit & Geller* war.
Wir machten eine Präsentation für die American Enka Company, die gemanagt wurde von einem blendend-blonden George Macready-Typ. Ein Typ von der Sorte, wie man sie in Filmen über den Zweiten Weltkrieg sehen kann. Die Präsentation wurde gemacht von Shep Kurnit, dem Präsidenten der Agentur, von Marvin Davis, einem Vize-Präsidenten, von einem Knaben namens Tully Plesser, der ein Marktforschungsmann ist, und von einigen anderen, darunter auch ich. Ohne gleich zu ethnisch zu werden – die Gesichter sahen in der Hauptsache jüdisch und italienisch aus. Die Präsentation lief gut, Kurnit und Davis waren Klasse, und dann ging der blonde Typ aus dem Raum, um sich mit einigen seiner Leute über die Agentur zu beraten. Er spaziert wieder herein und sagte: »Sie bekommen den Etat, wenn Sie Delehanty vorzeigen können.«

# Tanz auf dem Drahtseil ohne Netz

Die Kontakter sind Leute in Agenturen mit denen ich am meisten sympathisiere. Die Jungs, die Mittelsmänner zwischen dem kreativen Fußvolk und dem Kunden sind. Kontakter müssen sich mit den Verrücktheiten der Kreativen herumschlagen, sie müssen Marketing- und Kampagnestrategien ausarbeiten und dann dem Kunden das ganze Paket verkaufen. Schon unter den günstigsten Umständen ist das nicht einfach. Da haben Sie Ihren glattrasierten Kontakter, der bis an den Hals in Chappaqua mit Hypothekenschulden belastet ist und nun versucht, mit einem halbberauschten Texter zurechtzukommen, der vielleicht dreiundzwanzig oder vierundzwanzig Jahre alt ist und auf einem Dachboden in East-Village mit zwölf anderen Haschern haust.

Der Kontakter muß die Anzeige aus dem noch jungen Knaben herausholen und sie dann dem Kunden verkaufen, der selbst schon ziemlich schwierig ist. Es gibt da im alten Chappaqua eine Menge Jungs, die sich selber in den Schlaf jammern, weil sie zwischen diesen verrückten Extremen eingebuchtet sind. Der Film »The Hucksters« (Die Werbefritzen) war gar nicht so weit von der Wahrheit entfernt. Es steht fest, daß der Lucky-Strike-Etat gut einundzwanzig Etatdirektoren verschlissen hat. Und das in zwei Jahren. Während dieser Zeit hatten sechs oder sieben Jungs Herzinfarkte, ein paar litten an nervöser Erschöpfung und der letzte brach völlig zusammen. Dann kam Fairfax Cone, jung, voll Energie und klug. Und er übernimmt den Etat, behält ihn, baut ihn aus und wird »Der Mann«. Und dann schreibt Frederick Wakeman ein Buch darüber; nur geht der Junge im Buch ins Sulka, denke ich, und gibt seine letzten zwanzig Dollar für eine dezente Krawatte aus. Ich versichere Ihnen, daß keine dezente Krawatte je auf George Washington Hill (von Lucky Strike) irgendeinen Eindruck gemacht hat.

Was Kontakter heutzutage tun müssen, um zu überleben, ist tanzen. Mit Tanzen meine ich, sie müssen wendig sein und sehr, sehr gute Beinarbeit liefern, damit sie nicht gleich abgeschossen werden. Sehen Sie, die haben ja nichts, um sich zu bewerben. Ihr Texter, wie jung oder schlecht er auch sein mag, hat seine Mappe, seine Bewerbungsmappe. Ein Art-Direktor hat auch eine Mappe. Oder sie haben Showreels, eine Filmrolle mit allen Fernsehspots, die sie je gemacht haben. Aber was hat der Kontaktmann vorzuzeigen? Nichts.
Was heute in der Werbung passiert – eine wirkliche Revolution – ist, daß die jüngeren Agenturen, wie *Mary Wells, DDB, Carl Ally* etc., Arbeitsplätze abschaffen. Genau dies verursacht den Umschwung auf Madison Avenue. Jedesmal, wenn Sie lesen, daß ein Etat von einer älteren Agentur, wie *Foote, Cone & Belding, Compton* oder *Lennon & Newell,* zu einer der neueren, kleineren Agenturen geht, werden Arbeitsplätze gestrichen.

Nehmen wir mal TWA, als sie noch bei *Foote, Cone* war. Da ist ein Etat von rund 22 Millionen Dollar im Jahr, und obwohl ich die genauen Zahlen nicht kenne, möchte ich wetten, daß ungefähr 75 Leute mit dem Etat zu tun hatten. Ich weiß zwar auch nicht, wie viele Leute *Mary Wells* auf dem Etat hat, aber ich möchte wetten, daß es verdammt viel weniger sind, vielleicht nicht mehr als fünfzig Leute. Und sie machen eine gute Arbeit. Die Sache ist nämlich so, daß Sie keine zwölf Jungs brauchen, die TWA bedienen und ihre Händchen halten, und noch fünfzehn Leute, die herumrennen und fragen, ob der Kaffee auch heiß genug ist und was sie sonst noch besorgen können. Eine Agentur wie *Mary Wells* streicht Arbeitsplätze. Sie macht gute Werbung, und darum geht's ja schließlich, und darum braucht sie keine Kontaktjungs, die jedesmal den Kopf verlieren, wenn jemand von TWA die Agentur anruft.
Bleiben wir noch eine Weile bei TWA. Stellen wir uns als hypothetisches Beispiel vor, daß TWA bei *Wells* weggeht und

zu *Daniel & Charles* kommt. Ich glaube nicht, daß Danny Karsch fünfzig Leute auf dem Etat arbeiten lassen würde. Ich schätze, er würde es mit dreißig oder fünfunddreißig Leuten schaffen: Vier Texter, vier Art-Direktoren, zwei kreative Leute für die Promotions, drei oder vier in der Media-Abteilung, zwei oder drei in der Marktforschung, drei Marketingleute, drei in der Produktion und zehn Sekretärinnen und Verwaltungsleute. So sind Sie von den ursprünglichen hundert Leuten bei vielleicht 35 gelandet. Und 65 Leute liegen auf der Straße. Worauf ich hinaus will, ist die Tatsache, daß die Zahl der Leute, die auf einem Etat arbeiten, in umgekehrtem Verhältnis zu der Qualität der geleisteten Arbeit steht. Wenn Sie vier verdammt gute Texter und vier verdammt gute Art-Direktoren finden, können Sie eine fantastisch gute Kampagne machen. Und TWA soll sich selber um den heißen Kaffee kümmern.

Da ist nun ein ganz guter Etat in der Stadt, jedenfalls, was das Prestige angeht, das mit diesem Etat zusammenhängt. Der Etat bringt nichts ein, aber das Prestige ist einmalig. Dieser Etat war fast fünfzig Jahre lang bei einer »Alten-Linie«-Agentur. Der Enkel des Firmengründers ist verhältnismäßig jung, vielleicht 42 oder 43, und er ist zu dem Schluß gekommen, daß die Leute in dieser »Alten-Linie«-Agentur seine Probleme vielleicht nicht mehr verstehen. Nach fünfzig Jahren ist das, als ob ein Mann nach dieser Zeit plötzlich zu seiner Frau geht und sagt: »Mäuschen, ich möchte mich scheiden lassen!«
Die Ehefrau sitzt da mit ihren fünfzig Jahre alten Krampfadern und sagt: »Scheiden?« Und der Mann sagt: »Ja, es ist sehr merkwürdig. Ich möchte mich scheiden lassen um eine Siebzehnjährige zu heiraten, die eine Menge Wirbel macht. Gerade jetzt wird sie eingesperrt, weil sie nackt die Madison Avenue runtergelaufen ist. Ich weiß, daß wir eine lange Zeit zusammengelebt haben und daß du viel für mich getan hast und daß wir miteinander gealtert sind, aber trotzdem will ich mich scheiden lassen. Ich meine, ich sehe da am Ende der Straße was ganz Fantastisches kommen. Ich will's ausprobieren.«
Sie können die Verzweiflung erleben, die in den älteren Agenturen herumgeht. Die toben und spucken da gegen Agenturen

wie meine, wie *Leber, Katz & Paccione, Carl Ally, Delehanty,* die ganzen jüngeren Agenturen und sogar gegen *Doyle, Dane,* die auch erst rund zwanzig Jahre alt sind. In gewissem Sinne kommen die Leute zu den älteren Agenturen und wollen sich scheiden lassen und rennen dann weg mit diesen jungen Zicken. Und was machen die älteren Agenturen? Sie führen sich auf wie eine Ehefrau, die versucht, ihren Mann bei der Stange zu halten. Wie eine fünfzigjährige Frau, die am Ehemann hängt, weil er die Piepen verdient. Die älteren Agenturen ziehen los und kaufen eine ganze Ladung Kosmetik und Lidschatten, und sie malen sich damit an und holen sich eine neue Frisur – genau das machen sie, wenn sie anfangen, kaputte Jungs zu Stargehältern einzustellen. Das ist die Fassade; sie schmieren sich voll mit dem ganzen Zeug und sagen: »Nun ja, wenn ich das brauche, um meinen Mann zu behalten, dann halte ich mir eben die Nase zu und mache es.« Aber am Ende sehen sie aus wie eine fünfzigjährige Dame, die im Minirock einhergeht und sich wie ein junges Mädchen kleidet. Auf diese Weise schaffen sie's nicht, aber sie versuchen es, und der Versuch kostet sie einen Haufen Moos.

Der Agenturgeschäftsführer, der gerade einen Etat verloren hat, der eine Million Dollar für seine Agentur bedeutete, wird natürlich nicht mehr der freundliche, warmherzige Junge sein, der gestern noch glaubte, er habe eine Million fest in der Tasche. Er wird seine Gefühle auf seine Kreativen bis zu den Kontaktleuten übertragen. Die Kontaktleute wissen sich zu helfen: Beruhigungspillen oder Aspirin. In der Werbung gibt's die großen Aspirinschlucker. Für die Aspirinhersteller ist die Werbung eine fantastische Einkommensquelle. Librium, Miltaun – aber besonders Aspirin.
Ich habe mit Typen zusammengearbeitet, die Aspirin einfach verschlangen, als sei bei denen eine Schraube locker. Sie haben Kopfschmerzen, dieses lausige Gefühl – sie wissen nicht woran es liegt –, und dann sitzen sie da und fressen den ganzen Tag Aspirin. Andererseits verkaufen sie auch Aspirin.

Als ich noch bei *Bates* war, verkauften wir für Anacin mehr

Aspirin, als irgendeine andere Agentur in den USA. Und wir verbrauchten auch mehr Anacin, als irgendeine andere Agentur. Ein gutes Beispiel für dieses Gefühl des Unbehagens ist zur Zeit *Foote, Cone & Belding*. Jetzt sind sie eine sehr gute, sehr große Agentur, die Schweineglück gehabt hat, aber im ganzen Haus geht Unbehagen um. Ich weiß es, weil ich mit Kontaktern von dort rede. Den ganzen Tag sind die Türen zu. Jeder hat seine Tür zu. Die Kontaktleute kommen nie auf den Flur. Und das ist es eben. Die Jungs sitzen in ihren Zimmern. Und sie beginnen, sich zu langweilen. Sie werden müde. Sie möchten schlafen. Die Arme sind ermüdet. Ebenso die Beine, wenn's mit dem Glück nicht so will in einer großen Agentur. Und wenn alles ein bißchen abgestanden schmeckt. Es wird viel gegähnt. Und die Leute kommen mit den Dingen nicht ganz mehr so zurecht. Leute laufen herum und sagen: »Verdammte Scheiße, die Werbung ist mies, und ich glaube, daß ich bald abhaue.« Wenn Etats gehen, tritt in einer Agentur eine physische Veränderung ein. Ich erlebte das bei *Fuller & Smith & Ross* als es anfing, mit dem Geschäft abwärts zu gehen. Die Leute waren nicht nur angeschlagen, sie wurden richtig krank. Manche blieben mit Rückenschmerzen weg. Sie begannen, langsamer zu gehen. Oft wissen sie nicht, was ihnen fehlt, aber sie sind nicht mehr gesund. Bei *Bates* nahmen die Jungs Anacin.
Für die Volkswirte ist das eine herrliche Sache zum Spielen. Da gibt es den wunderbaren Fall einer Agentur, die ihre Arbeiten ernst nimmt.

Zu den größten Aspirinschluckern, die mir je in der Werbung begegneten, gehören die »Ich-habe-einen-Etat-in-der-Tasche«-Leute. Diese »Etat-in-der-Tasche«-Leute sind eine aussterbende Rasse, aber so lange es sie noch gibt, sind sie herrlich zum Beobachten. So ein Junge hat also einen Etat in der Tasche. Kontakter bekommen bei Agenturen Verträge, wenn sie so ein Taschengeschäft mitbringen. Ein Knabe mit einem Taschengeschäft kann den Etat ins Haus bringen. Er ist so fest mit dem Geschäft verbunden, aus welchen Gründen auch immer, daß ihm der Etat gehört. Er ist sein Eigentum.

Niemand kann daran rütteln. Irgendwann hat er den Kunden so tief beeindruckt, daß er sein Leben lang zu diesem Knaben hält, wenn der nur mitspielt. Da gibt's einen Typ in der Stadt, der repräsentiert einen ganzen Industriezweig. Nennen wir ihn Pfauenfederindustrie. Alle Pfauenzüchter haben sich zusammengetan und den »Verband der Pfauenfeder-Züchter« gegründet, der im ganzen Lande für Werbung, Lobby und was sonst noch zuständig ist.

Dieser Junge namens Al hat jahrelang für die »Pfauenfederleute« gearbeitet. Der Verband der Pfauenfederzüchter würde nicht die geringste Änderung in seiner Werbung vornehmen, ohne Al dabei einzuschalten. Als Al mit dem Pfauenfederetat anfing, war dieser eine Million Dollar im Jahr groß. Da nun die Nachfrage nach Pfauenfedern sich verringert hat – die Damen tragen keine Hüte mehr und so – ist der Etat nur noch 300 000 Dollar groß. Al ist mit dem Etat tüchtig spazieren gegangen. Er war mindestens bei drei verschiedenen Agenturen. Nun mag es scheinen, daß einem der Etat vor den Augen verschwindet. Aber schauen Sie mal, wie die Ziffern aussehen. Der Etat ist für die Agenturen der Stadt immer noch attraktiv. Al bekommt fünfzig Anrufe, wenn er durchblicken läßt, daß er und die Pfauenfederzüchter wieder zu haben sind. Wohin er auch geht, er kann immer sagen: »Ich habe einen 300 000-Dollar-Etat in der Tasche.« Eine Durchschnitts-Agentur macht damit 45 000 Dollar an Provision und noch mal 15 000 Dollar an Produktionskosten. Die Agentur kann also an einem Mann namens Al 60 000 Dollar im Jahr verdienen. Nehmen wir an, daß Al's Gehalt 35 000 Dollar im Jahr beträgt, dann bedeutet das, daß Al die Agentur nichts kostet und daß noch vielleicht 20 000 bis 25 000 Dollar übrig bleiben. Kommt noch hinzu, daß Al zusätzlich auf zwei, drei anderen Etats arbeiten kann, und vielleicht bringt er Neugeschäft ins Haus. Sie haben ihn. Er rentiert sich für sie. Allerdings werden sie nicht gewahr, was er sie an kreativem Image kostet, und das ist beträchtlich. Denn was der Verbandsvorsitzende der Pfauenfederzüchter auch verlangt, Al muß es liefern. Andernfalls kann er nicht existieren, und das ist das grundsätzliche Übel an »In-der-Tasche«-Etats.

Wie kettet sich nun ein Kunde an einen Typ wie Al? Der Kunde geht einmal zuviel mit Al ins Theater. Er gewinnt beim Golfspiel einmal zu viel gegen Al. Der Kunde glaubt wirklich, daß Al ein guter Werbefachmann ist. Irgendwo zwischen Schnecken und Chateaubriand fängt der Kunde an zu glauben, daß Al Gott sei. Manchmal ist der Kunde in solchen Fällen eben doch nicht so klug. Und in anderen Fällen ist es wie eine Geschäftsleitung, die nie da ist. Sehr interessant. Es ist so, als wäre die Managementspitze nie zu Hause, und der Junge, der fürs Geld zuständig ist, mit dem anderen Knaben ins Bett gegangen. Ich glaube übrigens nicht, daß hier Schmiergelder im Spiel sind – nur eine falsche Beurteilung der Lage.

Es gibt einen Käse-Etat in der Stadt – nennen wir den Etat: »Käse aus Frankreich.« Er ist ungefähr eine Million Dollar im Jahr groß. Die Hauptgeschäftsleitung sitzt in Paris. Sie wissen von nichts. Die Leute, die »Käse aus Frankreich« in New York managen, verstehen von Werbung nicht viel mehr als die Franzosen, aber sie vertrauen einem Kontakter namens Jimmy. Jimmy hat den französischen Käse-Etat tief in der Tasche stecken. Er spazierte mit dem Etat zu mindestens vier Agenturen. Jimmy muß sich natürlich mit dem Käse-Mann sehr, sehr gut stellen. Sie gehen oft zusammen ins Theater. Ihre Frauen sind miteinander befreundet. Es bleibt ihnen gar nichts anderes übrig, denn Jimmy lebt oder stirbt mit dem Etat. Dieser Etat bedeutet für Jimmy und Frau Jimmy immerhin 80 000 Dollar im Jahr, dazu einen Cadillac und noch ein paar andere Dinge als Beigabe. Also kassiert Jimmy, so lange er zu dem New Yorker Käse-Mann nett ist, seine achtzig Riesen. Aber er muß schwer schaffen, das ist keine Frage. So lang er das tut, hat er den Etat fest in der Tasche. Keine Agentur könnte sich um diesen Etat bewerben, ohne dabei Jimmy einzustellen.

Wollen wir die Sache mal klarstellen: das »Etat-in-der-Tasche«-Geschäft geht weit über Jimmy und seinen »Käse aus Frankreich« hinaus. Leute werden Agenturgeschäftsführer, weil sie Etats in der Tasche haben. Wenn Sie einen Teil des Geschäftes kontrollieren, dann haben sie mehr zu sagen als der Junge nebenan. Bei einer Agentur, wo ich mal arbeitete, war das sehr einfach. Ein Knabe spielte Golf mit dem Typ, der alles über einen sehr großen Automobil-Etat zu sagen hatte. Ein anderer hatte einen großen Zigarettenetat in der Tasche – aber nicht so groß wie der Auto-Etat. Ganz einfach. Der Junge mit dem Auto-Etat sagte zu dem Knaben mit dem Zigaretten-Etat, daß er gern Vorstandsvorsitzender sein möchte. Er wurde es. Der andere wurde stellvertretender Vorstandsvorsitzender.

Als ich bei *Ted Bates* anfing, sagte man mir: »Du kannst das ganze Haus auf den Kopf stellen, aber rühre diesen Mann da nicht an. Er ist so per Du mit dem Fleischmann-Schnaps-Etat, daß wir tief in der Tinte sitzen, wenn er mal wütend wird.« Die ganze Agentur hatte Angst vor dem Knaben. Er hatte sein eigenes Zimmer, seine eigene Sekretärin, und er hatte nie zu viel zu tun. Er kassierte fünfzig Riesen im Jahr und jeder wußte: »Er hat den Fleischmann-Etat in der Tasche.« Angeblich spielte er Golf mit dem Werbeleiter, und das Gerücht war immer: »Das ist der Junge, der den Etat mitnimmt, wenn er bei *Bates* weggeht.« Jeder wurde von ihm fertig gemacht, und das Lustige daran war, daß er ein netter Junge war, ein wunderbarer Mann, der niemand herumschubste und nie laut wurde.
Gut zweihundert Leute gab's – Kontakter, Texter, Art-Direktoren und so weiter –, die auf Zehenspitzen um diesen Knaben herumgingen.
Der Reihe nach, abwärts von Stufe zu Stufe, wußten wir, daß wir uns mit ihm nicht anlegen durften. Er machte nicht nur das große Geld, er kassierte auch noch ein fettes, jährliches Spesenkonto. Er machte, was er wollte, ließ Leute einstellen, schmiß Leute raus, er machte alles. Das dauerte anderthalb Jahre oder so. Und so lange er da war, war er große Klasse.

Endlich sagten sie sich: »Sein Spesenkonto macht uns kaputt.« So weit ging er tatsächlich. Er zog ihnen buchstäblich das

Geld aus der Tasche bis zu einem Punkt, an dem der Etat keinen Profit mehr abwarf, wenn sie dem nicht ein Ende setzten. Sie nahmen also das kalkulierte Risiko auf sich, die ganze Angst und so, und sie entschlossen sich, dem Knaben zu kündigen.
Am gleichen Tag, an dem sie den Mann rausschmissen, entdeckten sie etwas: Die ganze Geschichte war ein Märchen. Er hatte den Etat nicht in der Tasche. Der Knabe hatte seinen Job bekommen aufgrund des Gerüchtes, daß sie den Etat verlieren, ihn aber retten würden, wenn sie diesen Mann einstellten. Tatsächlich ging das Gerücht in der ganzen Stadt herum. Sie holten ihn ins Haus, und sie schmissen ihn wieder raus. Es ist eine schöne Geschichte. Denn hätte der Mann nicht so ein hohes Spesenkonto unterhalten, dann wäre er immer noch da gewesen. Übrigens haben sie den Etat immer noch. Der Knabe marschierte hinaus und machte eine eigene Agentur auf. Und wochenlang ging das Gerücht bei *Bates* um, daß er den Fleischmann-Etat mitnehmen würde. Es passierte nie.

Was an der Werbung so traurig ist, ist dies: Ich könnte jeden nehmen, der zwei Ohren, Augen, Arme etc. hat und ihm aufgrund der »Der-hat-einen-Etat-in-der-Tasche«-Theorie bei jeder Agentur einen Job verschaffen. Ich würde sagen, daß seine Großmutter mit jemand verwandt ist, der einen großen Brocken Geschäft kontrolliert, und dann ist er drin, wenigstens für ein Jahr, vielleicht auch länger.
Als *Bates* Mobil Benzin an *Doyle, Dane & Bernbach* verlor, war die erste Feststellung: »Wir müssen die Top-Jungs behalten, die auf dem Etat gearbeitet haben, einfach, weil wir einen anderen Benzin-Etat bekommen könnten. Und wir kommen bei denen nur an, wenn wir diese Leute hier behalten. Aber die anderen (die kleinen Leute) müssen gehen, weil sie nichts bedeuten – wir können sie hier nicht durchfüttern.«
Einer der Benzin-Jungs wurde auf den Wink-Etat gesetzt. Der Witz der Agentur war, daß der Wink-Geschmack sich gar nicht so sehr von Benzin unterscheidet. Sie hatten noch einen anderen, und der war wie für Benzin geschaffen.

Niemand konnte so richtig herauskriegen, was der machte, bis er wegging. Jahrelang behielten sie diesen Mann in ihrem Büro, und er steckte immer voller großer Pläne. Er versuchte immer, Neugeschäft anzubahnen, das er fast in der Tasche hatte, weil jemand sein Schulkamerad war. Wenn ich noch mal von vorne anfangen könnte, und die Leute wüßten nicht, wer ich bin, dann könnte ich praktisch in jede Agentur gehen und andeuten, daß ich mit sämtlichen Etats per Du wäre, und es dann für zwei oder drei Jahre dort aushalten. Sie schmeißen einen nicht gleich raus, wenn sie einmal glauben, daß man einen Etat in der Tasche hat.

Vor vielen Jahren wollte ich mal zu *Sullivan, Stauffer, Collwell & Bayles* gehen. Damals war das eine sehr nervöse Agentur. Ich bat, ob ich eine Probearbeit machen dürfe, und traf mich mit einem Cheftexter. Das Gespräch verlief ungefähr so: »Ich möchte gern eine Probearbeit machen, damit Sie sehen können, daß ich bei Ihnen arbeiten kann. Ich habe nämlich noch nichts in meiner Mappe.«
Er sagte: »Die Rohlayouts, die Sie da haben, gefallen mir sehr, und ich will Ihnen eine Probearbeit geben. Ich hätte gern, daß Sie was für Rinso machen. Oh, nein, Moment mal. Rinso könnte erfahren, daß wir Probeaufträge vergeben, und dann könnte das Gerede entstehen, daß wir mit Rinso nicht fertig würden. Warum machen Sie nicht was für Bulova? Nein! Bulova ist jetzt sehr empfindlich, und dann gibt's da noch so ein paar politische Sachen ...«
Und so redet er zu einem Mann, der neunzig Dollar die Woche verlangte und niemanden in der Werbung kannte. Schließlich konnte er mir überhaupt keinen Probeauftrag geben.
Einmal sagte mir ein Agenturgeschäftsführer: »Ich habe schon Angst, einen Etat zu verlieren, wenn ich ihn gerade erst bekommen habe. In der Minute, in der ich den Vertrag unterschreibe, bin ich schon einen Schritt näher dran, den Etat wieder zu verlieren.« An diesem Punkt beginnt seine Unruhe, und was er zur Werbung beisteuert, ist Angst. Er paukt es den Leuten unter ihm ein: »Wir müssen ihn behalten, wir müssen ihn behalten.«

Ein gutes Beispiel dafür ist Yardley, das zu *Bates* kam als ich dort war. Bei der ersten Sitzung hieß es: »Wir verlangen großartige Arbeit, wir verlangen kreative Arbeit!« Fantastisch! Jeder schüttelte jedem die Hand, und wir holten den Schnaps für besondere Gelegenheiten raus und feierten. Am nächsten Tag, ich schwöre, daß es der nächste Tag war, hieß es schon: »Wir sind in Gefahr, den Etat zu verlieren. Wir müssen sehr vorsichtig sein, wie wir an den Etat rangehen.« Arbeiten wurden gemacht und dem Kunden nie gezeigt. Warum? »Wir können es uns nicht leisten, dem Kunden jetzt so was zu präsentieren.« Erster Schritt: Angst. Sie haben sogar Angst, ihm Arbeiten zu präsentieren. Also präsentieren sie ihm Nummer-Sicher-Sachen. Aber dafür war der Kunde nicht zu Bates gekommen. Bei der ganzen Yardley-Geschichte kam ich mir vor wie ein Mann mit zwei Nasen. Sie führten mich vor und zeigten den Yardley-Leuten einige Sachen, die ich für »Pretty Feet« gemacht hatte, als ich noch bei *Delehanty, Kurnit & Geller* war. Und sie machten Yardley vor, daß ich maßgebend auf dem Etat arbeitete. Alles, was ich aber machte, wa nur ein Teil des Etats, und dann wollte die Agentur dem Kunden die Arbeiten nie präsentieren. Die Leute hatten Angst vor den Arbeiten und wollten noch nicht einmal, daß der Kunde »Nein« dazu sagte. Sie machten also die alte Scheiße und präsentierten sie dem Kunden. Der Kunde schluckte sie und rülpste laut. Ich meine, es war wirklich der letzte Fusel. Und da saßen sie in der Tinte. Der Etat wechselte von *Bates* zu *Delehanty* über. *Delehanty* gab den Etat ab, als sie Coty bekamen; denn Coty kollidierte mit Yardley. Yardley machte dann seine eigene Hausagentur auf, aber machte sie wieder zu, um zu *Benton & Bowles* und zu *Davis, Parker & Valenti* zu gehen.

In diesen Tagen gehen die Etats so schnell herum, weil die Kunden nicht bekommen, was sie wollen. Es ist nicht Sache des Kunden auszudrücken, was gebraucht wird. Es ist Sache der Agentur. Der Kunde weiß nur, wo er mit seinem Produkt auf den Markt gehen will. Meine Agentur bekam einen neuen Etat, und der Kunde sagte: »Ich hatte zwei Agenturen.

Die eine war der Meinung, daß alles, was sie machten, Gold sei, und ich habe ihr gekündigt. Und die andere Agentur kam jeden Tag an und sagte: »Was hätten Sie denn diese Woche gern entworfen gehabt?« Mein Partner Ron Travisano drückte es anders aus: »Möchten Sie eine Kampagne sehen, die alle Wege noch offen läßt?« Ein Etat sollte nicht so behandelt werden. Er sollte geführt sein, aber der Kunde darf nicht gezwungen werden, etwas zu tun, was er wirklich nicht will.

Die meisten Kontakter leben mit der Angst im Nacken. Ich kenne einen Mann in der Stadt, der Coolidge heißt. Einmal war er ein großer Mann in einer Agentur namens *Cunningham & Walsh*. Viel Geld. Vielleicht neunzig Riesen im Jahr. Ihm wurde dort gekündigt, und dank seines guten Freundes, dem schönen Jim, der bei *Fuller & Smith & Ross* war, ging er zu denen als Gestaltungsgruppenleiter. Coolidge wohnt in Westport, kennt die richtigen Leute, ist nicht laut und macht nicht das, was die Leute von einem Werbefritzen erwarten. Aber er lebt nicht wie ein menschliches Wesen. Jeden Tag bohrt die Angst in ihm. Die meisten Jungs beginnen den Tag, indem sie sich ausmalen, welcher Kunde sie anrufen wird und sie fertigmacht.
Alles, was der Kunde zu tun braucht, um einen Kontakter zu terrorisieren, ist, nur anzurufen und zu sagen: »Können Sie mir mal ein paar Andrucke von den letzten fünf Anzeigen, die Sie für uns gemacht haben, rüberschicken?« Und die Panik verbreitet sich.

Dennoch passiert so was nie bei *Doyle, Dane*. Dort denken sie nie, daß sie was verlieren werden. Sie haben eine Riesenerfolgsliste und vertrauen sich selbst. Auch *Mary Wells* sitzt nicht da und macht sich Sorgen darüber, ob sie irgend was verlieren wird. Gewöhnlich ist das nicht der Fall. Ich bin fest davon überzeugt.
Manchmal werden die Kreativen einfach verheizt, indem sie zu Wunderknaben gemacht werden. Sagen wir mal, daß ein Junge bei einer kleinen Agentur ganz dufte Sachen

für einen Kosmetiketat macht. Nehmen wir weiter an, daß eine »Alte-Linie«-Agentur einen Kosmetiketat hat, der in Schwierigkeiten ist. Also geht die große Angst herum. Die große Agentur beschließt, sich einen Rettungsring zu kaufen. Sie ziehen los und holen sich Stars ins Haus und bieten ihnen fantastische Gehälter. Wer kann da widerstehen? Vielleicht möchte der Startexter nichts wie weg aus East Village und etwas von der guten Luft in Westport aufschnappen. Sie können also nicht widerstehen. Sie kommen und arbeiten an der Präsentation, um den Etat zu retten. Die Agentur war sowieso verurteilt, den Etat zu verlieren. Der Etat geht und der Junge geht. Er wurde in die Falle gelockt und geschlachtet. Es gibt viele solcher Fälle, und das ist eine ganz üble Sache.

Die Kreativen haben keinen sehr guten Geschäftssinn. Als ich bei Bates anfing, hatte ich einen der ersten Verträge in der kreativen Geschichte von *Bates*. Nie hatte jemand um einen gebeten. Und sie hatten Hunderte von Leuten, die bei der Gestaltung ein und aus gingen. Die Kreativen denken nicht drüber nach, was passieren kann. Die meisten Kreativen kennen den Wert ihrer Arbeit nicht, und sie sind – ganz ehrlich – auch nicht schlau genug, zur Geschäftsleitung zu gehen und zu sagen: »Ich will einen Vertrag.« Ich bat um eine besondere Art von Vertrag und bekam ihn. Ich wollte einen Vertrag für achtzehn Monate – nicht für zwei Jahre oder für ein Jahr, sondern für achtzehn Monate. Ich sagte ihnen, daß sie mich nach vier Monaten hassen würden – und ich meinte, verabscheuen würden. »Ihr werdet mich nicht ausstehen können«, sagte ich ihnen. »Und nach weiteren acht Monaten werdet ihr grollend anfangen, mich gern zu haben, aber hätte ich diesen Vertrag nicht, dann hättet ihr mich schon Monate vorher rausgeschmissen. Und dann werde ich hier sämtliche Tore schießen. Wenn ich das achtzehn Monate lang schaffe, bleibe ich hier für immer und ewig. Schaffe ich's nicht, dann gehe ich.« Genau das machte ich. Als ich erst vier Monate bei *Delehanty* war, sah Shep Kurnit sich nach einem Kreativdirektor um. Ich blieb da zweieinhalb Jahre.

Ich finde es leicht, einen Art-Direktor oder einen Texter einzustellen, kommt aber ein Kontakter herein, um sich zu bewerben, dann weiß ich nicht einmal, was ich ihn fragen soll. Ich lasse die Besprechung mit diesem Jungen über mich ergehen und verbringe die meiste Zeit damit, daß ich meine Schnürsenkel studiere. Ich kann dem Jungen nichts sagen, ich kann ihn nichts fragen. Soll ich ihn etwa fragen, wie er lächelt? Soll ich ihn fragen, wie er mit seinen Kunden umgeht? »Oh, ich bin sehr gut ...«, »Herr Ober, wie ist die Leber heute?« »Die Leber ist heute sehr delikat.« Wie zum Teufel weiß der Kellner das? Wie zum Teufel kann ich wissen, ob ein Kontakter auf einem Etat gut ist? »Auf welchen Etats haben Sie gearbeitet?« »Na ja, als ich an General Foods arbeitete, habe ich neun Monate dafür gesorgt, daß wir den Etat nicht verloren.« Es gibt Hunderte von Jungs, die an General-Foods-Etats arbeiten. Und dieser Knabe hat den Etat neun Monate lang gehalten? Kann sein. Ich weiß es nicht. Vor einiger Zeit hatte ich zwei Jungs in meinem Büro, die von derselben Agentur waren und auf dem selben Etat gearbeitet hatten. Der erste kam herein und sagte: »Als ich den Etat betreute, habe ich denen geholfen »Soft Gin« einzuführen.« Zwei Stunden später kommt der zweite Junge herein und sagt, so wahr mir Gott helfe: »Ich war der Mann, der ›Soft Gin‹ einführte.« Wenn nun einer dieser Windmacher nicht schwindelte, dann waren es wohl eineiige Zwillinge. Und beide sagten, sie seien Etatdirektoren auf diesem Etat.

Als ich die beiden »Soft Gin«-Jungs interviewte, suchte ich zwei Kontakter. Rund fünfunddreißig Knaben hatten sich vorgestellt, und zwanzig von ihnen waren arbeitslos. Schon gut, da waren zwanzig Leute auf der Suche nach einem Job, aber ich hatte nur Platz für zwei. Sie hatten alle Jobs gehabt. Sie waren alle mal in einer Agentur wichtige Leute. Sie waren alle mal die Leute, die die Marketing-Strategie für »Soft Gin« entwickelten. Sie verloren ihren Job, und plötzlich haben sie überhaupt keinen Wert mehr – außer für jemand, der vielleicht einen Kontakter für einen Schnapsetat sucht.

Nun brauchte ich einen Wein-Mann, und die beiden mit dem Soft Gin kennen nur Gin. Von Wein verstehen sie nichts. Für eine Agentur ist es einfacher, einen Kontakter einzustellen, der eine Branche kennt. Er kann sofort einspringen und mit der Arbeit anfangen; man braucht ihm nichts mehr beizubringen. Wenn Sie die Wahl haben, dann nehmen Sie den Jungen mit Erfahrung.

Ich treffe diese Kontaktleute auf der Straße, und ich treffe mehr, die arbeitslos sind, als solche, die noch Arbeit haben. Viele von ihnen sind keine richtigen Werbefachmänner. Sie sind zu spezialisiert. Die Arbeitsplätze verschwinden, und die Werbung ändert sich. Einige von ihnen werden Makler, andere gehen ins graphische Gewerbe. Vielleicht kaufen sie sich ein Boot und segeln weg. Sie schaffen's einfach nicht. Sie können sich mit dem »Friß oder Stirb«-Aspekt der Werbung nicht anfreunden. Das ist nicht romantisch oder glanzvoll. Das ist tragisch.

Das Durchschnittsalter eines Kontakters ist 32, 33 und dann fangen sie zu lügen an, was ihr Alter betrifft. Ich hatte in meinem Büro einen Mann, der graue Haare hatte. Mein Himmel, ich mußte ihm praktisch zur Tür hinaushelfen. Er behauptete, 38 Jahre alt zu sein. Nun, wenn er wirklich 38 war, dann hätte er schön drauf los gelebt. Ich meine, er sah so aus, als sei er Anfang Fünfzig. Er war ein alter Mann. Leute sind lange arbeitslos, und dann fangen sie an, ihr Alter falsch anzugeben. Auch das gehört zur Angst. Auch gute Leute sind arbeitslos, nicht nur die Versager. Die Werbung ist eine der wenigen Branchen, in der Sie vor aller Welt bekennen können, daß Sie arbeitslos sind. In den meisten Berufen versteckt man sich gewöhnlich und verrät dem Nachbarn nicht, daß man weg von der Bühne ist. Wenn ein Knabe rausgeschmissen wird, setzt er sich ans Telefon und ruft die ersten zwanzig Leute an, die ihm einfallen. Und schon weiß es die ganze Stadt, daß ihm gekündigt worden ist. Auch die ganz jungen Leute killen viele Kontakter.
Eine Menge schwer arbeitender, ganz junger Leute

ist jetzt willens, es mal im Kontakt zu versuchen. Agenturen, die diese jungen Leute erst in die Expedition setzten, gehen jetzt das Risiko ein, dem Jungen eine Stelle im Kontakt zu geben. Früher war der Weg von der Expedition zum Kontakt lang und mühevoll. Wenn ein Junge weg vom Fenster ist, versucht er alles Mögliche. Er wird Werbeberater – das ist der erste Schritt. Er versucht, alle seine Freunde zu veranlassen, ihm beratende Arbeit zu geben. Er kann als Anzeigenvertreter zu Illustrierten gehen. Er kann für eine Druckerei arbeiten. Der Durchschnitts-Kontaktmann macht Pläne, seine eigene Agentur aufzumachen, wenn ihm gekündigt worden ist. Er sagt: »Alles Scheiße, ich wollte sowieso meine eigene Agentur aufmachen.« Aber das funktioniert nicht. Er kommt nicht zu Geld. Der Etat, den er in der Tasche zu haben glaubte, steckte nicht in der Tasche. Er hat nicht die richtigen Verbindungen und langsam entdeckt er, daß neun oder zwölf Monate Schulden vor ihm liegen. Wenigstens ein Jahr lang wird dieser Junge nach einem neuen Job suchen. Es ist kein Wunder, daß der Kontakter Angst hat, wenn er weiß, daß er so lange vom Fenster weg sein wird, wenn ihm gekündigt wird. Das ist natürlich. Man muß einfach Angst haben. Man verbringt jeden Tag mit der Vorstellung, daß man ein Jahr draußen ist, wenn man fliegt. Denn so lange liegt einer heute im Durchschnitt auf der Straße. Der schrumpfende Arbeitsmarkt macht es den Leuten verdammt schwer, schnell einen neuen Job zu finden. Und schließlich hat niemand so einen Haufen Geld auf der Bank.

Die schlimmste Geschichte, die ich je in dieser Richtung hörte, handelte nicht von einem Kontakter, sondern von einem Texter. Er war mal ein Star, und er suchte mich wegen eines Jobs auf. Er war Ende Fünfzig. Seine Mappe war voll mit Arbeiten, aber sie waren mindestens acht Jahre alt. Ich fragte: »Wie lange sind Sie arbeitslos?« Er sagte, so etwa sechs bis sieben Jahre, und in diesem Punkt sei er nicht ganz sicher. Ich sagte: »Wie in Gottes Namen haben Sie das überstanden?« Er sagte: »Ich verkaufte das Haus in Darien. Ich verkaufte alle meine Aktien – und ich hatte eine ganz schöne Menge davon. Eine Weile verkaufte ich Häuser und Grundstücke und so. Meine Frau und ich zogen in eine kleine Wohnung in Brooklyn.« Er machte seine Karriere in umgekehrter Richtung. Sechs oder sieben Jahre vergingen ohne dauernde Anstellung, kein Büro, in das man morgens gehen konnte. Der Mann hatte in der ganzen Zeit kein richtiges Einkommen. Er bettelte bei mir um ein bißchen freie Mitarbeit. Er wollte die Arbeit eines Tages. Das ist nun der Mann, der früher 30 000 bis 40 000 Dollar im Jahr verdiente. Wenn sie fallen, fallen sie tief. Und jeder, Kontakter oder Kreativer, weiß, daß der Sturz sehr hart ist. Wir sind in einer Branche, die sehr modebewußt ist. Ich meine, was dieses Jahr in der Mode ist, läßt sich vielleicht im nächsten Jahr nicht mehr verkaufen. Der talentierte Junge aus der einen Periode hat es schwer, sich dem neuen Stil anzupassen. Einer der »Soft Gin«-Jungs, der mich aufsuchte, war nur ein paar Tage ohne Arbeit gewesen. Aber in Wirklichkeit war er schon sechs Monate weg vom Fenster. Schon sechs Monate vorher wußte er, daß seine Agentur den Etat verlieren werde. So blieben ihm sechs Monate für die Suche nach einem neuen Job. Alter: 52. Chancen: gleich Null. Wer will ihn noch haben? Er deutet an: »Ich könnte irgendeinen Etat mitnehmen.« Er hat überhaupt keinen Etat. Hätte er ihn, dann hätte er ihn behalten. Er hätte den Etat benutzt, um seinen Job zu behalten.

Während die Kreativen immer wichtiger werden, sind die Kontaktleute immer schlechter dran. Die gesamte Struktur der Werbung ist durcheinander. Ich bekomme einen Etat, und irgendwo verliert jemand seinen Job. In den größeren, älteren Agenturen betreuen viele Kontakter nur einen Etat. Bei den kleineren Agenturen betreut ein Mann mehrere Etats. Wir haben eine Handvoll Kontakter, die ein paar Dutzend Etats betreuen. Das heißt, daß eine Menge Leute unseretwegen arbeitslos sind. Für einige Leute könnte das ein schreckliches Geschäft sein. Mit gutem Grund.
Ich hatte noch nie Angst, denn ich konnte immer was vorweisen. Ich hatte etwas, wovon ich einiges verstand – texten. Und ich weiß auch, wie das ist: arm zu sein. Ich weiß

wirklich, was es bedeutet, pleite zu sein. Es ist nicht so entsetzlich. Es ist nicht so schlecht, es ist nicht das Ende der Welt. Mein Gott, ich bin in Brooklyn geboren und bis vor ein paar Jahren dort aufgewachsen. Ich weiß, wie man in den Zug steigt und dorthin wieder zurückfährt. Die Bahn hat ganz gute Schilder aufgestellt, die einem zeigen, wie man nach Brooklyn kommt.
Ein Teil des Problems – besonders bei den Kontaktleuten – ist, daß sie weit über ihre Verhältnisse leben. Die Werbung ist ein Geschäft, das immer erster Klasse fährt. Wenn Sie ein Leben nach dem Spesenkonto gewohnt sind, besteht die Neigung, auch außerhalb des Büros so zu leben wie im Büro. Das gehört dazu. Die Jungs besitzen Boote, sie sind Mitglieder von Yachtclubs, sie wohnen in teuren Häusern. Viele dieser Jungs leben auf des Messers Schneide. Ich möchte wetten, daß die meisten kein Geld auf der Bank haben. Keine sorgfältig aufgesparten Dollars. Sie schaffen es gerade so. Und sie leben wirklich auf großem Fuß.

Sie leben von geborgtem Geld. Sie haben große Schnapsrechnungen. Große Rechnungen wegen Partys. Große Privatschulrechnungen für die Kinder. Große Rechnungen für die Klamotten. Alles groß. Diese Jungs wollen das Unmögliche. Dieses Haus in Rye – sie müssen unbedingt in Rye wohnen – muß 75 000 Dollar kosten. Und wenn Sie ein Haus für 75 000 Dollar mit einer fast ebenso hohen Hypothek besitzen, dann geben Sie dem Kunden nicht so schnell eine gute Antwort. Wissen Sie, Sie sind dann nicht mehr so auf Draht. Sie sind dann nicht mehr bereit, so viel zu tun – außer eine Menge Pillen zu schlucken und vielleicht eine Riesenrechnung beim Seelentröster zu machen.

Der Kontakter befindet sich in der einzigen Branche der Welt, wo er eingestellt wird, einen Batzen Geld für vier oder fünf Jahre bekommt und dann an einem bestimmten Punkt erfährt, daß er nichts mehr wert ist, weil die Agentur den Etat verloren hat. Sie wissen, wenn Sie in irgendeine andere Branche gehen und es da fünf Jahre oder so aushalten, dann bleiben Sie ewig drin.

Sie arbeiten in der Werbung, und wenn Sie fünf Jahre überleben, dann sind die Chancen groß, daß Sie am nächsten Tag rausgeschmissen werden. Dienstalter bedeutet nichts. Sie sind schließlich nicht bei der Eisenbahn. Es steht zuviel Geld auf dem Spiel. Diese Jungs wissen, was passiert, wenn sie ihren Job verlieren. Ein Jahr lang wissen sie nicht wohin. Ich meine, sie können ihre Frau nicht zur Arbeit schicken. Darüber sind sie hinaus.

Es trifft jeden in der Werbung. Nicht bloß die Kontakter. Ich kenne einen sehr guten Art-Direktor, der jetzt seit elf Monaten arbeitslos ist. Und er ist wirklich verdammt gut, er bekam sogar einen Preis. Der Junge ist fantastisch. Er verdiente mal 40 000 Dollar im Jahr, aber jetzt sagt er, er wolle »verhandeln«. Das bedeutet 25 000 Dollar im Jahr. Er verdient zu viel. Ich könnte irgendeinen verrückten Jungen ins Haus holen, ihn mit 7000 Dollar pro Jahr anfangen lassen, das Gehalt dann immer weiter aufbessern, und nach fünf oder sechs Jahren – wenn ich ihn so lange halten könnte – ließe sich wirklich kein gleichwertiger Art-Direktor für 50 000 Dollar einstellen. Ich habe einen Art-Direktor, der 22 Jahre alt ist, und ich stellte einen Achtzehnjährigen ein, der wirklich was auf der Tasse hat. Diese jungen Leute sind billiger, arbeiten fleißiger und bieten weniger Probleme. Es ist eine Sache der einfachen Kalkulation. Und sie kommen: aus Schulen, von der Straße, vom Fließband. Gott weiß woher sie kommen. Diese jungen Leute sind es, die die Werbung revolutionieren. Es sind die Jungs, die nichts zu verlieren haben. Diese jungen Jungs dringen vor, weil sie den Verbraucher ansprechen, wie wir ihn noch nie angesprochen haben. In ein paar Jahren wird die Hälfte der Bevölkerung unter 21 Jahre sein. Wenn wir diesen Zeitpunkt erreichen, werden die jungen Jungs die Werbung ganz übernehmen.

# Das kreative Leben

Überall in New York gibt's talentierte Leute, die es verstehen, eine Werbung zu machen, die den Verbraucher nicht irritiert und das Produkt verkauft. Das Problem ist nur, ob diese Leute ihre Werbung an die Agenturen und an ihre Kunden verkaufen können. In jeder großen Agentur sitzt ein Haufen guter Jungs, die aus irgendwelchem Grund die Situation retten. Sie machen Werbung, und sie machen sie gut. In jeder Agentur! Als ich bei *Bates* arbeitete, war mein Team – wie ich in aller Bescheidenheit glaube – der qualitative Kern der Werbung. Wir machten bei *Bates* einige hervorragende Sachen. In einem Jahr stellten wir buchstäblich den Panasonic-Electronics-Etat auf den Kopf.

Das kostete einige Mühe. Als ich zu *Bates* ging, war mein Titel Gestaltungsgruppenleiter. Aber ich gehörte zum Zoo. Bates mußte einen Tiergarten bilden, so daß sie ihre Kunden hinführen und mich präsentieren konnten. »Schauen Sie mal, er ist ein Kreativer; er hat Preise gewonnen, er zieht sich komisch an, und er macht alle diese geheimnisvollen Sachen, von denen Sie gehört haben.« Sie sagten damit: »Wir sind schon dabei, wir sind mitten drin. Macht Euch keine Sorgen, Kinder, Ihr bekommt genau die Sachen, die andere bekommen haben und über die Ihr schon gelesen habt.« Einer nannte das mal »Operation Lockvogel«. Ich sollte zu Bates gehen und eine Menge Jungs von draußen mitziehen. Der Gedanke war, daß andere Texter und Art-Direktoren mich ansehen und sagen sollten: »Du, wenn der Della Femina da mitmischt, dann könnte ich auch mal dort hingehen. Vielleicht sollte ich's mal ausprobieren und die aspirinfressenden Jungs einfach vergessen.« Ich war bei den Kreativen in der Stadt einigermaßen bekannt für gute Arbeit. In dieser Hinsicht könnten sie eine Agentur wie *Bates* ausprobieren. Die Absicht war klar: Durch meine Einstellung wollten sie ihr ganzes Image aufpolieren. Das war nicht, wie ich es geplant hatte. Das erste, wozu ich mich entschloß, war, ihnen klarzumachen, wie meine Absichten wohl waren, etwa so: »Ich werde es so und so machen, und ich habe keine Lust, mich mit dem pompösen Mist aufzuhalten, der durch die Agentur geht.«

Am ersten Tag war eine Besprechung über dieses japanische Elektronik-Unternehmen Panasonic, und da waren ungefähr sechs oder sieben Leute dabei. Der Etat-Direktor, der Kontakter, der Senior-Art-Direktor und noch ein paar andere. Ich hielt es für richtig, ein paar Minuten die Klappe zu halten, denn es war mein erster Tag im Hause. Ein Knabe sagte: »Wie packen wir Panasonic an?« Alle saßen da, legten die Stirn in Falten und dachten über Panasonic nach. Schließlich überlegte ich, was soll's auch, ich werde den Jungs eine Headline vor die Füße werfen, die sie auflockert. Ich meine, sie zahlten mir 50 000 Dollar im Jahr und dazu noch ein Spesenkonto über 5000 Dollar im Jahr. Und für so viel Moos verdienten sie, was zu hören. Also sagte ich: »Ja, ich hab's, ich hab's!« Jeder horchte auf. Ich wurde ganz dramatisch, und das regte sie auf. »Ich sehe da eine Headline, ja, ich sehe eine Headline.« »Welche denn?«, riefen sie. »Ich sehe jetzt ganz klar«, sagte ich, »ich sehe eine ganze Kampagne, die auf dieser Headline basiert.« Jetzt schauten sie mich alle an. »Die Headline ist, die Headline ist: Von diesen tollen Leuten, die Euch Pearl Harbor bescherten.« Totale Stille. Totenstille. Und dann wurde der Art-Direktor beinahe hysterisch, er kippte fast vom Stuhl. Für ihn war das komisch. Einer der Kontaktleute, der eine Pfeife rauchte – nun ja, er sperrte den Mund auf, als er die Headline hörte, und die Pfeife fiel hinunter. Und in den nächsten fünf Minuten war er voll damit beschäftigt, die Funken auszutreten. Die anderen schauten mich an, als wollten sie sagen: »Mein Gott, wo sind wir gelandet, was haben wir doch gemacht?« Sie sahen sehr deprimiert aus. Ich war sehr zufrieden. Ich meinte, das war noch nicht mal eine schlechte Headline. Später am Tage wiederholte ich die Headline dem Typ, der mich eingestellt hatte, und es passierte genau dasselbe. Das Gefühl war vielleicht nicht mehr so spontan bei diesem zweiten Mal, aber es erfüllte seinen Zweck. Ich weiß, warum ich diese Sachen mache: Es zeigt den Leuten, wer vorne ist, es zeigt, wer ich wirklich bin, was ich wirklich fühle.

Die Werbung ist eine kleine Branche mit viel Getratsche. Viele Jungs sitzen in ihrem Zimmer herum und haben nicht viel zu tun. Wenn sie also eine komische Geschichte hören oder eine verrückte Headline, dann rufen sie die anderen an, um das alles weiter zu tratschen. Ich wurde bekannt als der Pearl-Harbor-Junge auf dem Panasonic-Etat. Ich könnte nicht behaupten, daß es mit meinen Sachen bergab ging nach dieser ersten Besprechung. Es ging bei *Bates* nach meinem ersten Plansboard zum Teufel. Einer der Gründe, weswegen Texter und Art-Direktoren verrückt werden, sind die Plansboards. Plansboards sind zu allererst die Devise der sehr großen und sehr altmodischen Agenturen. Sie existieren, damit eine Menge Leute über Sechzig sich so fühlen kann, als ob sie auch noch zur Agentur gehöre. Eine Menge dieser Typen hat nichts zu tun und sitzt nur herum. Sie sind professionelle Miesmacher, sie sitzen da und warten auf die Chance, das kreative Produkt zu kritisieren. Wenn mich jemand fragte, wie die physische Charakteristik eines Plansboards aussieht, würde ich sagen, er besteht aus Menschen mit roten Nasen und blauen Adern. Und wie sie dasitzen, sehen sie aus, als müßten sie jeden Augenblick einen Schlaganfall bekommen. Sie haben diese schöne etwas rosige Whisky-Farbe; die meisten sind grauhaarig, und sie haben vielleicht zwanzig bis dreißig Pfund Übergewicht. Das sind die Jungs, die es überlebt haben bis zu dem Punkt, wo sie jetzt ihre 75, 80 oder sogar 100 Riesen im Jahr kassieren. Ohne dabei viel zu tun. Sie kommen gegen zehn Uhr morgens in die Agentur. Vielleicht. Dann verbringen sie ein paar Stunden damit, daß sie sämtliche Papiere auf ihrem Schreibtisch hin und her schieben und Verabredungen zum Mittagessen machen. Ihre Verabredungen zum Mittagessen sind ihnen sehr wichtig. Gott verhüte, daß sie mal ohne Mittagessenverabredung erwischt werden. Sie wüßten nicht, was sie dann tun sollten. Sie lassen sich im »21« blicken und verbringen dort beim Mittagessen wieder zwei oder drei Stunden.

Über die Werbung reden sie nie. Das ist das Komische. Diese Windmacher reden nur bei den Plansboards über Werbung. Gegen drei Uhr nachmittags kehren sie in die Agentur zurück, und vielleicht machen sie eine Besprechung ohne richtigen Grund, und wenn's dreiviertel fünf wird, erwischen sie den Zug und fahren nach Rye oder Chappaqua zurück, wo sie alle wohnen. Sie wohnen alle im gleichen Tal, nach meiner Meinung ist es das Tal des Todes. Mann für Mann sind die Plansboards wahrscheinlich für mehr Abfall in der Werbung verantwortlich als sonst irgend was. Die *Compton*leute haben einen, und die *Thompson*leute, und die *Bates*leute, und die *FCB*-Leute, und die *Fuller & Smith*-Leute, und jede einzelne von diesen schwerfälligen, überbesetzten, fetten »Alte-Linie«-Agenturen. Der Witz der Werbebranche ist, daß eine Agentur wie *Compton* einen Plansboard hat. Da treffen sie sich also einmal im Monat, diese Killer, und sie schauen sich die Sachen noch mal an.

Wozu sollte eine Agentur wie *Mary Wells* oder *Doyle, Dane* oder *Delehanty* einen Plansboard haben? Sie wissen, daß sie gut sind, und sie brauchen keinen Plansboard oder Reviewboard, der ihnen das bestätigt. Ihre Beweise sind ihre fantastischen Umsatzsteigerungen, und die Preise, die sie jedes Jahr für ihre Arbeiten gewinnen. Ich glaube nicht, daß man seine Texte noch mal hinterher kritisieren lassen sollte.
Nun war der Plansboard bei *Bates* eine neue Sache. Nie zuvor hatte *Bates* einen gehabt. Ein Erstling für sie. Und zu ihrer Ehre muß ich sagen, daß auch ein paar jüngere Leute darin saßen. Es waren nicht nur die roten Nasen und die blauen Adern. Mit einer Ausnahme oder zwei hatten sie ein paar sehr junge, sehr unbegabte Leute, die sie zum Plansboard-Mitglied machten. Es ist erstaunlich, daß jemand so jung und so unbegabt sein kann.
Ich war schon fünf oder sechs Monate bei *Bates*, als sie sagten,

daß ich der erste sein sollte, der von ihrem neuen Plansboard aufs Korn genommen wurde. Und das machte mich wild. Nachdem sie mir gesagt hatten, daß ich derjenige sei, sagte ich: »Okay, hier sind meine Spielregeln. Ich werde nichts verteidigen, was ich gemacht habe. Ich werde es auch nur präsentieren und eure Fragen beantworten. Ich bin nicht hier, um mich zu verteidigen.«

Ich hatte einiges vorzuzeigen. Ich hatte Panasonic, ich hatte die Versicherungsgesellschaft Royal Globe, die gut ging, und ich hatte noch ein paar andere Sachen, die meine Gruppe gemacht hatte. Der Fernsehspot für Royal Globe, den wir gemacht hatten, war sehr dramatisch. Der Zuschauer wurde sozusagen hinter ein Autolenkrad gesetzt und – es war Nacht – sechzig Sekunden lang den aufblendenden Scheinwerfern vom Gegenverkehr ausgesetzt. Wir waren eine Gruppe. Sie setzten uns ein wie eine Spezialmannschaft, die dahin geschickt wird, wo irgend etwas schief geht. Sobald jemand in Gefahr war, einen Etat zu verlieren, sobald Neugeschäft-Präsentationen gemacht werden mußten, appellierten sie an meine Gruppe – Ron Travisano, Frank Siebke, Ned Tolmach und ich. Aber die *Bates*leute wurden ein bißchen mißtrauisch gegen die Gruppe und schauten schon nach der Plansboard-Sitzung aus.

Am Abend vor der Sitzung wußte ich wirklich nicht, was ich da machen sollte. Ich saß zu Hause und sagte mir: »Ich muß irgend was tun; ich muß eine Möglichkeit finden, ihnen genau zu zeigen, was ich von der Sitzung halte.« Und dann hatte ich die Idee. Ich wollte da einfach mit einem Tonbandgerät hineinspazieren und die ganze Verhandlung auf Band aufnehmen.

Am nächsten Tag erschien ich, um dem Plansboard ins Gesicht zu sehen. Der Plansboard bestand aus sieben Leuten, die durchschnittlich vielleicht 80 000 Dollar im Jahr verdienten. Einer von denen war der Kreativ-Direktor der Welt – das war sein Titel –, und das bedeutete: Kreativ-Direktor der *Bates*welt. Er machte vielleicht seine 120 000 Dollar. Die anderen Jungs waren rund 80 000 und 90 000 Dollar schwer, und es gab ein paar Jungs weiter unten in der Hackordnung,

die nur 70 000 im Jahr kassierten. Ich meine, da muß so ungefähr eine halbe Million Dollar an Gehältern versammelt gewesen sein.
Als ich hereinkam, mußte einer natürlich der Witzbold sein und ein Sprüchlein von sich geben: »Na, habt ihr die Dornenkrone für ihn bereit?«. Und sie alle lachten. Dann stellte ich das kleine Tonbandgerät auf den Tisch. Das Lachen erstarb, und sofort richteten sich alle Blicke auf das kleine Ding. Ich sagte: »Ich habe meine Anzeigen hier aufhängen lassen, und wie ich schon sagte, wenn Sie über Qualität oder Art der Werbung irgendwelche Fragen haben, werde ich sie gern beantworten. Aber bevor wir anfangen, möchte ich das Tonbandgerät einschalten und diese Sitzung aufnehmen.« Ehe ich es einschaltete, sagte ich noch: »Wenn hier jemand im Zimmer ist, der nicht aufgenommen werden möchte, dann werde ich es gern sein lassen.« Jeder rührte sich ein wenig auf seinem Stuhl und sagte nichts. Also schaltete ich ein und sagte: »Okay, schießen wir los mit den Fragen.«

Nichts. Einer räusperte sich und machte: Hm, Hmmm und dann erst sagte er: »Ich sehe, daß sie für die Royal-Globe-Anzeige einen schwarzen Hintergrund genommen haben.« Die ganze Zeit achtete er drauf, wie dieses Concord-Tonbandgerät nun wohl arbeitet. Es war noch nicht einmal ein Panasonic-Gerät. Ich sagte: »Das stimmt, wir waren der Meinung, daß ein schwarzer Hintergrund besser wäre.«
Das war es. Und dann nur noch Geschwätz, reines Geschwätz, nichts weiter als blablabla. Zwei volle Stunden lang blablabla. Sie hatten Angst, und ich weiß es, und es ist schön, und ich sitze da und rede und beantworte jede Frage, die sie wünschen; aber sie haben eigentlich keine Fragen. Ein Knabe redet über Fußball. Die Jungs fangen an, über alles zu reden, was ihnen so einfällt, und immer und immer wieder starren sie auf das kleine Ding. Sie konnten ihre Augen gar nicht abwenden. Ned Tolmach, der während der ganzen Sitzung neben mir saß, beobachtete diese wunderschöne Szene voll Erstaunen. Und endlich, nach zwei Stunden Unsinn, sagte ich: »Meine Herren, da ist glaube ich nichts mehr, was Sie mich fragen wollten,

nicht wahr?« Sie gucken immer noch, und einer von denen sagt: »Nein.« Ich schaltete das Tonbandgerät aus und sagte: »Ich bedanke mich«. Und wir gehen hinaus. Während wir hinausgehen, wandte ich mich an Ned und sagte: »Ned, glaubst du, das es funktioniert hat?« Ned antwortete: »Ich weiß nicht, ob es funktioniert hat, aber du, sind das dumme Arschlöcher da oben.« »Könnte es sein, daß sie nur dumm sind«, fragte ich. »Ich weiß nicht«, sagte er. »Ich komme da einfach nicht durch«.

Als ich über den Flur ging und mich meinem Zimmer näherte, hörte ich das Telefon klingeln. Ich rannte los, riß den Hörer hoch, und da ist der 120 000 Dollar schwere Kreativ-Direktor der *Bates*welt an der Strippe. »Jerry«, sagte er am Telefon, »kannst du mal zu mir kommen und das Tonbandgerät mitbringen?« Ich sagte: »Mein Tonbandgerät mitbringen?« »Ja, und das Band auch.« Ich sagte: »Aber da ist ja nichts auf dem Band drauf. Das ist ja nur blabla.« Er sagt: »Ich weiß, ich weiß, aber wir hätten das Band gern zurück.« Ich war sehr nett zu ihm. »Prima«, sagte ich. »Ich gebe dir das Band. Für mich ist es jetzt sowieso nutzlos. Aber ich spiele es gern noch mal ab, wenn du willst.« »Bring' nur das Band, Jerry.«
Auf dem Weg zum Zimmer vom Kreativ-Direktor-der-Welt traf ich im Flur vier Jungs, die beim Plansboard dabeigewesen waren. Einer der 75 000-Dollar-Windmacher – ich will ihn Kent nennen – steht da im Flur, versperrt mir den Weg und sieht noch nervöser aus als sonst, und das war schon nervös genug. »Jerry«, sagte Kent, »wozu hast du dieses Tonbandgerät mit zur Sitzung gebracht?« »Oh«, sagte ich, »ich höre meine eigene Stimme so gern.« Kent ist schon ganz fertig, weil er nicht weiß, wie und wo er in die Werbung paßt. »Man kann vielleicht meine Stimme auf dem Band doch nicht hören«, sagt er. Ich sagte: »Aber, aber, Kent. Ich weiß, daß du etwas gesagt hast.« Er konnte die Sache noch nicht mal als Witz betrachten. »Ach, nein«, sagte er, »ich kenne meine Stimme. Ich weiß das und wenn ich rede, dann höre ich sofort, wenn meine Stimme auf dem Tonband ist.«
Ich kam an einem anderen Zimmer vorbei, und da sitzt ein Typ

namens Marks, und er stolperte fast über ein kleines Marmortischchen, das in seinem Zimmer steht, und er stürzte auf den Flur hinaus. »Warum hast du das gemacht, Jerry?«, fragte Marks. »Um meine Stimme zu hören«, sagte ich und wurde schon etwas müde, dauernd dasselbe sagen zu müssen. »Das ist eine miese Sache«, sagte er und drehte sich um. Schließlich kam ich zu dem Kreativ-Direktor-der-Welt, und da saßen auch die übrigen Jungs vom Plansboard.

»Es verschlug mir die Sprache«, sagte der eine. Der andere fragte: »Warum hast du das gemacht?«. Der Kreativ-Direktor-der-Welt sagte: »Bitte, gib mir das Band.« Sie waren wirklich tief erschüttert. Als ich das Zimmer verließ, konnte ich es mir nicht verkneifen zu sagen: »Ich denke, man sollte das in allen Plansboards praktizieren. Wißt Ihr, es würde doch fantastisch sein, wenn man ein Bildbandgerät aufstellen würde, so daß man diese Sachen aufnehmen kann und dann für die anderen Leute in der Agentur abspielt. Das könnte sehr nützlich sein.« Ein Mann, ein guter Freund von mir, sagte: »Es wird verdammt lange dauern, bevor wir wieder eine Plansboard-Sitzung auf Band aufnehmen. Und es wird noch länger dauern, bevor du wieder mal zum Plansboard eingeladen wirst.«
Was war hier los? Angst. Im Grunde waren diese Jungs noch nie zuvor auf Band aufgenommen worden. Die nichtkreativen Leute in der Gestaltung sind so dran gewöhnt, sich selbst vorzumachen, daß sie schreiben können – diese Jungs hatten Angst vor einem Tonbandgerät.
Es repräsentierte nämlich die Wahrheit. Diese Jungs hatten sich ein ganzes Leben lang gegenseitig an der Nase herumgeführt. Und dieses Tonbandgerät konnte sie in ein verdammt schiefes Licht bringen. Das Tonbandgerät war die Wahrheit: sie konnten die Wahrheit nicht verneinen, und sie konnten auch nicht mit ihr leben. Sie konnten so weiter machen, aber sie konnten einem kleinen Tonbandgerät von 30 Dollar nicht ins Gesicht sehen. Einige dieser Jungs sind solche Meister darin, sich und andere an der Nase herumzuführen, daß sie schon Profi darin geworden sind.

Bei *Bates* wurde nie mehr ein Plansboard veranstaltet. Wenigstens nicht, so lange ich noch da war. Die Sitzung mit mir beendete die Sache. Und in der Agentur sprach es sich herum. »Hast du das wirklich gemacht?« Und ich sagte: »Natürlich habe ich das gemacht.« Die Geschichte ließ die ganze Gestaltung innerlich wachsen. Jeder in der Gestaltung wußte: He, hier ist jetzt was los. Es war wie ein Sieg für eine Menge Leute, die sonst von den nichtkreativen Experten gekillt worden wären.

Manchmal ist der Druck auf die Kreativen nicht so offensichtlich wie beim Plansboard. Es kann sehr raffiniert zugehen, sehr raffiniert. So auf die leise Art. Ich arbeitete mal in einer Agentur, wo es einen Mann gab, den ich immer den »Mount Everest der Angst« nannte. Er arbeitete für den Vize-Präsidenten, den Mann namens David, den wir »Der Klutz« nannten. Und bis heute habe ich noch nie so einen Angsthasen getroffen. Ich war damals ein Junge ohne jede Erfahrung, vielleicht nicht mehr als 25 Jahre alt. Und David nutzte diesen Mann genauso aus, wie der »Green Hornet« seinen treuen Diener Cato ausnutzte. Ich ging gewöhnlich zu David ins Zimmer und legte ihm eine Anzeige vor, und David machte mich jedesmal rasend, indem er immer sagte: »Es gefällt mir nicht.« Nie sagte er: »Es gefällt mir nicht, weil . . .« Nur einfach: »Es gefällt mir nicht.« Ich sagte dann immer: »Komm, David, du mußt mit Argumenten kommen, weswegen diese Anzeige dir nicht gefällt. Da muß doch was sein, auf das du die Finger legen kannst.« Der gute alte David schüttelte seinen Kopf und sagte: »Jerry, dies hier ist es einfach nicht.« Dann fügte er hinzu: »Gut, ich werd's dir beweisen. Ich bestelle ›Cato‹ hierher, und dann wollen wir mal sehen, ob es ›Cato‹ gefällt.«

›Cato‹ pflegte immer ins Zimmer zu kommen und herumzustehen und wie ein Geier die Anzeige zu belauern. David hatte eine geheime Art, »Cato« anzusehen, um ihn zu verständigen, ob ihm die Anzeige nun gefiel oder nicht.

David sagte gewöhnlich: »›Cato‹, was hältst du von dieser Anzeige?« Ich bekam es nie heraus, aber »Cato« konnte David prima verstehen. »Cato« guckte David an, studierte sein

Gesicht, und sagte: »Du hast recht, David, diese Anzeige ist es nicht.«
Oder David holte ihn herein und sagte: »›Cato‹, was hältst du von dieser Anzeige?« Blitzschnell verstand Cato den Wink und sagte: »Du, David, diese Anzeige ist es einfach.« Dann pflegte David sich wieder zu mir zu wenden und sagte: »Siehst du, Jerry, ich hab's dir doch gesagt, es ist eine verdammt gute Anzeige.«

Eines Tages legte ich David eine Anzeige vor, und er hielt überhaupt nichts von der Anzeige. Er rief »Cato« herein, aber vergaß anscheinend, das Signal zu senden. Vielleicht pflegte er sonst mit den Augen zu zwinkern, doch er muß es diesmal vergessen haben. David fragte »Cato«, was er davon hielt, aber »Cato« verpaßte das Signal. David stand da und Cato probierte, das Signal zu empfangen. Aber kein Signal kam. »Hm, David«, fing »Cato« zu sprechen an und stockte dann. Inzwischen wurde David ungeduldig und wiederholte: »Na, was hältst du davon, ›Cato‹?« »Cato« windet sich. »Laß mich noch mal die Headline lesen«, sagte er. Er liest die Headline und guckt David an und probiert wieder, das Signal zu empfangen. David steht da, und kein Signal kommt. Der Mann stand da, wie von Gott und aller Welt verlassen. In meinem ganzen Leben habe ich so was noch nie gesehen. Ich konnte es nicht länger ertragen, diesen Mann langsam eingehen zu sehen. Also sagte ich endlich: »›Cato‹, hör zu, David mag diese Anzeige überhaupt nicht. Er hält sie für reine Scheiße.« Es war wie die Rettung eines Ertrinkenden. Dann machte »Cato« seine Schau. »Natürlich«, sagte er, »das Problem mit dieser Anzeige ist das Layout und ...« Er brauchte nur zu wissen, wie David zu der Anzeige stand, und dann war er zu Höhenflügen bereit.

Ich glaube wirklich nicht, daß die Kreativen Angst haben, ihre Position durch die Launen der Agentur zu verlieren. Aber eins gibt's, das sie die Wände hochgehen läßt: die Angst, ihr Talent, ihre Fähigkeiten zu verlieren. Jeder, den ich kenne, spürt diesen Druck. Ist diese Fähigkeit so was wie Magie? Wird

sie eines Tages einfach verschwinden? Kommt etwa der Tag, an dem man sich hinsetzt, und plötzlich haut es nicht mehr hin wie vorher? Man kann nicht mehr texten. Die Worte ordnen sich nicht mehr ein.
Eine der Methoden, mit denen Charlie Goldschmidt von *Daniel & Charles* seine Mannschaft am Ball hielt, war, die Angst der Texter gegen sie selbst auszuspielen. Damit quälte er mich und alle anderen. »Junge«, sagte er, »was denkst du eigentlich? Seit drei Wochen hast du keine Idee mehr gehabt. Du beginnst so zu tun als ob, nicht wahr? Du versuchst, herumzufummeln, du hast mal eine Idee, und am nächsten Tag ist sie futsch, was?« So machte er das. Er setzte seine Leute auf diese Weise unter Druck und hoffte, sie aufzurütteln und sie über die Flaute hinwegzukriegen.

Hören Sie mal zu:
Man zahlt Ihnen 35 000 bis 40 000 Dollar im Jahr damit Sie's machen; texten oder Art-Direktor sein.
Und Sie werden bestimmt Angst kriegen, daß Sie eines Tages austrocknen. Ein sehr guter Art-Direktor von *Doyle, Dane,* namens Bob Gage, hielt mal einen Vortrag über die Angst, über ihre Natur, und was man gegen sie tun könnte. Er schilderte sie als die Furcht vor dem Austrocknen. Und dann entdeckte er, daß man nicht austrocknen kann, daß dieses Austrocknen keine Magie, kein Mysterium ist, daß man nicht so einfach total abschalten kann. Gage sagte, immer, wenn er entdeckte, daß er anfing auszutrocknen, habe es bloß daran gelegen, daß er vor einem Problem stand, das gelöst werden mußte. Und immer konnte er das Problem in der gleichen alten Art lösen, in der er es schon Jahre zuvor gelöst hatte. Die meisten Texter und Art-Direktoren werden ungeduldig, wenn sie vor einem schwierigen Problem stehen, und gerade deswegen kommen sie in Schwierigkeiten. Sie spielen, sie fummeln herum, sie tun alles, was in ihrer Macht steht, damit es so aussieht, als ob sie Werbung produzieren. In dem Augenblick, in dem sie zu Ihnen ins Zimmer kommen, wissen Sie, daß sie so tun als ob. Sie sind kalt, sie sind ausgetrocknet, und sie wissen es, und Sie selbst wissen es, und sie wissen, daß Sie es wissen.

Ich habe Jungs erlebt, die sechs oder acht Monate hindurch keine anständige Anzeige produzierten, so verklemmt waren sie.

In dieser Zeit mußten diese Jungs viel Wind machen.
Charlie Goldschmidt war ein Mann, der als Texter angefangen hatte und ein großartiger Agenturgeschäftsführer wurde. Er war ein fantastischer Kerl. Er konnte zu einem ins Zimmer kommen, einem die Hand schütteln und sagen, was man für Schwierigkeiten hatte, während er einem die Hand schüttelte. In dieser Hinsicht setzte er mich immer in Erstaunen. Immer kannte er die schwachen Stellen von jedem, seine Alarmknöpfe. Und er wußte auch, wie man diese Knöpfe zu drücken hatte, um einen in Gang zu bringen.
Als ich bei Charlie arbeitete, machte ich eine böse Trockenperiode durch – ich machte drei oder vier Monate überhaupt nichts. Ich saß in meinem Zimmer, und mir fiel nichts ein. Und Sie wissen ja auch, wie das ist, wenn einem was einfällt oder nicht. Ich fummelte also herum. Ich kam mit mittelmäßigen Lösungen für die Probleme. Man fängt an, drüber nachzudenken, und es geht einem unter die Haut, und schließlich weiß man nicht mehr, was man da noch machen soll. Also fängt man an, ein wenig herumzufummeln.
Aber Charlie kriegte es spitz. Er wußte es. Und er kam ins Zimmer und sagte: »Denkst du, daß es sich damit hat? Denkst du nun wirklich, daß bei dir nichts mehr rauskommt? Junge, entspanne dich!«
Das waren seine genauen Worte. Erst ein Schulterklopfen und dann: »Junge, entspanne dich.« Nachdem er gegangen war, fühlte man sich eigentlich nicht entspannt, aber früher oder später war man wieder in Form.

Ein weiteres Problem bei Textern und Art-Direktoren ist das Problem der Anerkennung. Es gibt eine Menge Texter, die durcheinander geraten, und sich für Faulkner oder Hemingway halten. Sie sitzen da und arbeiten und feilen und spielen herum, und wenn das vorbei ist, haben sie was unvergleichbar Schönes geschrieben, aber sie vergessen eines:

Es erscheint in der Begrenzung einer Seite, die ein Mediamann eingekauft hat. Was die meisten Texter umbringt, ist die Tatsache, daß die Leute die Illustrierte »Life« nicht kaufen, um ihre Anzeigen zu lesen. Die Leute kaufen sich auch nicht die Zeitschrift »Gourmet«, um ihre Anzeige für »Bombay Gin« zu lesen. Leute kaufen »Gourmet«, um die Rezepte zu lesen, und die Anzeigen stehlen den Leuten einfach ihre Zeit. Deswegen ist es unsere Aufgabe, mehr Aufmerksamkeit zu erregen als sonst irgend was. Niemand kauft sich eine Zeitschrift, um eine Anzeige zu lesen. Aber eine Menge Jungs tun, als ob es so wäre. Dieser Knabe setzt sich hin, er hat die Sache geschrieben, und er denkt, Mensch das ist es! Dann trifft er bei einer Party jemand und erläutert mit viel Stolz, daß er Texter ist, und dieser jemand sagt: »Ach ja, dann schreiben Sie die Texte zu den Bildern?«

Ich hatte Kontakter, die sich hinsetzen und fast heulen und mich bitten, was zu ändern, weil der Kunde sonst toben würde. »Wir werden den Etat noch verlieren«. Das ist immer das große Wort der Kontakter an die Texter und Art-Direktoren.

Einmal im Jahr veranstalten die New Yorker Texter eine Party. Letztes Jahr fand sie im Studio eines Fotografen statt, wobei fünfhundert Leute in einen Raum gepfercht sind, der in Wirklichkeit nur rund zweihundert aufnehmen kann. Dazu eine Rock-and-Roll-Band, die soviel Krach macht, daß man seine eigenen Gedanken nicht mehr verstehen kann. Texter gehören gewöhnlich nicht zu den Leuten, die zu Partys gehen. Aber dies ist die Party, zu der alle erscheinen; hier gehen sie hin, um diesen Job zu bekommen oder jenen Mann zu treffen oder irgend was zu tun, das ihr Leben völlig ändern kann.

Sie versuchen, ihre Kontakte zu machen. Jeder Kreativ-Direktor, der von der einen zu der anderen Seite des Raumes geht, wird von wenigstens acht Leuten angesprochen: »Kann ich meine Mappe mal mitbringen und Sie am Montag aufsuchen?« Einer nach dem anderen. »Hallo, wie geht's? Ich höre, das bei Ihnen alles dufte läuft. Die Agentur, bei der ich jetzt bin, ist ein Saftladen. Ich habe die Nase voll. Ich halte es dort keinen Tag länger aus. Kann ich am Montag mal mit meiner Mappe vorbeikommen?«

Dann treffe ich auf der Party einen Mann, den ich schon ganz gut kannte. Er ist ein sehr guter Texter, ein merkwürdiger Knabe, ziemlich ruhig aber sonst nicht außergewöhnlich. Bei der Party war er sehr verkrampft. Und weshalb? An dem Morgen hatte man ihn gefeuert. Und er sagte: »Ich habe fünfhundert Dollar auf der Bank. Ich verdiene dreißigtausend im Jahr, und für die Miete muß ich jeden Monat 284 Dollar zahlen.«
Wer weiß, wo sein Geld geblieben ist? Klamotten, Wohnung, Frauen. Ich weiß es nicht. Aber er hatte sein ganzes Geld verpulvert, und da stand er nun, 31 oder 32 Jahre alt, und ich sage Ihnen, er war ein völlig verzweifelter Bursche. Ich hatte ihn noch nie so erlebt. »Was soll ich nur machen?«, fragte er. »Wie wär's mit freier Mitarbeit?«, sagte ich. Er schüttelte den Kopf. Er muß an dem Tag zwanzig Telefongespräche geführt haben, denn immer wenn ich fragte: »Hast du Ned angerufen? Hast du Ron angerufen? Hast du Ed angerufen?«, sagte er ja und schüttelte den Kopf. Er hatte jeden angerufen, der ihm aussichtsreich schien. Er weiß schon nicht mehr, wen er sonst noch anrufen soll, und dabei ist er erst einen Tag ohne Job. Jetzt fängt er bei den Kopfjägern, bei den Personalvermittlern, an und bittet sie, Termine für ihn auszumachen. Er ist ein guter Texter. Das ist das Üble dran. Im Grunde genommen wurde ihm gekündigt, weil er kein einfacher Junge ist. Für Scheiße ist er nicht zu haben. Er hatte bei *Leber, Katz & Paccione* gearbeitet und zum Schluß konnte sich Patch (Paccione) von ihm nichts mehr sagen lassen. Also flog er.
Vor Paccione hatte er bei *Daniel & Charles* gearbeitet, und er wurde rausgeschmissen, weil er nicht mit Larry Dunst auskam, der damals Kreativ-Direktor war und heute Geschäftsführer ist. Der Job nach *Daniel & Charles* ging auf die gleiche Weise in die Binsen. Auf der Suche nach dem vierten Job wird er jetzt nicht mehr so schnell den Klugscheißer markieren. Er sagte mir, daß er eine kleine Agentur angerufen habe, die eigentlich keine Werbeagentur, sondern eher ein Modehaus ist. Sie machen die ganze Werbung von der Seventh Avenue (wo die Modeindustrie etabliert ist). Diese Werbung findet man in »Women's Wear Daily« und in der Sonntagsbeilage der »New York Times«. Die Jungs sind sehr

groß in Anzeigen für Strumpfhaltergürtel und BH's. Jedenfalls sagte ihm der Besitzer dieser Agentur, er sollte mal am Montag vorbeikommen. Das heißt, der Knabe sagte: »Auf Wiedersehen am Montag, wenn Sie vorbeikommen und guten Tag sagen möchten.« Nun ist diese Agentur der übelste Ort weit und breit. Sie ist vielleicht die schlechteste Agentur in Amerika.

Und er denkt im Ernst dran, für einen Haufen Kies dort hinzugehen, wenn sie ihn haben wollen. Er hat Angst, vor ihm liegt ein schlechtes Wochenende, und als ich ihn verließ, zitterte er. Paccione hatte schon wieder Ersatz für diesen Jungen. Er fand eine Zweiundzwanzigjährige, die glaubte, daß die Werbung der absolute Gipfel sei, und er stellte sie für achttausend im Jahr ein. Ich hatte einige Male mit ihr geredet, ob sie nicht für uns arbeiten wolle. Kaum habe ich mein Gespräch mit dem arbeitslosen Jungen beendet, da treffe ich sie. »Hallooo!« sagte sie und strotzt vor Leben, »ich habe meinen Job, ich arbeite! Ich fange Montag bei *Leber, Katz & Paccione* an.« »Das ist ja fantastisch«, sagte ich und fing an zu überlegen. Patch heuerte sie für 8000 an, und so spart er schon mal 22 000 jährlich dadurch, daß er einen Knaben gefeuert hat, der 30 000 machte. Außerdem ist er jemand losgeworden, der ihn ziemlich geärgert hatte. Und diese kleine Süße ist jetzt auf dem Weg, einen Haufen Geld zu machen. Mit dem nächsten Job staubt sie zehn Riesen ab und mit dem übernächsten fünfzehn und dann einundzwanzig und dann bis dreißig im Jahr. Und dann wird sie die gleiche Position haben wie der Junge, der eben rausgeschmissen wurde. Und auch sie wird anfangen, etwas nervös zu werden; denn da wird sich schon wieder einer ranmachen und diesmal an ihrem Stuhl sägen.
Es ist tatsächlich nicht viel anders als beim Baseball. Es bleiben einem nicht viele Jahre, in denen man etwas leistet. Man hat sieben, acht oder vielleicht auch neun Jahre, in denen man »hot« ist und alles gelingt, was man anpackt, und man wird wegen eines Jobs angerufen. Die Kopfjäger jammern nach einem, und dann kommt dieser lange Rutsch bergabwärts. Deswegen geht's den Seelentröstern so gut. Und jeder weiß, daß einmal die Stunde

für ihn schlägt. Es macht mich wahnsinnig, daß ich selten einen Texter über Vierzig gesehen habe. Sehr, sehr wenige nur. Ein oder zwei nennenswerte Leute gibt's, und damit hat's sich. Ich kann mir nicht vorstellen, wo sie hingehen, wenn sie die Vierzig hinter sich haben. Aber sie gehen weg. Irgendwo muß es eine Insel geben, die nur von Elefanten, Textern und Art-Direktoren bevölkert ist. Ich sehe das vor mir. Eine winzige Insel, vollgestaut mit alten Elefanten und ausgebrannten Textern und Art-Direktoren. Dort muß es sein, wohin die Jungs verschwinden.

Ich frage mich, was den meisten der Jungs passierte, mit denen ich zusammen in der Werbung anfing. Ich begann in der Expedition von *Ruthrauff & Ryan*, und der einzige aus jenen Tagen, der immer noch in der Werbung arbeitet, ist Evan Stark, der jetzt bei *Doyle, Dane* ist. Denken wir nicht dran, wo sie alle sind. Wo sind denn die Agenturen? *Ruthrauff & Ryan* ist weg von der Bühne. Ich ging mal wegen eines Jobs zu der Agentur *Biow*. Weg. *Donahue & Coe*. Weg. *Cecil & Presby*. Haben Sie je davon gehört? *Lennon & Newell* war früher *Lennon & Mitchell*. Man kann also die Vorstellung von jener Insel mit den Elefanten und ehemaligen Textern weiter ausmalen: Auf der Insel gibt es auch verdammt viele tote Agenturen.

Die Mode wechselt. Auch die Werbung wechselt. Das physische Bild der Werbung ändert sich von Jahr zu Jahr. Die Anzeigen des vorigen Jahres sehen nicht so gut aus wie die aus diesem Jahr. Ich hab es satt, meine alten Anzeigen zu betrachten. Sie langweilen mich. Die Jungen ändern alles – Sprache, Kleidung, Stil und die Bildenden Künste.
Die Schulen brüten die Kleinen aus wie nur sonst was. Glauben Sie nicht, daß eine Menge Jungs es kalt den Nacken herunterrieseln fühlte, als Patch diesen 32jährigen Mann los wurde? Natürlich. Ich kenne einen Art-Direktor bei Patch, der 40 000 im Jahr macht und über jene Texterin mit ihren acht Riesen im Jahr nachdenkt und sich sagt: »Wenn Patch mal loszieht und einen Art-Direktor für 8000 im Jahr findet – wo

bleibe ich dann mit meinen vierzigtausend?« In der ganzen Stadt klingeln die Telefone. Jeder wechselt seine Stellung. Es ist wie bei quietschenden Stühlen – man kommt da nicht mehr nach. Für Art-Direktoren und Texter mit vierzigtausend im Jahr sind die Jungen Mord. Reiner Mord.

Vielleicht sind wir mitten in einer Rezession und wissen es nur noch nicht. Werbeleute können eine Rezession gewöhnlich eher voraussagen als jeder andere. Ich weiß, wann in der Wirtschaft etwas faul zu sein beginnt, und ich kann das riechen, weil die Kunden sich langsam zurückziehen. Agenturgeschäftsführer fangen an, noch nervöser zu werden als sonst, und der ganze Rückschlag setzt sich nach unten zu den Textern fort, die dann keinen Job mehr bekommen.
Bei jener Jahresparty der Texter, zu der ich im vorigen Jahr ging, herrschte viel Angst. Und der ganze Raum war reichlich nervös. Was geschieht, ist einfach, daß es nicht mehr genug Jobs zum Wechseln gibt. Da gab's mal Zeiten in dieser Branche, da klingelten die Telefone wie verrückt, und man konnte mit den offenen Stellen nicht mehr Schritt halten. Heute ist das anders – und ich frage mich, ob es überhaupt noch schlechter werden kann. Es ist interessant, daß in jenem Raum unter fünfhundert Leuten – meist Textern – nur vier oder fünf waren, die ich einstellen würde. Lassen wir mal die Party beiseite; in der ganzen Stadt gibt's vielleicht fünfundzwanzig Texter, die einer Erwähnung wert sind. In der ganzen Stadt! Man spricht von einer Agentur wie *J. Walter Thompson,* die nur einen Texter hatte, dessen Arbeiten ich bewundere – Ron Rosenfeld –, und nach einem Jahr verduftete er schon wieder von dort. Und danach – ach, reden wir nicht mehr davon. Eine Agentur wie *Compton* muß fünfzig oder sechzig Texter haben. Der einzige Mensch, dessen Zeug ich mir ansehen kann, ist Ned Tolmach, mein früherer Partner. Vor vier Jahren ging ich schon mal zu so einer Party, und dieses Jahr war da eine völlig andere Gruppe von Leuten. Ich traf zehn oder fünfzehn von der alten Garde, die sich immer blicken lassen, und der Rest – wissen Sie – besteht aus großen, cliquenhaften Jungs mit Pickeln und aus Mädchen, die der

Meinung sind, daß die Werbung das glanzvollste Geschäft der Welt sei, und sie sind wirklich dran, das wahr zu machen.
Die gleiche Art Angst, die Texter in der Öffentlichkeit zeigen – wie bei jener Party –, macht ihnen auch im Privatleben zu schaffen.

Wenn zum Beispiel die Kampagne eines Texters abgeschossen wird, dann ist es aus. Dann ist der Junge ein paar Monate lang ausgeflippt. Diese Kampagnen sind wie Babys. Diese Jungs sitzen da, und sie lieben ihre Kampagnen, sie gucken sich ihre Anzeigen an und schneiden sie aus und kleben sie auf. Wir reden jetzt von einem Stück Papier, und der Texter klebt es schön sauber auf einen Bogen Pappe, zieht Folie drüber und schleppt es mit sich herum, um es den Leuten zu zeigen.
Das Dilemma ist dies: Die guten Texter in dieser Stadt sind die Jungs, die überhaupt keine Angst haben. Man muß sich entspannen. Die Werbung ist die einzige Branche, in der Sie so entspannt sein müssen, daß Sie – wenn Sie sich zur Arbeit hingesetzt haben – nicht da herumsitzen und sich darum kümmern, was nebenan vor sich geht. Oder daß Sie dauernd dran denken: Ich könnte meinen Job verlieren.
Es gibt verdammt wenig derart konstruierte Leute auf der kreativen Seite der Werbung. Praktisch keine. Die meisten Texter haben den gleichen Hintergrund: Mittelschicht bis untere Mittelschicht. Alle Texter haben das Buch »Portnoy's Complaint« gelesen, und sie alle sagen: »Das ist mein Leben. Portnoy, das war ich, außer, daß ich ein Stück Leber nie so behandeln würde.«

Jeder in der Werbung ist durcheinander. Aber besonders die Kreativen. Ihr ganzes Leben ist versaut. Wenn Sie in die Werbung gehen, sind Sie nicht mehr derselbe wie vorher. Es ist schwer eine Branche zu nennen, die einem so unter die Haut geht, wie die Werbung. Nachdem Sie eine Weile in der Werbung waren, sind Sie nicht mehr die gleiche Person, die Sie sonst gewesen wären. Ich frage mich oft, was aus mir geworden wäre oder wie ich mich verhalten haben würde, wenn ich ins Aluminiumwarengeschäft eingestiegen wäre.

Was einigen Jungs passiert ist, nun ja – ich möchte wieder mal den Sport als Beispiel ranziehen:
Baseball hat seine hitzigen Spieler. Und im nächsten Jahr kühlen die hitzigen Spieler ab, und dann geschieht es, daß ihre Gehälter sich verringern und sie gerade noch nach Toledo verpflichtet werden können. Vor einigen Jahren gab's in New York einen wirklich guten Kreativ-Direktor, der entweder selbst ging oder gegangen wurde oder Gott weiß was. Jedenfalls ist das Nächste, was man von ihm hört, daß er in Chicago sitzt und da für eine Agentur arbeitet. Wenn Sie nach Chicago gehen, ist das so, als wenn Sie nach Newark verpflichtet werden, nachdem Sie für die Yankees gespielt haben, und die Yankees die einzigen Baseball-Stars waren. Ich weiß nicht, wohin man gehen kann, wenn's mit Chicago aus ist. Er macht dort eine Menge Geld, aber das bedeutet gar nichts. Immerhin ist es Chicago, eine Art Regionalliga. Einige gehen nach Pittsburgh. Regionalliga. Einer geht nach Cleveland, immer noch Regionalliga. Wenn Sie von der Bundesliga reden, dann reden Sie über New York, wobei Los Angeles gleich danach kommt. Zwischen Los Angeles und New York gibt's verdammt wenig – außer *Leo Burnett* in Chicago.

In der Provinz ist es ziemlich merkwürdig, besonders wenn ein Junge aus New York von einigen Ortsgrößen irgendwohin eingeladen wird, um einen Vortrag zu halten. Es ist die reinste Heldenverehrung. Sie möchten alle was werden und nach New York kommen, und wenn Sie sich in ihrer Stadt blicken lassen, dann erwarten sie daß Sie den Kaffeeautomaten in einen Sektkühler verwandeln. Die Leute dort schauen sie an, und sie sagen: »Jesus, er ist hier. Er wird uns zeigen, wie man's macht.« Und dann entdecken Sie, daß diese Jungs alles von Ihnen wissen.
Ich war mal unten in Charlotte, North Carolina, um einen Vortrag zu halten. Ich saß da neben einem Knaben, der sagte: »Erinnern Sie sich an die Anzeige, die Sie für ›Esquire Sox‹ machten?« Ich erinnerte mich noch nicht mal, je an Esquire Sox mitgearbeitet zu haben, geschweige denn an die

Anzeige, von der er redete. Aber dieser Knabe wollte nicht gleich aufgeben: »Erinnern Sie sich denn nicht an die Anzeige? Da war ein Mann drauf und da stand im Hintergrund ein Mädchen . . .« Und dann fiel mir die Anzeige wieder ein. Aber dieser Knabe hatte diese Dinge gesammelt und war auf dem laufenden über mich. Es ist verrückt, aber da irgendwo in North Carolina, in Charlotte, existiere ich in Form eines Ausschnittsbuches.

Ein Freund von mir ging mal nach Cleveland, um einen Vortrag zu halten, und als er zurückkam, rief er mich an und sagte: »In Cleveland sitzt jemand, der weiß mehr von dir als deine eigene Frau.« Er erwähnte den Namen dieses Knaben, und natürlich hatte ich noch nie von ihm gehört, und mein Freund sagte, der Typ aus Cleveland hätte ein Ausschnittbuch über mich mit jeder Anzeige, die ich je gemacht, mit jedem Vortrag, den ich je gehalten und mit jedem Artikel über die Werbung, den ich je für »Marketing/Communications« geschrieben hatte. Dies ist die Provinz-Geschichte.
Die übliche Meinung in der Madison Avenue ist, daß die Provinzler es gern haben, wenn man sie ein wenig erniedrigt. Wenn Sie in der Provinz mal einen Vortrag halten wollen, dann müssen Sie ihnen sagen, daß sie nicht gut sind. Wenn Sie ihnen je sagen, sie seien gut, dann hassen sie Sie deswegen. Diese Leute sitzen da und warten, daß Sie kommen und sagen: »Menschenskinder, seid ihr Jungs schlecht. Ich meine wirklich mies. Wißt ihr, in New York würde keiner von euch einen Job kriegen«. Und sie sitzen da und sagen: »Ja, so reden die New Yorker Werbeleute.« Es ist verrückt.
In Los Angeles haben die Leute einen Knaben, Gene Case, heiliggesprochen. Case ist ein großartiger, großartiger Texter, der kürzlich mit einem anderen großartigen Knaben, Helmut Crone, einem Art-Direktor, seine eigene Agentur aufmachte. Case hatte bei *Jack Tinker & Partners* gearbeitet, und Crone kam von *DDB*.

Case wird zur Westküste eingeladen, um einen Vortrag zu halten, und sie holen ihn vom Flughafen ab. Sie fahren weg, um unterwegs noch einen zu trinken oder so was, und Case guckt aus dem Fenster, während sie in die Stadt fahren. Wenn man je auf den Sepulveda Boulevard hinaufgefahren ist, dann weiß man, daß es dort nicht viel zu sehen gibt. Jedenfalls hält Case seinen Vortrag, und sofort danach sagt er: »Ich muß hier raus. Ich muß sofort losfliegen. Ich hasse diese Stadt.« Die Leute aus Los Angeles starren Case an, als sei er verrückt geworden. Sie wollen ihn zum Essen ausführen. Aber er besteht darauf, daß sie ihn zum Flughafen zurückbringen, er hat Los Angeles gesehen, und er hat genug davon. Er sagt zu ihnen: »Ich kenne diese Stadt. Ich habe hier immer Kampagnen für Carnation Milk präsentiert, als ich noch bei *Jack Tinker* war, und diese Leute haben mich immer mies behandelt. Ich kann diese Stadt nicht ausstehen. Ihr müßt mich zum Flughafen bringen.« Sie schütteln die Köpfe und stecken Case wieder in eine Maschine nach New York. Und bis heute ist er dort eine Legende. »Gene Case, war der nicht fantastisch?«, sagen sie. Case hatte dort das Äußerste an Erniedrigung erreicht.

Es ist nett – auf dem Lande. Eine andere Art von Werbung. Es ist ein ruhigeres und viel bequemeres Leben. Denn, wenn wir's richtig betrachten, wohin könnte man noch verbannt werden, wenn man schon in Cleveland arbeitet? Ich meine, wohin könnten sie einen noch schicken? Nach Akron vielleicht? In New York kann man nach Cleveland abgeschoben werden. Aber in Cleveland gibt's nichts Schlimmeres weiter. Also haben die Leute dort nicht die gleiche Angst. Und auch nicht die gleichen Gehälter. Sie haben auch nicht die gleichen Beziehungen zum Kunden. Das ist nicht die Werbung, wie ich sie kenne. In New York hat man wirkliche Stars – Texter, Art-Direktoren –, die gut sind und die das auch wissen. Einige dieser Kreativen verlangen höhere Gehälter, als ein Agenturgeschäftsführer in Cleveland je bekommen wird. In New York weiß man, was ein Kreativer wert ist. Die Agenturen nehmen viel Verrücktheit in Kauf, um die Kreativen zu bekommen. In Cleveland gibt's keine Kreativität und nur sehr wenig Originalität. Es ist ein ganz anderes Spiel. Es ist vielleicht so, wie die Werbung 1942 mal war.

Der Agenturgeschäftsführer geht immer noch zum Golfplatz und spielt mit seinem Kunden, dem Geschäftsführer von »Acme Stahl«. Der Agenturgeschäftsführer lebt ganz gut davon, aber die anderen Leute in seiner Agentur sind nur Arbeiter. Sie bekommen keine großen Gehälter. Es gibt keine Stars in Cleveland. In Cleveland sitzt niemand, der sagt: »Ich möchte so sein, wie der oder jener in Cleveland.« Sie leben aus zweiter Hand und beziehen ihre Wunderwelt aus New York. Cleveland könnte sich vielleicht mal ändern. Die kreative Revolution wird auch dorthin kommen. In New York ändert sich die Werbung auf drastische Art und sehr schnell. Die Kreativen bekommen mehr Grips. Es ist eine nachweisbare Tatsache, daß die sogenannten kreativen Agenturen am schnellsten wachsen. Aber ich habe das Gefühl, daß das Leben für die kreative Seite einer Agentur schwierig sein wird. Jetzt haben wir Plansboards, die aus roten Nasen und blauen Adern zusammengestellt sind. Wer weiß? In zwanzig Jahren ist Hasch vielleicht erlaubt. Es deprimiert mich, wenn ich dran denke, daß es auch in zwanzig Jahren noch Plansboards geben wird. Allerdings wird der Plansboard nicht mehr aus roten Nasen bestehen. Statt dessen wird eine Truppe von alten Knaben mit komischen Pupillen einem die Arbeit durchsehen. Eine Truppe erweiterter Pupillen wird einen kontrollieren. Diese Art Unsinn wird sich nie ändern.

# Der Lustige Grüne Riese und andere Geschichten

Ich möchte nicht den Eindruck vermitteln, daß die neuen kreativen Agenturen nichts falsch machen können. Sie können eine Menge falsch machen. Und tatsächlich können sie so viel falsch machen, daß sie die ganze Sache versauen. Kreativ oder nicht.

Vor einigen Jahren kamen zwei Leute überein, eine neue Agentur aufzumachen. Sie planten die Agentur nach dem Vorbild von *William Esty*. Nun ist *William Esty* eine äußerst erfolgreiche Agentur. Ihr Umsatz muß irgendwo in der Nähe von 140 Millionen Dollar im Jahr liegen und das ist ein ordentlicher Umsatz. Und *William Esty* hat eine sehr ausgeklügelte Konzeption: »Bewirb dich nicht um viele Etats, sondern nur um wenige, sehr gute und große Etats.« Ich denke, daß *Esty* Sun Oil, Colgate, National Biscuit, American Home Products, Hunt-Wesson und noch einige andere Etats betreut. Sie können nicht mehr als zehn oder fünfzehn Etats haben, aber alle sind Millionen-Etats. Umgerechnet auf die Zahl der Etats beschäftigt *Esty* wahrscheinlich die geringste Zahl Angestellter im Vergleich zu irgendeiner anderen Agentur in New York. Für jede Million Umsatz hat man gewöhnlich acht Mitarbeiter. *Esty* betreut seine Etats mit vielleicht sechs Mitarbeitern pro Million. Es ist eine Agentur, die sehr rationell geleitet wird, und sie können nicht verlieren. Sie machen bei *Esty* nichts anderes als Geld. Sie machen sich auch keine Sorgen über zu viel Publizität, alles was sie wollen, ist, ihre Arbeit zu machen und – die Dollars zu zählen. Sie behalten ihre Etats, denn mit so einer geringen Zahl von Etats können sie sich mit ihnen ausführlich beschäftigen. Rechnen Sie es sich mal aus: Der Agenturpräsident muß sich vielleicht jeden Tag um zehn oder elf Leute kümmern –, um die Geschäftsführer der verschiedenen Kunden. Er kann jeden

Tag zehn oder elf Telefongespräche führen, um zu erkunden, wie die Etats laufen. Er kann innerhalb von zwei Wochen mit jedem Kunden einmal zum Mittagessen gehen. *Esty* kann seinen Etats viel Aufmerksamkeit schenken, und sie vergewissern sich, daß ihre Kunden zufrieden sind. Und glauben Sie mir, die Kunden sind zufrieden.

Aber kommen wir zurück auf die beiden Jungs, die vor ein paar Jahren ihre neue Agentur aufmachten. Nennen wir sie *Manny und Moe*. Im ersten Jahr, als *Manny und Moe* anfingen, hatten sie 0,00 Dollar Umsatz, und dann begann der Laden zu laufen. Am Ende des ersten Jahres hatten sie 6 Millionen Dollar. Und im zweiten Jahr bekamen sie noch was dazu. Im dritten Jahr lief der Laden wie geschmiert. Und wie! Ihr Umsatz erreichte die zwanzig Millionen. Im vierten Jahr schafften sie sogar vierzig Millionen Dollar.
Sie schafften also diesen Höchststand von vierzig Millionen. Und dann segneten sie das Zeitliche, sie waren mausetot. Es gelang ihnen, mehr Etats zu verlieren, als ich im ganzen Leben je erleben werde. Es kam so weit, daß man in der »New York Times« keinen Blick auf die Glosse von Phil Dougherty werfen konnte, ohne zu lesen, daß schon wieder ein Kunde von *Manny und Moe* weggegangen war.
Als *Manny und Moe* ihre Agentur nach dem Vorbild von *Esty* aufmachten, sagten sie sich: »Wir werden uns mit ein paar großen und guten Etats eindecken, und dann lassen wir die Kasse klingeln.« Sie vergaßen nur eines. Diese Leute kommen – aber sie gehen auch. Es ist schwer, eine dauerhafte, gute Beziehung zu einem Kunden zu finden, wenn der Etat einen langweilt. Und sie versauten alles, weil sie die Nase voll kriegten. Manny beschloß, daß er die Welt retten würde, und so was ist immer prima, solange das Geschäft läuft. Moe entschloß sich, auf die Pferde zu setzen, und das ist sogar noch schwieriger, als die Welt zu retten.

Manny bekam viel Interesse fürs Waffenkontrollgesetz und politische Kampagnen. Das war gut. Aber man muß vorsichtig

sein. Auf der Madison Avenue laufen schließlich auch Jungs herum, die Waffen haben und einen immer abschießen wollen. Nehmen wir an, Sie sind ein Kunde, und Sie sitzen mit einem verdammt schwierigen Problem im Empfang, und Sie warten auf Manny. Als Sie ihnen den Etat gaben, versprachen *Manny und Moe*, daß Manny ihn betreuen würde. Wo ist Manny? Nun, gerade eben sitzt Manny in Jackson Hole, Wyoming, und arbeitet an einer politischen Kampagne für einen Knaben, der die Wahl um das Amt des Direktors der Städtischen Abwässerungsbehörde von Jackson Hole gewinnen möchte. Manny glaubt an die politische Zukunft dieses Mannes, und er will Größeres aus ihm machen, als nur einen Abwässerungsdirektor. Wunderbar – wenn Sie nicht der Kunde sind und Manny sprechen möchten und jetzt ausklügeln müssen, wie Sie am besten nach Wyoming kommen.
Und wo ist Moe? Nun, Moe studiert Startlisten und wenn Moe anfängt, in Belmont auf die Nummer Fünf zu setzen, dann kann es ein bißchen durcheinander gehen. Moe ist vielleicht der einzige Agenturgeschäftsführer in Amerika, der zu Besprechungen mit dem Fernglas um den Hals erscheint. Er stellte sich so auf Pferderennen ein, daß er gar nicht mehr wußte, was in seiner eigenen Agentur passierte. Ein Mediamann konnte zu Moe hingehen und ihn fragen: »Wo plazieren wir diese Million Dollar von unserem Klienten?« Moe fragte zurück: »Wieviel Achtelmeilen denn?«

Da gab's auch keine Geschäftsleitung. Sie hatten einen Knaben als Präsidenten eingestellt, der mehr Hausverwalter als Präsident war. Manny war außer Haus, um die Welt durch Werbung zu retten. Und Moe war jeden Tag auf der Rennbahn, wo er sein Hemd verlor. Im Empfang warteten inzwischen die Kunden. Sie pflegten stundenlang zu warten. Die Gestaltungsleute holten sie in ihre Zimmer und gaben ihnen Kaffee, während sie warteten. Kunden sind menschlich, aber schließlich gelangten sie an einen Punkt, an dem sie *Manny und Moe* erklärten: »Ihr könnt' uns was; wir meinen damit, daß eure Werbung nicht mehr gut ist, und wer braucht sich so eine Behandlung gefallen zu lassen?« Vor ein paar Jahren brach die Agentur zusammen.

Auch alle jüngeren Agenturen hauen dann und wann mal daneben. Sogar die Leute von *Doyle, Dane.* Vor einigen Jahren machten sie eine Kampagne für eine neue Biersorte. Ein Produkt der Rheingold-Brauerei. Dieses neue Bier hieß Gablinger Bier. Die Sache mit dem Gablinger Bier war, daß es sehr wenig Kalorien enthielt. Und der Gedanke war: »Wir verkaufen das an alle Leute, die Bier trinken und abnehmen wollen.«
Irgendwo und irgendwie hauten sie daneben. Jemand aus der Marktforschung machte den ersten Fehler. Er dachte, daß Biertrinker abnehmen wollen. Das ist nicht wahr. Zwanzig Prozent der Amerikaner, die Bier kaufen, trinken etwa achtzig Prozent des totalen Bierkonsums.
Ich habe so eine Vorstellung vom typischen Biertrinker. Der Mann hat nie ein richtiges Hemd an. Er ist immer im Unterhemd, einem dieser altmodischen Unterhemden. Er trägt kein Freizeithemd. Ich mag mich irren, aber ich könnte schwören, daß der typische Biertrinker stolz auf seinen Bierbauch ist. Da steht oder sitzt er, der typische Biertrinker, und gießt den ganzen Tag Bier in sich hinein, und das einzige, was er dafür vorzeigen kann, ist sein Bauch. Das ist sein Männlichkeitssymbol.

Da haben Sie nun ein großartiges Beispiel für einen Irrtum, der den zweiten nach sich zieht, und der zweite bedingt wiederum den dritten. So führt also der erste Irrtum – die Vorstellung, daß diese Jungs abnehmen möchten – zum zweiten Irrtum, daß man auf diesen Gedanken eine Kampagne bauen – dafür 5 Millionen Dollar ausgeben – und den ganzen Biermarkt umwerfen kann. Nur, weil alle diese Biertrinker abnehmen wollen. Kampagnen wirken nur, wenn das Hauptverbraucherversprechen stimmt. Aber es ist wie mit dem Schiefen Turm von Pisa: Der erste Stein war schief, und danach ging alles schief, und am Ende hat man ein verrücktes Bauwerk oder eine schlechte Kampagne. Da das Verbraucherversprechen im Falle Gablinger falsch war, ging die Sache überall schief.

Biertrinker möchten dick sein. Sie lieben es, ihre Bäuche zu betrachten. Stellen Sie sich vor: Die gucken sich ihre Bäuche so gern an, weil sie nie ihre Füße sehen können. Sie gehen immer geradewegs in die Kneipe.

Diese Typen fangen um neun Uhr morgens zu trinken an. Und um neun Uhr fünf haben sie schon mehr als einen geschluckt. Und sie trinken und trinken – und das ist eben der Biermarkt. Das einzige, um das Sie sich kümmern müssen, wenn Sie Bier verkaufen wollen, ist es, diesen Jungs genügend Zeit zum Verplempern zu verschaffen. Ich meine, Sie sollten diesen Jungs nicht etwas zu tun geben, wobei sie ihre Hände benützen müssen – außer Kegeln. Kegeln ist in Ordnung, weil die Jungs nur alle sieben oder zehn Minuten oder so aufstehen und die Kugel schieben müssen und sich dann so schnell wie möglich wieder hinsetzen, um weiter Bier trinken zu können.
Die Bierbrauereien sollten keine Golfspiele unterstützen, denn Golf ist der Tod des Biertrinkens. Wenn man am vierzehnten Loch angelangt ist, kann man kein Bier trinken, es sei denn, man wirft die Schläger weg und rollt statt dessen ein Faß Bier durch die Gegend. Genug Freizeit für Biertrinker finden, das ist der einzige Kummer. Freizeit bedeutet in der Vorstellung eines Biertrinkers, daß er nichts weiter zu tun hat, als nach dem Glas oder der Flasche zu greifen. Vielleicht müssen sie vor dem Fernseher aufstehen und zum Kühlschrank laufen, aber damit hat sich's auch. Der richtige Biertrinker kann zu Hause vor dem Bildschirm sitzen und an einem Abend zwei Sechserkartons wegtrinken. Wenn er Durst hat oder es draußen heiß ist, noch mehr. Seine Frau wird nur vier oder fünf Dosen trinken, weil sie plötzlich der Ansicht ist, daß sie am Abend nicht mehr als einen Sechserkarton trinken sollte – das sieht nämlich nicht schön aus. So verbraucht eine Familie drei Sechserkartons pro Abend. Und Sie können auch das Kind mitzählen, wenn es über zehn Jahre alt ist.

Schauen Sie sich diese Leute mal im Supermarkt an. Die schieben Einkaufswagen vor sich her, hoch mit Bier und mit ein paar Dosen Hot Dogs beladen. Und das ist alles. Achtzehn

Dosen Bier pro Abend, nur nicht freitags, denn das ist der Partyabend, zu dem diese Leute das neue, saubere Unterhemd anziehen. Und am Freitag können Sie sich ausmalen, daß dieser Junge seinen Tagesverbrauch verdoppeln wird.
Eines Abends im vorigen Jahr ging ich zu einem Spiel der »Yankees«, und da saß vor mir ein richtiger Biertrinker, ein ganz echter. Ich beobachtete ihn, und er verschaffte dem Jungen, der mit Bier herumging, den Umsatz seines Lebens. Einmal machte er eine Pause, um Erdnüsse zu essen. Aber das war anscheinend ein Irrtum, denn er aß sie nicht ganz auf. Er schluckte das Bier wie Wasser. Ich schwöre, daß er zehn oder zwölf Dosen Bier während des neun Einwürfe dauernden Spiels trank. Er stand beim spannenden siebten Einwurf nicht auf, was übrigens nicht bedeutet, daß er kein Yankee-Fan gewesen wäre. Es lag bloß daran, daß seine Beine nicht mehr so wollten, wie er wollte. Da saß er also und trank, und als das Spiel beendet war, bewies er, daß er ein wirklicher Fan war. Ich erhob mich, um zu gehen, und da saß er immer noch. Er saß da und blickte aufs Spielfeld. Natürlich weiß ich nicht, ob er tatsächlich aufs Spielfeld blickte, aber er starrte stur geradeaus. Ein richtiger Biertrinker mit einem richtigen Bierbauch.
Wissen Sie, wenn ich jetzt nach dem Spiel zu ihm hingegangen wäre und ihn gefragt hätte: »Hallo, Kumpel, weißt du eigentlich, daß du mit diesem ganzen Bier dreitausend Kalorien geschluckt hast? Warum nimmst du nicht was anderes, das nicht dick macht?« Ja, wissen Sie, was er dann gemacht hätte? Er hätte mir in die Fresse gehauen, das heißt, wenn er die Hände frei gehabt hätte.

Nun ist es theoretisch möglich, Gablinger Bier zu verkaufen. Es ist ein guter Gedanke, aber nicht für SB-Läden, Verbauchermärkte oder so. Sie können es an Gristede (ein großes Delikatessengeschäft in New York) verkaufen, denn es ist ein Mitnehm-Produkt. Die Dame, die bei Gristede einkauft, kann einen Sechserkarton mitnehmen, weil sie's zu schätzen weiß, daß da nur wenig Kalorien drin sind. Das Biergeschäft ist sehr merkwürdig. Gehen Sie mal ins Costello – das ist eine Bar alten Stils auf der Third Avenue –, gehen Sie an irgendeinem Abend hinein und suchen Sie sich den Mann aus, der gerade aus der Herrentoilette gestolpert kommt und probiert, wieder auf seinen Barhocker zu klettern. Gehen Sie zu diesem Typ und fragen Sie ihn, was er von Rheingold-Bier hält. Er weiß nicht die Bohne von Rheingold, aber er wird probieren, ein Auge zuzukneifen, um Sie wieder ins Blickfeld zu bekommen, und er wird schwören, daß Maureen Harrington 1961 wegen einer Riesenschweinerei nicht Siegerin im Miss-Rheingold-Wettbewerb geworden ist, weil am letzten Tag des Wettbewerbs eine Menge Stimmen aus Brooklyn für ein Mädchen namens Beverly eingetroffen sind. Sie meinen, ich mache Witze? Es gibt tatsächlich Leute in New York, die in Trauer gingen, als man diese Wettbewerbe 1965 abschaffte.

Mit diesem Wettbewerb war übrigens noch eine interessante Sache los. Einer der schlauen Marketingfritzen hinter der Kampagne versuchte offenbar, fast jede Miss Rheingold zu bumsen, die auf die Bühne kam. Und das sind verdammt viel Miss Rheingolds. Fast alle kamen an die Reihe. Und dieser Marketingfritze wachte eines Morgens auf und fühlte seine Beine nicht mehr. Er ging also nach Europa, um sich auszukurieren. Ich meine, er ist jetzt vielleicht 33 oder 34, aber er kann nicht mehr laufen. Er sitzt da in seinem Rollstuhl mit einer kleinen grauen Decke über den Beinen und verdammt viel Erinnerungen. Er hatte den Wettbewerb satt. Er langweilte sich. Das kann passieren, er hat auch ein Recht darauf. Also ging Rheingold zu *Doyle, Dane,* und sie produzierten diese volkstümlichen Fernsehspots. *Dolye, Dane* – blicken wir dem ins Auge – hat in New York nicht eben einen überwältigenden Bierumsatz erreicht.

Diese volkstümlichen Spots waren sehr schön gemacht. Sie trugen nur nicht dazu bei, Bier zu verkaufen. Sie verärgerten eine Menge Leute. Nehmen wir an, unser Biertrinker ist Italiener. Sie hatten einen italienischen Spot, in dem viele Leute herumliefen und tanzten und »Mamma mia« und dergleichen sagten, und während dieses Spots war der italienische Biertrinker sehr glücklich. Er hatte was übrig für

Rheingold. Dann sieht er eines Tages wieder fern, und da erscheint eine Gruppe Polen, die Polka tanzt und viel Wirbel macht. Da gehen bei unserem Italiener sofort die Jalousien runter. Er sagt: »Ich fasse doch nicht das gleiche Bier an, das diese lausigen Polacken trinken.« Sie hatten einen jüdischen Spot, sie nahmen Deutsche, sie hatten Iren, sie hatten sogar einen Neger, der Blues sang und von einer Truppe Jungs umgeben war, die man heute als »Black Panthers« identifizieren würde. Sie hatten allen und jeden. Statt aber alle im Geiste guter Kameradschaft zusammenzubringen – oder mit ähnlichem Blabla –, versauten sie die Kampagne deshalb, weil sich alle diese Gruppen gegenseitig haßten.

Bierwerbung kann viele Fußangeln haben. *Young & Rubicam* machten einige großartige Anzeigen mit Bert und Harry Piel, den »Piel Brothers«. Jedermann hatte Bert und Harry gern, alle Intellektuellen liebten sie. Guter alter Bert und guter alter Harry; sie witzelten übers Produkt, sie hatten Spaß. Der große Fehler war nur, daß diese Kampagne die Leute dazu brachte, Piels Bier zu probieren. Irgendein Knabe nahm einen Schluck und sagte dann: »Bert und Harry können mich am Arsch lecken. Sie haben mir viel Spaß gemacht, und in den Spätnachrichten sehe ich sie gern, aber diese Jungs bringen mich nicht so weit, daß ich ihr Zeug schlucke.« Es ist, wie das Sprichwort sagt: Man kann ein Pferd zum Wasser führen, aber man kann es nicht dazu bringen zu trinken . . .« – besonders, wenn es das Wasser schon mal probiert hat und es scheußlich schmeckt. Und das war's dann auch. Bert und Harry kehrten nie wieder.

Meiner Meinung nach ist die beste Bierwerbung heutzutage die von Schaefer. Sie kommt bei den Biertrinkern wirklich an. Sie hat für die richtigen Biertrinker einen sehr einfachen, sehr einleuchtenden Slogan parat: »Das Bier, das Sie nehmen, wenn Sie mehr als eins nehmen.« Mensch, kommt dieser Slogan bei diesen Jungs an! Sie verstehen ihn wirklich. Was für ein Aufreißer dieser Slogan ist! Hier bin ich und nehme mehr als eins. Um die Wahrheit zu sagen, ich hab' schon siebzehn hintereinander geschluckt, und meine Augen werden glasig. Und Schaefer ist das einzige Bier, von dem ich keinen Brummschädel bekomme, wenn die Schluckerei vorbei ist.

Schaefer wird von *Batten, Barton, Durstine & Osborne* betreut. Das ist eine Agentur, die sich kaum durch was anderes hervorgetan hat, als durch Schaefer, Pepsi Cola, Dodge und Chiquita-Bananen. (Mit der Chiquita-Banane haben sie eine brillante Sache gemacht. Sie verkauften Bananen, ohne dabei zu lachen. Sie gaben der Banane ein Identität. Und, wissen Sie, sie machten buchstäblich Bananengeschichte. Ich meine, man sieht doch nie andere Bananenspots?)
Es ist interessant, wenn eine gute Kampagne herauskommt, dann nehmen hundert Leute sie für sich in Anspruch. Ich kenne mindestens neun Jungs, die in aller Bescheidenheit erklären, daß sie den Slogan vom einzigen Bier erfunden haben, das man nehmen muß, wenn man mehr als eins nimmt. Freunde von mir, die bei *BBD & O* arbeiten, sagen mir, daß ein Mann namens Jim Jordan, der Kreativ-Direktor ist, derjenige gewesen sei, der die Kampagne gemacht hat.

Vergleichen Sie die Schaefer-Kampagne mal mit der Ballantine-Bier-Kampagne, die von *Stan Freberg* gemacht wurde. Es ist die Kampagne, die »Portnoy's Complaint« als Aufhänger benutzt, außer, daß sie jetzt »Ballantine's Complaint« sagen. Sehr hübsches Zeug, aber sie gingen in die Falle des falschen Verbraucherversprechens. Wie viele Biertrinker haben »Portnoy's Complaint« gelesen? Vergessen wir gleich das Buch. Wie viele Biertrinker können überhaupt lesen? Einer der Spots zeigt einen Knaben namens Ballantine, der auf der Couch eines Seelendoktors liegt und sich darüber beklagt, daß er verreisen und seine Brauerei in der Obhut seiner Familie lassen müßte. Und die Familie versaute das Bier. Wie viele Biertrinker scheren sich einen Dreck drum, ob Ballantine ein Problem mit seiner Familie hatte? Wie viele von ihnen haben je einen Seelentröster aufgesucht? Wie viele von ihnen haben je von Philip Roth gehört? Wenn's nach ihnen geht, ist dieses Bier demnächst weg vom Regal. Sie haben vielleicht mal eine Dose

Ballantine bei einem Fußballspiel getrunken, aber damit hatte es sich. Sie werden Ballantine nie mehr trinken. Diese Leute wissen, wo man sie versteht und liebt . . . ich meine, wirklich liebt, nämlich bei Schaefer.

Rheingold arbeitet heute mit Zehnminuten-Schaum. Unsinn! Kein Biertrinker sitzt da und guckt zu, wie in zehn Minuten die Schaumblume von seinem Glas Bier verschwindet und das noch mit der Stoppuhr gemessen. Der Biertrinker hat schon längst kapiert, daß er in zehn Minuten zweieinhalb Glas Bier trinken kann, vergessen wir also die Schaumkrone auf dem Bier.

Pabst-Blue-Ribbon-Bier macht anständige Spots mit einem Hauch von Sehnsucht nach der Vergangenheit. Gewöhnlich mit einem Trupp Leuten mit Strohhüten, die beim Picknick sind. Aber ich bin davon überzeugt, daß die einzige Art von Sehnsucht nach der Vergangenheit, mit der man Bier verkaufen kann, von einem Typ verkörpert wird, der in der Kneipe steht und sagt: »Trinken wir ein Bier auf den guten alten Joe DiMaggio. Und he, wie steht's mit Dixie Walker? Und jetzt heben wir eins auf Carl Furillo.«
Sehnsucht nach der Vergangenheit, das ist nicht ein Trupp Jungs, der auf einem traditionellen Picknick herumalbert. Sehnsucht nach der Vergangenheit, das ist Joe D., gerade dabei, im Mittelfeld einem den Ball wegzuschnappen. Darin besteht für den Biertrinker die ganze Sehnsucht.

Die letzten Umsatzzahlen für Bier, die ich mir ansah, zeigen, daß Schaefer wie verrückt Marktanteile erobert. Budweiser ist in Amerika immer noch das meistverkaufte Bier. Aber ihr Umsatz steigt nicht so wie der von Schaefer. Sie haben eine Menge Kampagnen und eine Menge Fernsehspots ausprobiert. So lassen sie ihre Pferde das Bier herumschleppen, und das ist auch in Ordnung, wenn Sie Pferde mögen, aber das kann ich von mir nicht sagen. Ihr bester Spot, den ich jüngst gesehen habe, zeigt Ed McMahon, der ein großartiger Typ für den Bierverkauf ist. Ed steht da und sagt: »Leute, jetzt ist die Zeit da, auf die ihr alle gewartet habt. Jetzt ist die Zeit da, um zwei Kartons Budweiser zu kaufen.« Es gibt keinen Grund, warum ein Mann zwei statt einen kaufen sollte, aber es inspiriert viele Biertrinker. Und diese Jungs sind gewöhnlich nicht leicht zu inspirieren. Also sagen sie sich: »Mensch, du hast ja recht, Ed. Ich sollte zwei nehmen und nicht nur einen.« So kaufen die Leute die doppelte Menge. Sie sparen kein Geld dabei. Die Budweiser-Leute sagen einem nur, daß dies die Jahreszeit sei, in der man zwei Kartons statt einen kaufen soll. Budweiser schaffts prima und Schaefer auch. Aber damit hat's sich's so ungefähr.

Vor nicht langer Zeit machte Jack Trinker eine Kampagne für Carling's-Black-Label-Bier. In dieser Kampagne wurde gesagt: Wir haben unsere Brauereien in der Nähe jeder Stadt, unser Bier ist also immer frisch. Sie versuchten, den Leuten Qualität zu verkaufen. Frisch im Gegensatz zu schal. Biertrinker kennen Qualitätsunterschiede. Sie wissen, wie verschaltes Bier schmeckt, das ist eben der Geschmack, den sie im Munde schmecken, wenn sie morgens aufwachen.

Sie kennen diesen Geschmack gut; aber sie wollen Carling-Bier nicht kaufen, weil es frisch ist. Also schoß die Kampagne daneben.

Obwohl das bei *Doyle, Dane* mit Bier so ist, sind sie mit harten Getränken absolute Klasse. Warum, weiß ich nicht. Vielleicht ist es, weil die meisten Jungs bei *Doyle, Dane* nur harte Sachen trinken und fast nie zum Bier greifen. Sie nahmen einen ganz gewöhnlichen Scotch – Chivas Regal – und werteten ihn auf. Sie gaben ihm »Snob Appeal.« Sie überzeugten die Leute davon, daß sie qualitätsbewußter auf dem Spritgebiet werden müßten. Wenn also jemand sieben Dollar fünfzig für dreiviertel Liter Chivas Regal ausgab, war er sicher, daß der Sprit soviel wert war.

Die Anzeigen, die sie für Chivas machten, waren schön gestaltet – elegant. Eine weitere Spritkampagne von *Doyle, Dane,* die Ron Rosenfeld machte, war der »Soft-Whiskey«-Slogan für Calvert. Bis auf den heutigen Tag weiß ich nicht, was zum

Teufel »Soft Whiskey« bedeutet. Aber anscheinend bedeutete der Slogan was für die Jungs, die den letzten Fusel durch den Hals zum Magen schicken. Denn »Soft Whiskey« verkaufte sich wie warme Semmeln.

Die schlechteste Idee für eine Spritkampagne, an die ich mich entsinne, war eine, die vor mehreren Jahren von *Schenley* kam. Ein Marketing-Mann bei Schenley bestand darauf, daß ihre Agentur ein Maskottchen haben müßte, und das Maskottchen erhielt den Namen Sunny, der Hahn. Sunny, der Hahn, sollte für den sonnigen, morgendlichen Geschmack stehen. Der Marketing-Mann von Schenley war davon überzeugt, daß er eine Menge Sprit verkaufen könnte, wenn er den Leuten einredete, daß sie keinen Kater bekämen und sich am nächsten Tag nicht so sauschlecht fühlten. Was sie sagen wollten, aber nicht konnten, war dies: »Hör mal, Kumpel, wenn du unseren Sprit trinkst, mußt du beim Aufwachen nicht erst in deine Brieftasche gucken, damit du weißt, wer du bist, und diesen ganzen Unsinn. Du trinkst unser Zeug, und du fühlst dich so wohl wie nie zuvor.«
Sie schossen ungefähr sieben Agenturen nach einander ab mit Sunny, dem Hahn. Da haben Sie also sieben Agenturen, die versuchen, eine Kampagne auf den Geschmack und das Gefühl eines sonnigen Morgens aufzubauen. Sie produzierten jede Menge Sunny-Hähne. Gott sei Dank kam diese Kampagne nie zur endgültigen Ausführung. Niemandem fiel was halbwegs Anständiges ein. Niemand konnte sagen, ob die Agenturen, die Schenley ausprobierte, schlecht waren oder ob Sunny, der Hahn, nur irgendeine weitere verrückte Schnapsidee war, die man rechtzeitig hätte köpfen lassen sollen. Eine Menge Leute gab für Sunny, den Hahn, viel Geld aus.

Manchmal funktionieren gute Kampagnen und bringen die Kunden ins Haus, aber dann passieren andere Dinge, die einen umbringen. Ed McCabe, der jetzt seine eigene Agentur hat, nämlich *Scali, McCabe & Sloves*, arbeitete mal bei *Carl Ally*. Ed McCabe ist vielleicht einer der fünf besten Texter in der Stadt. Als er bei *Carl Ally* war, machte er die Horn &

Hardart-Kampagne, und sie war verdammt gut. So gut, daß sie alle möglichen Leute ansprach, darunter auch ein Mädchen, das ich Betty-Sue nennen möchte. Betty-Sue kommt also aus Kneejerk, Nort Carolina, nach New York, um bei *Delehanty, Kurnitt & Geller* anzufangen, als ich auch dort arbeitete. Betty-Sue ist ein duftes Mädchen, leider hat sie ein kleines Problem mit der englischen Sprache – sie konnte sie nicht sprechen. Das heißt, sie sprach zwar, aber man verstand sie nicht.
An einem Montagmorgen kommt sie zu mir und sagt: »Jerr, ich haab' die *Horn & Hardart*-Anzeige gelese', die sage': »Es ist vielleicht nicht luxuriös, aber es ist gut.« Ich fragte: »Was hast du gesagt, Betty-Sue?« Sie sagte: »Ich haab' die *Horn & Hadart-Anzeige* gelese': Es ist vielleicht nicht ...« »Oh, sagte ich, du hast die *Horn & Hadart*-Anzeigen gelesen?« Sie sagte: »Un' ich beschloß, zu *Horn & Hadart* zu gehe', un' ich habe da von dere Bohne' genomme', un' die Bohne' ware' prima, un' dann hatt' ich Obs'kuche,' un' der wa' primaah, un' dann hatt' ich Kaffee getrunke', un' der wa' primaaah. Un' dann hat der Mann, der gegenüber saß, sich unsittlich entblößt.«
Unglücklicherweise war das eines der Probleme, die Ed McCabe hatte. Er konnte zwar einen Slogan finden, der auch eine Betty-Sue ansprach, aber er konnte nicht herumgehen und sich um den Knaben kümmern, der gelegentlich zu Horn & Hardart hineinging, einen Regenmantel anhatte und den Leuten kurze Einblicke gönnte. Aber er schrieb einen klassischen Slogan, der verkaufte, und eine Menge Leute dazu brachte, zu Horn & Hardart zu gehen.

Es gibt viel Werbung, die besser ist als das Produkt, das geworben wird. Dann passiert es, daß die ganze gute Werbung einen nur schneller aus dem Geschäft bringt. Es gab Fälle, in denen sich das Produkt nach der Werbung richten mußte, aber wenn das Produkt das nicht schafft, kommt der Werbungsmacher vielleicht in Schwierigkeiten.
Nehmen wir wieder die Fluggesellschaften. Sie haben eine großartige Werbung, und die Schwierigkeit ist, daß die Maschinen nicht landen können, daß die Flugleiter gerade

streiken oder mit einem Streik drohen, daß man auf dem La Guardia-Flughafen zwei Stunden herumsitzen muß, bevor man aus der Stadt kommt, und daß manchmal das Gepäck so behandelt wird, wie man es keinem Hund wünschen würde. Die Fluggesellschaften, die nicht den Service bieten, wie ihre Werbung ihn verspricht, haben Schwierigkeiten. Der beste Fernsehspot aller Zeiten für Mohawk-Airlines wird mich nicht in eine Mohawk-Maschine bringen. Ich will das mal für eine viel größere Fluggesellschaft umformulieren. Der schönste und beste Fernsehspot aller Zeiten wird mich nur schwer davon überzeugen können, daß ich United fliegen muß. Ich steige nur dann in eine United-Maschine ein, wenn es die einzige ist, die im Augenblick abfliegt. Ich fliege nicht gern mit der United, weil sie mal mein Gepäck so behandelt haben, daß Sie's nicht glauben würden.

Zum Glück passieren solche Sachen nur auf dem Boden. Die schönste und beste Werbung kann eine Stewardess nicht lächeln lassen, die an einem Morgen schlecht gelaunt aufwacht. Eine Agentur ist völlig machtlos, wenn ein Tankwart in One Horse Stand in Nebraska einen Kater hat. Eine Agentur kann versuchen, mit besseren Service-Ideen zu kommen. Vielleicht. Oder nehmen wir mal TWA als Beispiel. Die TWA-Leute merkten anscheinend, was für ein Problem die Beziehung zum Kunden ist. Sie machten eine Kampagne, die ihren Angestellten eine Million Dollar an Prämien bot, wenn sie nett und höflich sein würden.
Die TWA-Kampagne war ausgezeichnet. Zuerst kommt die Million Dollar an Preisen für die netten TWA-Mitarbeiter aus dem Werbeetat. Das ist absolut gar nichts, wenn diese Jungs so ungefähr zwanzig Millionen Dollar an Werbung ausgeben. Zweitens muntert diese Kampagne die TWA-Mitarbeiter wahrscheinlich auf. Ich habe das Gefühl, daß diese Leute eifriger arbeiten.
Wells, Rich & Greene macht die TWA-Kampagne, und es ist interessant zu wissen, daß diese gleiche Kampagne Avis präsentiert werden sollte, aber die Avis-Leute sahen nichts davon. Ein Art-Direktor bei *Doyle, Dane* kam mal mit dieser

Kampagne. Er kam mit der Idee, weniger Geld für Werbung auszugeben, aber dafür mehr Geld zu verwenden, daß die Avis-Mitarbeiter sich mehr Mühe machten. Mit Prämien und Preisen und so. Aber die Kampagne verließ nie die Agentur, um an Avis präsentiert zu werden. Der Art-Direktor, der die Idee hatte, war nicht der wichtigste Art-Direktor auf dem Etat, und auf diese Weise wurde die Sache in die Schublade gelegt. Mary Wells hatte dieselbe Idee und machte daraus eine Millionen-Dollar-Kampagne.

Diese Idee muß funktionieren. Sie ist einfach zu gut, um das nicht zu tun. Sie hat alle Elemente einer guten Kampagne: Sie ist amüsant und gibt den Leuten einen Grund, daß sie bei TWA einen guten Service erwarten können. Man kann nicht anders als zu glauben, daß einem was Gutes passiert, wenn man demnächst mit TWA fliegt. Und man hat die beste aller Welten, wenn man seine Angestellten dazu bringen kann, die Kampagne zu unterstützen. Vergessen wir doch den Unsinn mit der Spruchknopf-Fragerei. Hier nimmt der Angestellte tatsächlich an der Kampagne teil, und wenn die Mitarbeiter eines Dienstleistungsbetriebes fühlen, daß sie wichtig genommen werden, ist alles gewonnen.

Wenn es einem gelingt, jemanden bei TWA zum Lächeln und zu freundlichem Verhalten zu bringen, einfach weil das dazu gehört und dieser Jemand sich zugehörig fühlt, dann hat man eine großartige Kampagne.

Gute Kampagnen, die bis zu den Angestellten eines Unternehmens ihre Wirkung zeigen, sind sehr selten. »Wir wollen, daß Sie leben« von Mobil hat diese Wirkung. Auch Avis und Hertz haben das geschafft. Als Avis sagte: »Wir sind Nummer Zwei, wir geben uns mehr Mühe«, kam das bei den Leuten, die bei Avis arbeiten, sehr gut an. Zu der Zeit wurden Tests gemacht, und sie zeigten, daß die Hertz-Leute tatsächlich durch die Avis-Kampagne beeinflußt wurden. Man entdeckte, daß die Angestellten von Hertz sich unbehaglich und abgespannt fühlten. Da prügelte Avis auf sie ein, und die Firma, für die sie arbeiten, weiß nichts Besseres zu tun, als Fernsehspots zu zeigen, worin ein verrückter Kerl herumfliegt und auf dem Vordersitz eines Kabrioletts landet. *Norman, Craig & Kummel* waren die Erfinder dieses fliegenden Obstkuchens, und als Avis drauf loshämmerte, kündigte Hertz *Norman, Craig & Kummel* und gab *Carl Ally* den Etat. Auch für *Ally* war's nicht einfach. Er mußte sich was einfallen lassen, das in der Tat ein sehr unpopulärer Gedanke ist: einen Kerl als ebenbürtig zu behandeln, der zugibt, daß er der Zweite ist. Und natürlich gab's noch das Problem mit den Angestellten. Die Hertz-Leute fühlten sich lausig, und da tauchte dieser aggressive junge Konkurrent auf der Außenbahn auf.

Was *Doyle, Dane* für Avis gemacht hatte, war eine Konzeption, die schon seit Jahren existierte: Sie wissen, wir sind zwar nicht so groß wie der andere, aber wir tun mehr. Niemand hatte diese Konzeption jedoch zu einem Slogan kristallisiert: »Wir sind Nummer Zwei, wir geben uns mehr Mühe.« Ich habe Anzeigen für Univac gemacht, die im Grunde das gleiche sagten und Univac gegen IBM ausspielten, nur war die Idee nicht so gut. Jeder ist mal in der Situation, in der er an zweiter Stelle liegt, aber noch nie war jemand aufgestanden und hatte das ehrlich zugegeben. Genau das ist der Unterschied zwischen einer Blabla-Kampagne und einer verdammt guten Kampagne.

Meiner Meinung nach ist eine der Agenturen, die konsequent gute Kampagnen produzieren, die von *Leo Burnett*. Das Interessante an *Leo Burnett* ist zunächst, daß er gut 75 Jahre alt sein muß. Zweitens ist seine Agentur in Chicago etabliert, und Chicago ist keine Bundesliga. Was ihn so brillant macht, ist, daß er seine Wurzeln im Mittleren Westen hat. Er war früher Zeitungsmann, und er kennt die Leute wie seine Westentasche, er weiß, wie die Leute denken, und er weiß, wie man diese Leute kriegt. Er macht eine sehr einfache Werbung, so einfach, daß sie täuscht. Sie denken, daß diese Werbung nicht gut sei. Sie ist nicht »sophisticated«, und witzig ist sie auch nicht. Aber sie verkauft die Produkte – und wie! *Burnett* fand einen Weg wie man Gemüse verkaufen kann. Sie erfanden diesen grünen Eunuchen, namens Lustiger Grüner Riese (Jolly Green Giant). Der Riese steht für gute Qualität, und er kommt aus dem Tal des Grünen Riesen, und die Leute schauen sich diesen großen grünen Jungen an und meinen: »Mensch, das muß ein gutes Zeug sein!« Und sie kaufen. Wer weiß, was der Grüne Riese symbolisiert? Vielleicht bedeutet er Qualität, weil er so groß ist. Wenn ich ein Produkt im Mittleren Westen auf den Markt bringen wollte, dann würde ich mich gleich an *Burnett* wenden. *Burnett* sagt den Leuten sogar, daß er eine sentimentale, kitschige Agentur hat, aber er ist nicht sentimental oder kitschig. Er ist ein sehr großer Mann. Dieser große, lustige Grüne Riese ist fantastisch. Er verkauft Bohnen, Erbsen, Mais, alles. Wenn Sie sich im Fernsehen diesen Lustigen Grünen Riesen angucken, dann wissen Sie, daß er erfunden ist und Sie dazu bringt, das Produkt zu kaufen. Wissen Sie, was Libby macht? Ich nicht. Fast alle Foodwerbung ist wie abgeschossen von den Plansboards; man sieht sie nicht mal. Aber der Lustige Grüne Riese ist automatisch ein Erfolg, sobald er auf dem Bildschirm erscheint.

Vor Jahren hatten Marlboro-Zigaretten einen Slogan, der etwa so ging: »Geh' mal raus aus dem Gewöhnlichen . . .«. Die Werbung war viertrangig. *Burnett* kriegte Marlboro in die Finger, zog los und heuerte eine Truppe sehr männlicher, sehr herber Typen an und schaffte mit dem Marlboro-Mann eine gute Kampagne. Nun waren die meisten von denen wirklich rauhe Kerle, nicht etwa männlich aussehende Schwule. Er verkaufte Marlboro wie warme Semmeln. Dann wechselte er vom Marlboro-Mann zum Marlboro-Country über. Was *Burnett* auch anfaßt, es funktioniert. Es ist nicht die Art, wie ich es machen würde, aber wirklich, er verkauft die Produkte wie nie zuvor. Marlboro steht jetzt an dritter Stelle aller Zigarettenmarken in Amerika.

*Burnett* hat das Talent, eine Zielgruppe zu finden, an die er seine Produkte verkaufen kann. Ein weiteres Beispiel sind die »Virginia-Slims«-Zigaretten. *Burnett* entschloß sich dazu, sich nur an eine Zielgruppe zu wenden, nämlich an die emanzipierte

Frau. Dies heißt nicht, daß andere Zielgruppen nicht beeinflußt wurden, aber die direkte Botschaft richtet sich nur an eine Gruppe. Virginia Slims sagt den Frauen: »Ihr habt einen langen Weg hinter Euch« – und wissen Sie was? Die Frau hat sich danach gesehnt, daß ihr jemand so was sagt. Insgeheim fühlt sie, daß sie einen langen Weg gebraucht hat, um jetzt da zu sein, wo sie ist. Es ist eine gute, sexy Kampagne. Eine sehr gute sogar und sehr gut durchdacht. *Burnett* verkauft auch Kuchenmischungen wie kein anderer. Die Werbung für Pillsbury ist grandioses Zeug. Meine Frau sitzt da und schaut sich die Schokoladenkuchen-Anzeigen an und entschließt sich, backen zu lernen. Er hat die Fähigkeit, den Verbraucher genau da zu packen, wo er lebt.

»Maytag«-Haushaltsgeräte. Es gibt da ein Foto von Mrs. Clancy und ihren dreizehn Kindern. Und Mrs. Clancy sieht so aus, als wäre sie nach diesen dreizehn Kindern selbst durch die Zentrifuge gegangen. Aber da ist sie in einer Anzeige, und sie sagt, daß sie ohne ihre Maytag-Zentrifuge Mr. Clancy und die dreizehn Kinder nicht hätte überstehen können. Ich meine, mir ist es egal, wer Sie sind, aber das macht eben Umsatz. Es trägt auch in hohem Maße dazu bei, daß »Maytag« ein erstklassiges Produkt mit einer guten Mund-zu-Mund-Werbung ist.

In der Werbung geht heute eine ungeheure, kreative Revolution vor sich. Aber die *Bernbachs,* die *Rosser Reeves,* die *Leo Burnetts,* die *Mary Wells* sind trotz äußerlicher Unterschiede gar nicht so sehr verschieden. Verschieden in der Methode, aber nicht verschieden in den fundamentalen Verbraucherversprechen.

Nehmen wir mal *Rosser Reeves,* ein authentisches Genie. Seine Verfahrensweise ist es, an dem Produkt irgend was zu entdecken, woraus man was machen kann. Dann konzentriert man sich drauf, man macht eine Menge Wirbel drüber, und man läßt alles andere außer Betracht, nur nicht dieses USP.

Wichtig ist es, herauszufinden, welchen Knopf man bei jeder Person drücken muß, damit diese Person dieses Produkt statt eines anderen kauft. Was ist das emotionale Versprechen, das die Leute beeinflußt?

Die Werbung, die ich für Pretty Feet machen mußte, ist ein gutes Beispiel. Meine Überlegung war, daß die Leute sich ihr ganzes Leben lang einbilden, ihre Füße zu hassen . . . sie sind häßlich, sie sind faltig, sie sind enttäuschend. Ich stelle mir vor, daß die Durchschnittsfrau in ein Schuhgeschäft geht, und dann ist sie durch ihre Füße so beschämt, daß sie sie unter dem Stuhl versteckt. Der Verkäufer muß sie aber sehen, um ihr ein paar Schuhe anzupassen; aber sie möchte nicht, daß er ihre Füße sieht. Das ist für mich der Schlüssel, um Pretty Feet zu verkaufen. Die Praxis kann unterschiedlich sein. Meine Anzeige könnte fragen: »Was ist Ihr häßlichster Körperteil?« Und das ist ein wenig so, wie ein vorlauter Straßeneckensteher es sagen würde. *Ogilvy* könnte sagen: »Zwölf Methoden, um Ihre Füße besser aussehen zu lassen.« *Leo Burnett* könnte seine Sally Clausen aus Omaha in Nebraska sagen lassen: „Ich konnte meine Füße in den ersten dreißig Jahren meines Lebens nicht ausstehen, aber jetzt habe ich dieses wundervolle Ding entdeckt, das sie schön macht.«

Als ich bei *Daniel & Charles* war, spielten wir uns mal gegenseitig vor, wie die verschiedenen Agenturen Telefonanrufe beantworten würden. Es zeigt, was ich mit Unterschieden in der Methode meine. Wenn man *Bates* anrief, antwortete die Agentur mit: »Hallo, *Ted Bates* – Hallo, *Ted Bates* – Hallo, *Ted Bates*.« *Doyle, Dane & Bernbach* würde in Deutsch sagen: »Guten Morgen«, und dann in Englisch fortfahren mit: »What can we do for you?« (Was können wir für Sie tun?). Und *PKL* würde sagen: »*Papert, Koenig, Lois*. Sie können uns was!« In den alten Zeiten war *Papert, Koenig* immer etwas feindselig.

# Bekämpft Kopfschmerzen auf dreierlei Weise

Ich weiß, daß eine Menge Leute über diese sogenannte kreative Revolution in der Werbung reden. Newsweek brachte letzten Sommer eine Titelgeschichte über dieses Thema. Interessant ist aber, daß wir zwar über die kreative Revolution reden, aber nicht über die hervorragende Kreativität, die schon seit Jahrzehnten zur Werbung gehört. Es gibt ein Buch mit den hundert besten Anzeigen, die je geschrieben wurden, und ich hätte gern jede von ihnen geschrieben. Einige dieser Anzeigen sind aus dem Jahre 1901. Eine ist ein winziges Stellenangebot, in dem es einfach heißt: »Wir suchen Männer, die ihr Leben hergeben möchten.« Die ganze Geschichte war, daß eine Arktis-Expedition geplant wurde, und die Initiatoren der Expedition sagten: »Wir suchen Männer, die gern das Abenteuer ihres Lebens erleben möchten. Aber bei diesem großen Abenteuer können sie auch sterben.« Oder Erfrierungen erleiden. Eine verdammt gute Anzeige.

Der Ausdruck »kreative Revolution« ist vielleicht nur eine ungeschickte Art zu sagen, daß es gute und schlechte Werbung gibt. Das war schon immer so. Heute gibt's einige recht merkwürdige Jungs, die Werbung machen; man könnte diese Jungs mangels eines besseren Ausdrucks »Kreative« nennen. Die Kunden haben heuzutage keine Ahnung von dem Ausmaß an verrücktem Benehmen sämtlicher Leute in den Agenturen. Sie wissen nichts von den Spinnern mit dem »Vogel« im Kopf. Während der Präsentationen sperren die Agenturen diese Jungs in Schränke ein. Andernfalls wird so ein Knabe sich vielleicht im Haschrausch zeigen oder irgend was ganz Verrücktes tun. Der Durchschnitts-Kunde bekommt die echten Spinner und »Vogel-im-Kopf«-Jungs nicht zu sehen. Er erlebt vielleicht mal einen Typ, den er für einen Spinner hält und der nach seiner Vorstellung auch einer ist. Aber dieser Typ gehört nicht zur echten Truppe.

Nehmen wir mal diesen Herb, der für mich arbeitet, den Jungen, der gern einen lebendigen Wecker gehabt hätte. Er schrieb Anzeigen und Fernsehspots, als die Stadt versuchte, eine Anleihe für die S-Bahn unterzubringen. Einer dieser Spots zeigte, wie es wirklich aussieht, wenn tausend Leute in einen Zug gedrängt werden. Dieser Spot war vom Standpunkt des armen Pendlers aus gemacht worden. Dieser Spot ließ spüren, wie ein Junge, wie Herb, sich mit dem ganzen Pendler-Problem verbunden fühlte. Er machte die besten Sachen für Probleme, die jedermann's Probleme sind. Niemand könnte den kleinen Mann besser kennen als Herb, denn Herb ist selbst ein kleiner Mann, der täglich mit den Problemen des Lebens konfrontiert wird. Er ist mitten drin. Er weiß, was es damit auf sich hat. Er kann sich wirklich in den Verbraucher einfühlen, sich auf ihn einstellen. Eine Menge von Herb's Persönlichkeit finden sie wieder in seiner Werbung. Und in dieser Hinsicht ist er nicht ungewöhnlich. Die Persönlichkeit vieler Leute zeigt sich in ihren Anzeigen. Als ich mich mal bei einer Agentur bewarb, sagte ein Typ, der da arbeitete: »Sie schreiben wie ein vorlauter Besserwisser.« Und ich bekam den Job nicht. Es konnte damals sein, daß meine Texte voll Feindseligkeit waren und daß man es merkte – und vielleicht schreibe ich immer noch so. Obwohl ich glaube, daß es jetzt nur noch halb so schlimm ist. Evan Stark schrieb mal eine Anzeige für Klimaanlagen. Diese Anzeige spielte in der Hölle. Man weiß, dies ist die Hölle, und der Teufel schnappt sich die ganzen schlechten Leute, sperrt sie in ein Zimmer ein und stellt die RCA Whirlpool Klimaanlage ab. So stellte Evan sich die Hölle vor: Der Teufel schaltet die Klimaanlage ab. Aber das ist Evans Persönlichkeit. Er fühlt und glaubt so ein Zeug. Und daher ist er ein guter Texter.

Leute wie Charlie Moss und George Lois und sogar Ron Rosenfeld sehen die Dinge ganz anders als der übliche Werbemann. Ich sah mal einen richtig wilden Fernsehspot,

eine verrückte Sache mit einem sprechenden Auto. Wie kann ein Mensch einen Fernsehspot schreiben und produzieren mit einem sprechenden Auto? Nun, die Möglichkeit besteht, daß der Spot von einem Texter geschrieben wurde, der mit Autos redet. Wissen Sie, er glaubt, daß Autos sprechen können und Antwort geben, wenn man mit ihnen redet.
Alle diese merkwürdigen Typen sind gelegentlich produktiv. Um vier Uhr morgens war Herb ein fantastischer Texter. Seine persönlichen Probleme kamen nie in seiner Werbung zum Vorschein, wohl aber seine Persönlichkeit. Ich kann mich hinsetzen und mir Fernsehspots anschauen und Ihnen sagen, wer sie geschrieben hat. Jungs, bei denen eine Schraube locker ist, schreiben auch so.

Die ganz großen Kunden – ach, sie kümmern sich nicht um die Verrücktheiten. Um was General Foods sich kümmert, ist die Endstation. Für sie ist die Endstation der Kontakter, der eine Anzeige präsentiert. Die Tatsache, daß ein Psychopath sie gemacht hat, bedeutet ihnen überhaupt nichts. Es interessiert sie gar nicht, wer die Anzeige gemacht hat. Man könnte ein paar Texte und ein bißchen Grafik in eine Maschine schmeißen, und wenn da dann eine Anzeige herauskäme, wären sie sehr zufrieden. Die verrückten Spinner sind nur für den Agenturgeschäftsführer ein Problem. Denn er muß mit ihnen zurechtkommen. Das ist natürlich eine richtige Strapaze.
Eines Tages kam mal ein Knabe zu mir ins Zimmer und erzählt mir, daß er es nicht ausstehen könne, wie ihm die Sonne ins Fenster schiene. Ich schwöre, daß es die Wahrheit ist. Ich fragte: »Hast du mal von einer Jalousie gehört?« Er sagte: »Irgend was ist nicht in Ordnung, und das ärgert mich, und ich möchte ein anderes Zimmer haben.« Nun, gewöhnlich kommen die Leute auf einen zu und sagen: »Ich hätte gern ein größeres Zimmer.« Aber nein, er mußte ankommen und sagen, daß er die Art und Weise, wie die Sonne in sein Fenster schien, nicht mochte. Viele Schrauben locker!

Wir hatten mal einen anderen Knaben
bei uns in der Agentur, der vielleicht drei oder vier Wochen

an einer Anzeige saß. Er saß da und bestellte für tausend Dollar an Satz, Fotos etc. für eine Anzeige, die druckreif vielleicht vierhundert Dollar gekostet hätte. Ich sehe also eine Fremdkostenrechnung über tausend Dollar, dazu noch Stunden und Stunden Arbeitszeit, alles in allem muß die Anzeige meine Agentur ungefähr 6000 Dollar gekostet haben. Wenn die Anzeige an die Verlage geschickt wird, kostet die Insertion vielleicht 800 Dollar, so daß für die Agentur ganze 120 Dollar übrigbleiben. Ich mußte ihn loswerden, und eines Tages traf er jemand auf der Straße, der sagte: »Na, Jerry Della Femina hat dich rausgeschmissen, was?« Er sprach so, wie er arbeitete: »Die Leute ... sagten ... ich ... arbeite ... nicht ... schnell ... genug.«

Viele der verrückten Spinner in der Stadt arbeiten für die »Boutique«-Agenturen. »Boutique« oder »Hot Shop« sind Schimpfworte, die verwendet werden, wenn die großen Agenturen die kleinen abwerten wollen. Meiner Ansicht nach ist die Boutique-Werbung die Werbung der Zukunft. Jemand verglich mal die Probleme, die wir jetzt in den Schulen haben, mit den Problemen, die heute in der Werbung auftreten. In der Werbung wie in den Schulen gibt's eine Gruppe von Leuten, die das Establishment bedrohen, und das Establishment wehrt sich gegen den Angriff. Der einzige Unterschied ist vielleicht, daß viele von uns die Agentur nicht niederbrennen wollen, aber dennoch sind wir für die etablierte Gruppe eine Bedrohung. Die etablierte Gruppe besteht aus Agenturen wie *Ted Bates, J. Walter Thompson, Lennen & Newell, Foote, Cone & Belding, Compton, D'Archy* und anderen. Sie sind schon seit Jahren da, und seit vielen Jahren hat sich niemand mit ihnen angelegt, und plötzlich machen Leute Agenturen auf und haben den Mut, dem Establishment Etats wegzuschnappen.

1969 ging ich in den Süden und machte eine Anbahnung bei einem Riesen-Tabakunternehmen. Ich kam mit denen ins Geschäft. Zehn Jahre früher wäre es mir nicht gelungen, im ganzen Staat North Carolina irgendwo Fuß zu fassen. Sie hätten mich an der Staatsgrenze nur einmal angeguckt und mich dann als eine Art Bedrohung wieder weggeschickt. Genau dies macht das Establishment verrückt.

Per Definition ist eine Boutique klein. Das Establishment behauptet, daß Boutiquen niedlich, oberflächlich, süß und anmutig sind, wie die Blumenkinder. Ihre Vorstellung von einer Boutique entstammt dem, was ihre Frauen von der süßen, kleinen Boutique erzählen, die sie auf Madison Avenue entdeckten. Der Typ, der in dieser Boutique hinter dem Ladentisch steht, hat vielleicht kein ordentliches, nettes Oberhemd an, vielleicht hat er eine Kette um, und nach der Vorstellung des Establishments ist das nicht in Ordnung. So saßen sie herum und versuchten die übelste Bezeichnung für diesen neuen Agenturtyp zu finden, und das war eben das Wort Boutique. *Doyle, Dane & Bernbach* wuchs zu schnell, um noch unter dem Begriff Boutique zu rangieren. Gerade als das Establishment dran war, *Doyle, Dane* eine Boutique zu schimpfen, verwandelte *DDB* sich vor ihrer Nase in ein Warenhaus und machte ihnen die Hölle heiß. Sie nennen auch *Mary Wells* nicht eine Boutique, denn kaum hatte sie ihre Agentur aufgemacht, da war sie schon ein Warenhaus. Zwanzig bis fünfundzwanzig Agenturen werden von ihnen Boutiques genannt. Aber denken wir mal einen Augenblick über die Boutique nach. Das bedeutet doch dies: Sie gehen in eine Boutique, um irgend was zu kaufen, und Sie werden von dem Mann bedient, der den Laden besitzt. Und natürlich bekommen Sie von ihm mehr Service und mehr Aufmerksamkeit. Zweitens müssen die Sachen, die Sie in einer Boutique kaufen, perfekt sein, sonst würden Sie in ein anderes Geschäft gehen. Wenn Sie ein Warenhaus wie Macy's führen, verkaufen Sie alles mögliche – Sie verkaufen Sachen teuer, billig, jedenfalls alles, was Sie in die Hände kriegen können. Macy's Ziel ist verkaufen, verkaufen, und was kümmert uns Kundendienst oder Service. Der Zweck einer Boutique ist auch verkaufen, verkaufen – aber mit einem Maximum an persönlichem Service als Zugabe. Also hat die Boutique abends bis zehn auf. Macy macht den Laden um 18.00 Uhr zu. Ein großer Unterschied.

Sie gehen vielleicht zu Macy's, weil R.H. Macy ein großer Kaufmann und ein großer Verkäufer und überhaupt ein großer Mann war. Er brachte jeden dazu, an Macy zu denken, wenn er irgend was braucht, das nun nicht gerade das Billigste ist. Aber wen finden Sie dort? Sie finden eine Verkäuferin mit schmerzenden Füßen, die neunzig Dollar die Woche verdient. Sie ist R. H. Macy persönlich. Das gleiche passiert in einer Agentur. Leute gehen zu *Ted Bates,* weil Mr. Ted Bates ein großer Mann ist, aber sie stoßen vielleicht auf einen Lehrling, der für 75 Dollar pro Woche die Sachen für ihren Etat textet. Geht ein Etat zu einer Boutique-Agentur, dann besteht eine gewisse Chance, daß sie mit dem Mann zu tun haben, der das alles macht – mit dem Mann, der die Agentur gründete. Das Wort Boutique im abwertenden Sinne ist ein Mißverständnis, es ist ein Witz und es ist falsch. Aber die kleinen Agenturen werden gewinnen, wie immer man uns auch nennt. Wir gewinnen, wenn nicht die Jungs, die in den Schulen streiken, die Macht übernehmen. In diesem Fall gewinnt niemand.

Das Establishment spricht eine aussterbende Generation an. Es ist nicht auf der gleichen Wellenlänge wie die Jugend heute. Deswegen ist das Establishment in großen Schwierigkeiten. Das Establishment kann sich nicht ändern, es kann den Leuten nicht etwas anderes bieten, es kriegt die Kurve nicht. Das Establishment weiß nicht, was Leute zum Denken veranlaßt, sie wissen nicht, welche Beweggründe die Leute haben. An diesem Punkt sind sie die Verlierer, an diesem Punkt hauen sie völlig daneben. Sie haben ihre Fähigkeit verloren, den Leuten zu sagen, was sie in Bewegung bringt, wie man ihnen ihre BH's verkauft, wie man ihnen ihr Haarlotion verkauft.

Meinen Sie, eine Establishment-Agentur hätte die Kampagne für Love-Kosmetik so gemacht, wie *Mary Wells* das machte? Nie. Es ist eine verdammt gute Kampagne, und die Verpackung der Kosmetik ist ein Phänomen. Die jungen Leute sind so in die Flaschen verknallt, daß sie sie aufheben, wenn sie leer sind.

Die Kampagne spricht die jungen Leute so an, wie sie gern angesprochen werden. Die Mädchen und Jungs, die in den Anzeigen und Fernsehspots verwendet wurden, sehen wie Hippies aus. Sie sehen sehr gut aus, und sie reden nur über Liebe. In einem Spot hatte der Junge längere Haare als das Mädchen. Tatsächlich war sein Haar so lang und so schön, daß ich mich mit ihm fast mehr identifizierte als mit dem Mädchen. Sie sind sehr liebesbewußt, sehr auf Liebe eingestellt. Die Love-Kosmetikserie verkauft sich wie verrückt. Und das Problem ist, daß das Zeug nicht schnell genug hergestellt werden kann. Nun ist das vielleicht ein kurzlebiges Phänomen.

Die Kosmetikbranche ist ein entsetzlicher Dschungel. Aber die Tatsache, daß Love gut geht, bedeutet, daß sie eine gute Werbung machen. Wenn sie nicht mehr verkaufen, heißt das vielleicht, daß sie keine Ware mehr haben. Aber jetzt verkaufen sie, jetzt machen sie einen verdammt guten Job.
Was im Geschäftsleben im ganzen Land passiert, ist dies: diese jungen Leute fangen an, sich im Management emporzuarbeiten. Sie sitzen im Marketing, im Verkauf, in der Verkaufsförderung, im Rechnungswesen. Und in vielen Fällen leiten sie irgend was. Der Geschäftsführer eines schläfrigen Unternehmens, der Mitte Sechzig ist und das Pensionsalter ohne Schlaganfall erreichen möchte, wird mit seinem Etat nicht plötzlich zu meiner Agentur gehen. Er wird ihn bei der etablierten Agentur belassen, wo er vielleicht schon seit fünfzig Jahren war. Der fünfundsiebzigjährige Aufsichtsratsvorsitzende, der seit eh und je mit *D'Arcy* gut Freund war, wird die Agentur nicht wechseln. Aber die nächste Generation gehört uns. Die werden wir bekommen. Die nächste Generation ist ganz unser.

Es gibt einen großen Unterschied in der Art und Weise, wie Anzeigen und Spots in den kreativen Agenturen und in den etablierten Agenturen gemacht werden. Vor *Bill Bernbach* pflegten die alten Agenturen Werbung nach der Fließbandmethode zu produzieren. Diese Methode wird übrigens immer noch bei den meisten Agenturen des

Establishments verwendet. Bei der Fließbandmethode tippt der Texter zuerst dreißig, vierzig oder sogar fünfzig Headlines. Alle über das gleiche Thema. »Aspirin macht dies«, »Aspirin macht jenes«, »Aspirin ist für Sie«, »Aspirin ist Dein Freund«, »Aspirin mag Dich gern«, . . . buchstäblich Dutzende dieser Sachen. Dann nimmt der Texter seine Headlines und latscht zum Cheftexter, der da sitzt und sich die Sachen anguckt und dann schließlich sagt: »In Ordnung. Nummer 37 ist gar nicht schlecht. Es könnte sein, daß da schon die ersten Ansätze für die Konzeption drin sind. Und Nummer 43 hat auch etwas, nur sollten sie dieses Wort da ändern.«
Als Rossers Reeves *Ted Bates* leitete, mußte jeder Texter jede seiner Headlines auf ein anderes Stück gelbes Papier schreiben. Und dann pinnten die Texter ihre Headlines an eine lange Wand in einem der Konferenzräume. Und dann pflegte Rosser Reeves vorbeizukommen – fast wie ein General, der eine Truppenparade abnimmt. Er hatte seinen dicken Rotstift bei sich, und er sah sich die gelben Blätter an und sagte: »Gut, das da. Arbeitet das mal aus. Ist vielleicht was dran.« Ein Junge hatte vielleicht die Headline: »Bekämpft Kopfschmerzen auf dreierlei Art«. Reeves sagte dann: »Das ist nicht schlecht, das ist nicht schlecht. Arbeite das aus.« Stellen Sie sich vor, daß vielleicht zwölf Texter dran teilnahmen, und das bedeutet so etwa fünfzig Headlines pro Texter, so daß Sie sechshundert Arten irgend was zu bekämpfen bekommen hätten. Aus diesen sechshundert suchte Reeves sich vielleicht vier bis fünf aus, und dann setzte er sich mit diesen fünf hin und dachte sich eine Konzeption fürs Problem aus, wobei er eine der Headlines als Aufhänger benutzte.

Das war Reeves. In anderen Agenturen pflegte der Texter dazusitzen, und wie ein Irrer zu tippen und dann schnellstens zu einem Chef-Texter zu laufen, der einen Blick drauf warf und sagte: »Da ist schon was dran, warum arbeiten Sie das nicht aus?« Wenn das Hin und Her zwischen dem Texter und dem Cheftexter vorbei ist, schicken sie es dem Art-Direktor. Für eine Establishment-Agentur ist ein Art-Direktor der Junge, der zeichnet. »Er ist unser Zeichner.« Also gehen sie mit einer Headline wie: »Bekämpft Kopfschmerzen auf dreierlei Art« zu ihrem Zeichner. Vielleicht hat der Texter einen kleinen Skribbel gemacht, wie die Anzeige aussehen sollte. Nun ist der Art-Direktor zuerst mal an seinem Zeichentisch gekettet. Man will in den größeren Agenturen nicht, daß Art-Direktoren dauernd den Flur bevölkern. Er ist also nicht sehr beweglich. Er ist gewöhnlich zwischen vierzig und fünfzig Jahre alt, und auch wenn er ein junger Mann sein sollte, ist sein Geist fünfzig. Er sitzt da und kümmert sich um seine eigenen Sachen, und da kommt der Texter ins Zimmer und sagt: »Hallo, dies haben wir gemacht«. Wir wollen sagen: »Bekämpft Kopfschmerzen auf dreierlei Art. Und ich denke, wir sollten eine große Pille abbilden.« Der Art-Direktor sagt: »Dufte«. Der Texter sagt: »Wir brauchen das Layout noch heute Nachmittag, um es dem Creativ-Direktor zu präsentieren.« Der Art-Direktor sagt: »Das schaffe ich, kein Problem«, und er bastelt eine Anzeige zusammen. Am selben Nachmittag liegt die Anzeige beim Creativ-Direktor auf dem Tisch, und das ist alles. Zwischen dem Texter und dem Art-Direktor gibt's kaum eine Beziehung. Sie kennen einander kaum. Einmal im Jahr treffen sie sich auf der Weihnachtsparty, und der Texter sagt zum Zeichner: »Hallo, wie geht's? Junge, haben wir in diesem Jahr zusammen gute Sachen gemacht!« Aber sie arbeiten nicht wirklich zusammen, sie kommen nicht dazu, sich wirklich kennenzulernen. Es sind eben nicht zwei Köpfe, die über dem gleichen Problem grübeln.

*Bernbach* setzte den Art-Direktor und den Texter zusammen in ein Zimmer, und er ließ das Team die Sache übernehmen. Er hat viel Respekt vor Leuten und ihren Gedanken. Ich glaube, er hatte das Gefühl, daß es viel leichter sei, zwei kluge Leute auf das gleiche Problem anzusetzen, als daß eine Person sich selbst beurteilt. Wenn Ron und ich arbeiten, wenn wir mittendrin sind, dann ist die Tür verschlossen. Als existierte niemand sonst. Dieses Zimmer ist ein ganz anderer Ort. Eine verrückte chemische Reaktion findet statt, und plötzlich denken beide gleich. Bei jedem Art-Direktor, mit dem ich je zusammenarbeitete, kam ich an einen Punkt, an dem ich was zu sagen begann, und der Art-Direktor beendete den Satz. Ich beginne: »Und wenn wir sagen: was ist das häßlichste ...« und dann sagt er: »Ich hab's, ich hab's!« Ohne weiterzusprechen.

Der Kunde weiß nichts von dieser chemischen Reaktion, von diesem Prozeß. Warum auch? Ihn sollte nur das interessieren, was aus dem Zimmer herauskommt. Ich bin sicher, daß die meisten Kunden denken, daß da was Magisches im Gange ist. Daß ein Mensch, der kreativ genannt wird, irgendwie von einem besonderen Lichtstrahl aus der Hand Gottes erleuchtet sein muß. Die Leute denken, daß der Kreative Dinge kann, die andere nicht können. Unsinn.
Die großen Agenturen kaufen heute das Mysterium des kreativen Menschens – das große faule Mysterium. Sie kaufen dieses Mysterium und zahlen Stargehälter dafür, aber sie wissen nicht, was sie damit anfangen sollen. Wie ist es möglich, daß eine Agentur einen Mann einstellt, der bei einer anderen Agentur gut war, und ihn dann in einen Hampelmann verwandeln? Weil sie meinen, daß kreative Werbung ein Mysterium, ein Geheimnis ist. Sie denken, daß es eine Art Magie ist.
Keiner weiß, wie es ist. Keiner weiß, was es ist, niemand kennt dieses bestimmte Gefühl. Keiner, außer den anderen Art-Direktoren und Textern, hat die Erregung erfahren. Deswegen versuchen Kunden manchmal, die Anzeigen selber zu machen, indem sie sagen: »Wie wäre's, wenn wir eine Headline hätten, die sagen würde ...« Aber sie haben keine Vorstellung, wie dieses Gefühl ist, wenn man eine Anzeige macht, und was es bedeutet, dieses Gefühl zu haben. Es gibt Sachen, die ich zu Ron sagen könnte, und er würde antworten: »Hast du einen Vogel, so was kannst du doch nicht sagen.« Und dann würde er fortfahren: »Aber wie wär's, wenn wir es so machen würden ...« Er würde mit etwas völlig Anderem kommen, aber in diesem anderen würde doch was drin sein, ein winziges Etwas, das erkennen ließe: »Nein, das war falsch, es so zu machen. Wenn wir's aber mal so herum probieren würden ...«

Der ganze Prozeß beginnt damit, daß Art-Direktor und Texter zuhören, nur zuhören. Wenn man den Etat bekommen hat, dann muß man eine Menge Unsinn hinter sich bringen. Da ist Marktforschung und Marketing, der Kontakter, der Agenturgeschäftsführer, der Werbeleiter vom Kunden – jeder tritt auf. Jeder hat was zum Problem zu sagen. Der Kontakter kann helfen, wenn er gut ist. Er ist dazu da, falls man was vergißt, zu sagen: »Schauen Sie mal, ist Ihnen schon aufgefallen ...« Er könnte mit einer Konzeption kommen. Er ist eine andere Instanz. Der Marktforscher macht's mit Zahlen. Er sagt: »Wie ich die Sache sehe, trinken neun von zehn Leuten dieses Zeug nicht, und zwar wegen der Testergebnisse. Es schmeckt sauschlecht.« Er gibt einem keine Lösung, sondern einfach einen anderen Aspekt des Problems.
Da ist der Kontakter, der auf einen einredet, da ist der Forschungsknabe, der auf einen einredet, und dann gibt's noch den Kunden, der sagt: »Ich denke unser Problem liegt darin, daß die Leute unser Produkt nicht kaufen, weil sie ein Vorurteil gegen uns haben, und zwar nur deswegen, weil unsere Fabrik in Hackensack liegt.« Jedermann steckt sein Fähnchen dahin, wo er das Problem vermutet.

Wenn man jedem zugehört hat, muß man sich mit dem Etat vertraut machen. Dazu gehört eine Werksbesichtigung, so daß man mit eigenen Augen sehen kann, wie ihre Dingsda gemacht werden. Oder man redet mit ihren Verkaufsleuten, oder man geht mit den Vertretern mit, oder man besucht Geschäfte und fragt da die Leute, was sie vom Produkt halten. Es ist der konzentrierteste Lernprozeß der Welt. In jeder Branche, mit der ich mal zu tun hatte, kann ich ein kleiner Fachmann sein. Mit anderen Worten, ich kann Ihnen sagen, wie Sie in Ihrer Wohnung Polyester herstellen können, wenn Sie dazu verrückt genug wären. Ich kann Ihnen sagen, wie Gase durch alle möglichen Dinge gepreßt werden, dann in spaghettiartige Wicklungen verwandelt werden, um dann schließlich wieder weiterverarbeitet zu werden. Ich kann sagen, was notwendig ist, um Werbefunktermine für einen Sender zu verkaufen. Ich kann Ihnen sagen, was man braucht, um ein guter Vertreter für ein Produkt namens Moxie zu sein. Ich weiß mehr über Frauenhygiene-Produkte, als ich eigentlich wissen sollte.

Der Texter und der Art-Direktor hören nie zu lernen auf. Man muß das Produkt so gut kennen, daß man losziehen und für den Kunden als Vertreter tätig sein kann, der das Produkt an den Mann bringt. Was man damit vorhat, ist doch, das Problem des Kunden zu isolieren – natürlich hätte der Kunde den Etat nicht Ihrer Agentur gegeben, wenn alles so schön in Ordnung wäre. Was man versucht, ist, das Problem herauszukristallisieren. Sobald man das Problem erkannt hat, ist die Arbeit fast getan, denn das Problem zu lösen, ist nicht so schwierig. Kopfschmerzen bereitet es nur herauszufinden, worin das Problem liegt. Dann geht man in sein Zimmer.

Wenn Ron und ich mit der Arbeit anfangen,
fragen wir uns: »Was beißt jeden?« Was ist es?
Das Problem muß definiert werden. Die meisten Texter und Art-Direktoren machen die Tür zu und erwähnen das Produkt stundenlang oder manchmal auch tagelang nicht mehr, wenn wir viel Zeit haben. Wir sitzen da und quatschen. Vielleicht reden wir über Sex, vielleicht reden wir über einen Film. Manchmal ist die persönliche Beziehung sogar feindselig. Ich war schon in Agenturen, da brüllten sich Texter und Art-Direktor zwei oder drei Tage lang gegenseitig an. Einer sagte: »Verdammt noch mal, wo hast du denn gesteckt? Du bist nicht da, wenn ich dich brauche.« Der andere sagt: »Ich verstecke mich nicht. Ich bin hier. Du willst nur nicht arbeiten.«
Ich arbeitete mal mit einem Art-Direktor zusammen und seine Methode war, acht Stunden am Tag zu brüllen, fluchen und schimpfen. Manchmal mißhandelte er Möbel, nur damit alles noch aufregender wurde. Ich arbeitete gern mit diesem Knaben, denn man war nie sicher, was geschehen würde.
Einer sagte vielleicht: »Warst du gestern abend im Kino?«
»Ja, und ich werde dir erzählen, was ich gestern abend gesehen habe.« Dieser Typ redete stundenlang über Filme, die er gesehen hatte. Ein anderer Art-Direktor, mit dem ich zusammenarbeitete, pflegte immer von seinem Haus zu

erzählen, von seiner Hypothek, von seinen Termiten, von seinem verdammten Rasen. Er erzählte alles über sein lausiges Haus in Jersey. In gewisser Weise ist das nämlich wie eine Zwei-Mann-Gruppentherapie. Es geht sehr schnell hin und her, und man ist nie ganz sicher, was er gesagt hat.
Als Ron und ich noch bei *Delehanty* waren, machten wir eine Anzeige für Talon-Reißverschlüsse. Es war die erste Anzeige, auf der der kleine Junge aus »Peanuts« zu sehen ist, wie er auf der Abwurfstelle steht und den Hosenschlitz offen hat. Bis auf den heutigen Tag streiten wir uns drüber, wer sie machte. Ich bestehe drauf, daß ich die Idee hatte, und er sagt, daß er es war. Und beide machen wir keine Witze, wir beide glauben, daß wir die Idee hatten. Die Sache ist so, daß mit dem vielen Hin- und Hergerede alles ziemlich undurchsichtig wird und daß sich nachher keiner erinnern kann, wer die Idee hatte.

Der gleiche Prozeß findet statt, wenn man einen Fernsehspot macht. Ein Knabe sagt: »Wie wär's, wenn wir so anfangen würden, dann Schnitt und dann gleich sehr nah?« Der andere Junge sagt: »Nein, nicht nah, sondern wir blenden über zu der Aspirinflasche.« Das Profane, das Gebrüll, das Geschrei, das Herumtreiben, das Saufen, alles zur gleichen Zeit – es ist ein vollgestopfter, verrückter kleiner Raum, der explodiert, und das ist ein aufregender Prozeß. Für mich ist das die Werbung, denn alles, was nachher kommt, hatte seinen Ursprung in diesem kleinen Zimmer. Nach der Konzeption werden die Aufnahmen gemacht, und dann kommt die Typographie, dann die Andrucke, dann die Pretests, um zu sehen, ob die Idee auch funktioniert, und dann muß der Mediaplan ausgeklügelt werden. Aber das alles hängt davon ab, was in diesem kleinen Zimmer vorging. Man braucht keine Forschung, wenn nichts in diesem kleinen Zimmer vorgeht. Der beste Mediamann kann einem nicht helfen, wenn eine schlechte Idee aus diesem Zimmer kommt. Michelangelo persönlich könnte die Schrift für diese Anzeige entworfen haben, aber das bedeutete überhaupt nichts, wenn es diese chemische Reaktion nicht gäbe.

Das größte Problem in der Werbung ist, wie man das richtige

Team von Texter und Art-Direktor zusammenstellt. Wir reden über eine chemische Reaktion oder sogar über eine Hochzeit, und das ist nicht leicht. Gewöhnlich ist es die Aufgabe des Creativ-Direktors, die Talente zusammenspielen zu lassen. Helmut Krone, der zusammen mit Gene Case seine eigene Agentur aufgemacht hat, war als Art-Direktor bei *Doyle, Dane* jahrelang ein Star. Aber die Leute hatten Angst vor ihm. Einige der kreativsten Texter unserer Zeit gingen mit Krone in dieses Zimmer und blieben auf der Strecke. Das Problem mit Krone ist, wie ich es gehört habe, daß er überhaupt nicht redet. Kein bißchen. Er sitzt nur da und starrt vor sich hin. So pflegten die Texter bei *Doyle, Dane* sich mit Krone zusammenzusetzen und zu reden und zu reden, und schließlich wissen sie nicht mehr, was sie sagen sollen. Während dieses ganzen Redens hat Krone vielleicht ein paar Sekunden lang den Kopf geschüttelt. Zwei Tage vergehen, und der Texter kommt klatschnaß da raus, er zittert und fragt sich, ob er nicht was anderes machen solle, zum Beispiel Bibeln verkaufen.
Inzwischen sitzt Krone da und hört methodisch zu. Für die chemische Reaktion hat er nicht viel übrig. Er ist wie ein Vater oder ein Arzt. Er treibt einen wirklich in die Enge. Eı sitzt einfach da und starrt einen an. Endlich – nach drei oder vier Tagen – kommt er mit irgend was heraus und wenn, dann kann er brillant sein. Er ist ein guter Art-Direktor, sein einziges Problem ist, daß er den Textern auf die Nerven geht.

Es gab Texter, die nicht reden, und es gab auch Fälle, in denen sowohl der Art-Direktor wie auch der Texter stundenlang kein Wort miteinander redeten. Sie sitzen drei Stunden da und kein Wort fällt. Am Ende dieser drei Stunden seufzt einer der Jungs und fragt: »Und wenn wir sagen würden: Bekämpft Kopfschmerzen auf dreierlei Weise?« Der andere sagt vielleicht: »Nein, funktioniert nicht so ganz.« Und dann sitzen sie weitere drei Stunden da. Es gab auch schon Fälle, da schaut der Art-Direktor die hübsche junge Texterin an und er verwandelt die ganze Besprechung in einen Antrag. Der Knabe sitzt da und denkt sich Headlines aus. Eine Menge Affären in der Werbung haben mit »Bekämpft Kopfschmerzen auf dreierlei Weise« angefangen. Zuerst ist diese Sache sehr intim, ganz wie Sex. Da hat das Mädchen die Chance, den Knaben als Helden zu sehen. Wissen Sie, er wird das Problem lösen. Diese Zwei sind jetzt zwei Menschen, die gegen dieses große Problem kämpfen müssen. Er sagt: »Warte nur, ich werde dich retten, ich werde deinen Job retten, dein kleines Anderthalbzimmer-Apartment. Ich werde mit einer Headline kommen, die es in sich hat: ›Bekämpft Kopfschmerzen auf dreierlei Weise‹!«. Und zack: Er ist ein Held. Und manchmal wird er auch wie ein Held belohnt.

*Doyle, Dane* hatte einige sehr merkwürdige Texter. Einer der merkwürdigsten war ein Mädchen, das die Zusammenarbeit mit dem Art-Direktor zu einer edlen Kunst entwickelte. Ihre Theorie lautete: »Was macht's, wo wir arbeiten, solange wir was produzieren.« Sie ging also nicht mehr in die Agentur, besonders nicht im Sommer. Man sah, wie sie und der Art-Direktor im Central Park herumliefen. Wenn's richtig heiß war, fuhren die beiden nach Amagansett. Sie arbeiteten da am Strand und kamen mit einer Kampagne zurück.
Wenn einem Team nichts mehr einfällt, geht es zum Kreativ-Direktor und bittet um Hilfe. Ein guter Creativ-Direktor kann eine große Inspirationsquelle sein: »Warum konzentriert ihr euch nicht auf dies hier. Vielleicht wird was daraus, und ihr seid dann besser in Form als jetzt. Geht noch mal ran und probiert es noch mal.« Wie die Geschworenen, die über Hängen oder Nicht-Hängen urteilen müssen, nie sofort zum Urteil kommen, so wird der Creativ-Direktor dem Team sagen, daß es sich die Sache nochmal überlegen soll.

Einige der größeren Agenturen, die sich auf die Teammethode umgestellt haben, lassen vier oder fünf Teams am gleichen Problem arbeiten – ein übles Geschäft. Das bedeutet nämlich, daß nur ein Team gewinnen wird. Die anderen vier werden abgewiesen, und das bedeutet auch, daß sie sich an dem Tag nach anderen Jobs umsehen müssen. Das Team, das gewinnt, wird natürlich bis zum nächsten Mal glücklich sein. Das ist die Team-Theorie von *Rosser-Reeves:* »Werfe jeden in die Bresche, wenn eine Krise da ist.« Wenn ein Texter zufällig an Reeves vorbeiging, knöpfte Reeves sich den Jungen vor und sagte: »Geh zu einem Art-Direktor und mach' dich an die Arbeit.« Ich kann Ihnen nicht zuviel von der Wichtigkeit der engen Teamarbeit von Texter und Art-Direktor erzählen. Es ist der Grund, weswegen kreative Agenturen heute so viel mehr leisten. Sicher kann eine Agentur, die sich um einen Etat bewirbt, sagen: »Kommen Sie zu uns, wir sind eine große Mediaplanungs-Agentur.« Was haben Sie zu streuen, wenn es keine gute Werbung zum Streuen gibt? Wie kann eine Agentur sagen: »Marktforschung wird bei uns groß geschrieben, wir richten uns ganz danach?« Was gibt's zu forschen, wenn die Ergebnisse nicht zur Werbung führen? Was der Kunde braucht, ist Werbung – schließlich zahlt er dafür –, er zahlt für gute Werbung.

Es kommt eine Zeit, in der alle Agenturen gleichgeschaltet sind, und das ist der Augenblick, in dem *Jerry Femina & Partners,* die ungefähr 20 Millionen Dollar Umsatz machen, in Life eine vierfarbige Anzeige neben einer vierfarbigen Anzeige von *J. Walter Thompson* haben, und *JWT* macht vielleicht 640 Millionen Dollar Umsatz und verfügt über Tausende von Angestellten. Kein Verbraucher, der beim Friseur sitzt, wird den Unterschied zwischen den beiden Agenturen kennen, die hinter diesen Anzeigen stehen. Die Media sind die großen Gleichschalter. Wir sind so gut, wie sonst irgendwer in Life oder im NBC (Fernsehen). Wir haben's geschafft. Wir kämpfen Seite an Seite, und niemand weiß es. Keiner sagte je: »Ich kaufe keine Corum-Uhr, weil *Della Femina* nicht den Umsatz hat, den *J. Walter Thompson* macht.« Sie können uns wirklich nicht schlagen, es sei denn in der Qualität der Anzeige oder des Fernsehspots. Und darum dreht sich das ganze Spiel. Sie haben vielleicht mehr Forschung und mehr Personal und mehr Medialeute, aber wenn wir eine Anzeige in der Presse haben und sie haben eine Anzeige in der Presse, dann sind wir gleich. Von ihrem Geld können sie keinen Groschen mehr ausgeben, damit sie in Life besser wirken als wir. Sie können kein besseres Material kaufen, weil wir alle das gleiche Material kaufen. Sie können keine besseren

Fotos kaufen, weil wir alle dieselben Typen mit den langen Armen kennen und verwenden. Sie können keine besseren Schriften kaufen, weil wir alle dieselben Schriften verwenden. Sie können keine bessere Seite kaufen, weil die Verlage einem die Seite neben der anderen Seite geben müssen. Sie können nichts kaufen, was wir nicht auch kaufen können – und genau das revolutionierte die Werbung. Die Leute haben entdeckt, das: »Ob ich's nun *Thompson* gebe oder *Della Femina*, der Unterschied liegt darin, was am Ende auf der Seite zu sehen ist.« Es spielt keine Rolle mehr, wie viele Leute der Kunde traf oder wieviel Agentur-Basketballspiele veranstaltet werden. Oder wieviel Leute bei einer Sitzung erscheinen. Personal. Wegen Personal kann man immer die Personalvermittler anrufen. Wir können hundert Mann liefern, wenn der Kunde das will. Aber Fußvolk ist nicht Werbung und wird es nie sein.

# Bekämpft Kopfschmerzen auf viererlei Weise

Man kann auf verschiedene Weise in die Werbung geraten. Ich kam in die Werbung, weil ich mal vor vielen Jahren als Kind Laufbursche für die Anzeigenabteilung der New York Times war. Ich pflegte Korrekturandrucke von Anzeigen zu den Warenhäusern der Fifth Avenue zu bringen. Wohin ich auch ging – zu Bonwit oder zu Saks Fifth Avenue –, überall, in jedem Laden, sah ich Leute herumsitzen mit den Füßen auf dem Schreibtisch. Ich mochte so was und fragte, was das nun für Typen waren, die da immer ihre Füße auf dem Schreibtisch hatten. Es waren die Texter der Warenhäuser. Damals wurde mir klar, daß Texten etwas für mich war. Mein Vater – Mike – war und ist immer noch bei »The Times« Papierschneider und arbeitet im Rotationssaal. Mein Bruder Joe arbeitet bei »The Times« in der Kleinanzeigenabteilung. Ich habe einen Onkel Tony, der dort als Setzer arbeitet. Die Familie *Della Femina* hat viele Jahre von der »Times« gelebt. In meiner Familie war es selbstverständlich, für die »Times« zu arbeiten. Ich hatte die Wahl. In unserem Viertel konnte man entweder für die »Times« arbeiten oder Hafenarbeiter werden.

Als ich mich dafür entschied, Texter zu werden, schrieb mich die Nachbarschaft als Außenseiter ab.
Das Gravesend-Viertel in Brooklyn ist nicht das Viertel, aus dem die vielen Texter kommen.
Ich kam auf eine ziemlich direkte Art in die Werbung. Aber ich kenne einen großartigen Typ bei *Bates*, der heiliges Wasser per Postversand verkaufte, ehe er in die Werbung ging. Das muß fantastisch gewesen sein. Wissen Sie, da schicken Sie einen Dollar ein, und dafür bekommen Sie dann eine Flasche mit heiligem Wasser aus Lourdes. Sogar echtes

geweihtes Wasser. Immer, wenn die Heilig-Wasser-Vereine zusammenkamen, redeten diese Leute über diesen Knaben wie über einen ihrer Heiligen. Vom Verkauf heiligen Wassers und vom Wunderwirken mit heiligem Wasser ging er zum Verkauf von Anacin über. Nicht sehr anders. Er verkaufte Anacin, weil das mehr Profit einbrachte als der Handel mit heiligem Wasser. Es ist schade, daß er nicht dran dachte, Anacin zusammen mit heiligem Wasser zu verkaufen. Das wäre eine tolle Verpackung! Man könnte dann Anacin mit heiligem Wasser hinunterspülen.

Es spielt keine Rolle, was man gemacht hatte, ehe man in die Werbung einstieg.
*David Ogilvy* arbeitete in der Küche eines Restaurants, und er hat's nachher ganz schön geschafft. Das Wichtigste ist: Wieviel lernt man, nachdem man in die Werbung gegangen ist? Und wie gut macht man dem Verbraucher klar, was man gelernt hat? Darum geht es doch. Als John Kennedy noch lebte, wurde ein Ausspruch eines Freundes von ihm zitiert, der sagte, er sei mit Kennedy zur Schule gegangen und damals genauso klug gewesen. Als sie aber ihr Studium absolviert hatten, bekam er einen Job, und Kennedy lernte weiter. Er hörte nie zu lernen auf. Nach einiger Zeit war zwischen den beiden ein gewaltiger Unterschied. Man muß lernen, man muß überleben. Das erste, was man tut, wenn man einen Etat bekommen hat, ist lernen. Als wir einige Sender der American Broadcasting Corporation als Etat bekamen, reisten wir zu ihren fünf Sendern. Wir hörten alle ihre neuen Programme. Wir redeten mit den Sender-Intendanten. Wir lernten, lernten und lernten, bis wir fast umfielen. Es war ein Kurzkursus in Rundfunklehre, und es kam uns zu den Ohren raus.

Wenn man die Höreranalysen kaufte und sich die Ergebnisse anschaute, dann stellte sich heraus, daß die ABC-Nachrichten an dritter Stelle hinter CBS und NBC lagen. Aber obwohl ABC Nummer Drei war, hatte ABC einige aufregende Pluspunkte. Diese Leute wußten, daß sie gern loszogen, um exklusive Berichte zu bekommen. Nachdem Ron und ich allen zugehört hatten, setzten wir uns zusammen und versuchten klarzukommen. Ein paar Stunden vergingen, und da sagte Ron gerade mitten in einer Geschichte, die er mir erzählte: »Was wollen wir denn überhaupt sagen? Wollen wir sagen, daß die Nachrichtenleute von ABC nicht so am Sessel kleben wie Cronkite?« Ich kam drauf zurück und sagte: »Weißt du, was es ist? Es ist wie ›The Front Page‹ (die erste Seite).« Er sagte: »Ich habe die ›Front Page‹ nie gesehen.« Ich erklärte, daß die Art und Weise, wie die ABC-Leute die Nachrichten bringen, ungefähr so war, wie in der Zeit der »Front Page« mit *Ben Hecht* und *Charles McArthur,* die Hildy Johnson kreierten. Es ist nicht gerade die Nachrichtenschule mit nettem Anzug und Krawatte, die wir kennen und hinnehmen. Ich sagte: »Es war eine Zeit der ...« Und er sagte: »Oh ja, wie etwas Spannendes, wie eine Art aufregende Nachrichtensendung ... ?« »Ja.« »Nun, gibt es einige Leute, die so was könnten?« Ich sagte: »Klar. Leute wie Murrow, wie Walter Winchell, wie Ernie Pyle.« Ron darauf: »Warum benutzen wir diese Leute nicht und sagen, daß unsere Nachrichtensendungen nach ihrer Lebensweise, nach ihrer Art draufloszuziehen und Nachrichten zu sammeln gemacht werden?«

Ich sagte: »In Ordnung. Fein. Benutzen wir Murrow. Murrow ist großartig, weil er für CBS arbeitete. Wir bekommen also mehr Aufmerksamkeit«. In der Anzeige können wir andeuten: »Obwohl er für die Konkurrenz arbeitete, haben wir ihn immer bewundert, und wir bewunderten ihn, weil er den Mut hatte, loszuziehen und Reportagen über die Schlacht um England in der Art zu machen, wie er sie machte. Wir bewunderten ihn, und jetzt werden wir viele Qualitäten seiner Reportagen benutzen und sie auf unser Nachrichtenprogramm anwenden.« Damit hatten wir den Anfang einer Anzeige. – Noch hat niemand zu Bleistift und Papier gegriffen. Die Konzeption entsteht langsam aus dem, was wir der Welt erzählen werden: Wir hätten dieselbe Art und Weise, wie in den dreißiger und vierziger Jahren

Nachrichten gebracht wurden. Ron sagte: »Du, ich hab's. Das ist unsere letzte Zeile. Das ist die ganze Konzeption, wie Nachrichten wirklich sind, daß wir der Sender mit den aufregenden Nachrichten sind. Wir ziehen los und beschaffen die Berichte, wie man's in den dreißiger Jahren machte.« Von hier aus entsteht die ganze Kampagne. Entsteht die ganze Werbung. Es geht lawinenartig. Wenn nun Ron und ich die ganze Arbeit machen, wie könnten wir es ertragen, daß wir die Anzeige nehmen, sie einem Typ aushändigen, der Kontakter ist, und sagen: »In Ordnung. Geh' und verkauf's dem Kunden.« Und doch passiert dies jeden Tag. Und dies ist, wenn Sie mich fragen, der große Fehler in der Werbung. Wir sind da, wir schwitzen und wir hatten zwölf Ideen, wovon wir nur drei behalten haben, und wir wissen genau, was wir machen. Inzwischen wird die Sache fertig, und dann sagen wir: »Hier, zieh los und erzähle ihnen, daß diese Anzeige gut ist und daß sie sie kaufen sollen.« Das funktioniert nicht. In meiner Agentur gehen wir hin und besprechen es selbst.

Der Außenseiter denkt, daß wir nichts anderes zu tun brauchen, als den Etat zu bekommen, und daß dann alles wie von selbst geht. Stimmt nicht. Man verkauft dem Kunden täglich etwas, ununterbrochen. Natürlich, wenn man den Etat bekommen hat, ist alles etwas einfacher, aber bei jeder Kampagne muß man dem Kunden etwas verkaufen. Jedesmal. Bei unserer Arbeitsweise besteht nur wenig Unterschied zwischen dem Art-Direktor und dem Texter. Wir sind fast eine Person. Ich kann die Layouts machen, und Ron kann die Headlines machen. Und man siebt die Ideen, man läßt sie wieder fallen.

Voriges Jahr fiel mir was ein, das ich für eine gute Konzeption für Cinzano Wermut hielt. Ron war nicht der Meinung. Wir stritten uns tagelang darüber. Es ergab sich nach einem Gespräch mit dem Verkaufsdirektor von Cinzano, der erwähnte, daß jeder Wermut nach bestimmter Zeit gelb würde.

»Jeder Fabrikant hat eine Menge Flaschen mit gelbem Wermut, den keiner will«, sagte er.

»Das ist interessant«, sagte ich, »was passiert, wenn Sie gelben Wermut haben? Sie können ihn ja nicht mehr verkaufen. Hat jeder dieses Problem?«

»Ja.«

Nachdem wir dann wieder in der Agentur waren, sagte ich zu Ron: »Weißt du, gelber Wermut ist eine interessante Sache. Ich frage mich, ob wir daraus nicht was machen könnten. Wenn man nun die Flaschen datierte? Wenn man nun ein Datum auf die Flaschen setzte, das den Verbrauchern sagt, wann sie abgefüllt wurden. Man könnte den Leuten sagen, daß sie, wenn das Zeug gelb wird, damit keinen guten Martini mehr machen können. Man kann's ins Essen schmeißen oder damit waschen, aber für einen Martini kann man das Zeug nicht mehr verwenden.«

Aber Ron nimmt mir's nicht ab. »Scheiße«, sagte er, »viel zu kompliziert.« »Na gut«, sage ich, »bringen wir die Sache auf die einfachste Formel. Was macht man? Man hängt ein kleines Schildchen an die Flasche. Kein Problem.«

Die Idee wurde fallengelassen und wieder aufgenommen, das ging tagelang. Jedesmal, wenn wir uns im Flur trafen, sagte ich: »Wie steht's mit der Flaschendatierung?« Jedesmal sagte er: »Ach, das ist reine Scheiße. Das ist nur ein Gag.«

Ich sagte: »Okey, es ist ein Gag. Stellen wir es also als Gag heraus. Sagen wir ihnen doch, daß wir einen Gag haben, den wir gern präsentieren möchten.«

Der Schlüssel zum Präsentieren einer Kampagne ist, daß man nie eine halbe Idee, eine halbe Sache präsentieren sollte, weil man sich vorstellt, daß der Kunde begreift, was man vorhat. Das können sie aber nicht, und man läuft Gefahr, daß eine gute Idee vor den eigenen Augen abgeschossen wird. Wäre ich zum Kunden gegangen und hätte gesagt: »Wir wollen die Flaschen datieren«, dann hätte der Kunde wahrscheinlich geantwortet: »Ach, das funktioniert nie. Wie wollen Sie das machen? Es ist nicht praktisch.«

Geht man aber mit einer Flasche zum Kunden und sagt: »Hier ist der Anhänger mit dem Datum. Hier ist die Werbung dafür, hier ist die Konzeption und so wird Werbung daraus. Da ist ein Funkspot, da ist das Storyboard für den Fernsehspot. Und dies und dies werden wir machen.«
Wenn man's so macht, dann hat man eine bessere Chance, die Sache zu verkaufen. Ich habe Jungs erlebt, bei denen Kampagnen baden gingen, weil sie so aufgeregt und fickerig waren, daß sie sie noch nicht ganz fertig dem Kunden präsentierten. Am Ende wurde meine Idee für Cinzano durch Ron abgeschossen. Er überzeugte mich schließlich davon, daß die Idee zu viel von einem Gag hatte, und wir ließen sie fallen.

Natürlich verändert sich das Tempo der Besprechungen zwischen Art-Direktor und Texter, je nachdem, wann eine Anzeige oder ein Spot fertig sein muß. Aber auch dann ist es fantastisch, die chemische Reaktion zu beobachten. Wenn einem noch drei Tage bleiben, um mit einer Sache zu kommen, dann kann man sich Zeit lassen. Vielleicht muß es in einer halben Stunde fertig sein, und dann wird die Sache brandeilig. Letzten Sommer sollten Ron und ich eine Kampagne fertighaben, so daß wir sie um 9 Uhr präsentieren konnten. Beide kamen wir um sieben Uhr in die Agentur und keiner hatte eine Idee, was wir sagen wollten. Thema war: Investments für Institute. Und wir sollten eine Kampagne machen, die in einer Zeitschrift namens »The Institutional Investor« erscheinen würde. Diese Zeitschrift wird von Leuten gelesen, die für Institute, Stiftungen etc. Geld anlegen müssen und daher jede Menge Dollars auf dem Markt ausgeben können. Unser Kunde war Hirsch & Company – die Börsenmakler – und durch »The Institutional Investor« wollten sie den Mann erreichen, der für die ILGWU arbeitet und vielleicht eine Million Dollar an Gewerkschaftsvermögen auf dem Markt investieren kann. Er kann nach eigenem Gutdünken über einen Haufen Geld verfügen, und der Gedanke ist, ihn zu veranlassen, seine Aktienpakete durch Vermittlung von Hirsch & Company zu kaufen. Wie spricht man diesen Knaben an. Das war das Problem. Wir saßen also da um sieben Uhr früh und waren ziemlich verzweifelt. Ich meine wirklich verzweifelt, denn der Typ vom Kunden kommt um neun Uhr und will was sehen, und er möchte nichts anderes als unsere Kampagne sehen.

(Die Kreativen in allen Agenturen arbeiten am besten unter Druck. Wenn eine Agentur drei Jahre Zeit hätte, irgend was zu machen, dann würden diese Leute bis zur letzten Minute mit der Arbeit warten. Ron und ich warten immer bis zum allerletzten Termin.)
Was den Kunden betrifft, ihm sollte eine Kampagne präsentiert werden, und er will nicht einmal wissen, wie wir uns abrackern und bis in die Puppen arbeiten müssen. Es ist ein komisches Gefühl: Was werden wir machen? Ron und ich arbeiten immer, bis der Kunde klingelt. Aber dies war schon fast drüber hinaus. Diesmal, dachten wir, schaffen wir's vielleicht nicht.
Wir fingen über Sex zu reden an. Sieben Uhr! »Wie geht's dir?« »Gut, und dir?« »Hast du gestern abend Norma gesehen? Du, die ist scharf.« Es wird halb acht und nichts geschieht. Dreiviertel acht frage ich: »Was werden wir mit diesem Problem machen?« Ron sagt: »Keine Angst. Wir schaffen's schon.« Wir fingen an, uns selbst zu bemitleiden. »Weißt du, mir tut schon das Kreuz weh.« Ich sage: »Aber man kann auch nicht einfach nach Hause gehen und an nichts mehr denken.« Ron sagt: »Ja. Das ist übrigens interessant. Ich meine, daß man immer an seine Arbeit denkt. Ich wette, daß diese Investment-Jungs sich so ähnlich fühlen. Ich wette, sie denken, daß sie Helden sind, genauso, wie wir das denken, weil wir so früh im Büro herumsitzen.«

Ich sage: »Da hast du recht. Das ist tatsächlich interessant. Ich wette, daß diese Jungs sich ganz besonders vorkommen, weil sie vor lauter Arbeit nie zu Tisch gehen. Mensch, hast du mal gemerkt, daß du dich wohler fühlst, wenn du nicht zu Tisch gehst, weil du dir dann einbildest, daß du so hart arbeitest?« Ron sagt: »Ja, das weiß ich. Ich fühle mich

ganz großartig, wenn ich wie ein Verrückter arbeite und nicht zu Tisch geht. Die Investment-Jungs fühlen sich genauso, wenn sie da mit ihren Millionen Dollar zum Ausgeben herumsitzen. Sie müssen sich wirklich für jemand halten, wenn sie nicht mehr zum Mittagessen kommen oder sich ein paar Hamburger 'raufschicken lassen müssen.«
Ich sage: »Du, ein Hamburger, Denke mal zurück an den Tag, als wir mit diesem Knaben Dave zusammenarbeiteten, und er bestellte einen Hamburger, und der wurde kalt. Weißt du noch, wie stolz er war, daß er noch nicht mal Zeit zum Essen hatte?«
Ron sagt: »Ja, was für eine Schlagzeile – ›Der Ruhm und Glanz des Kalten Hamburgers‹. Das könnte es sein. Die ganze Kampagne. Der Ruhm und Glanz des Kalten Hamburgers.«

Das war die Konzeption für die ganze Kampagne, nicht nur für eine einzelne Anzeige. Die Ideen entstanden geradewegs aus dieser Konzeption. Der Mann, der morgens beim Rasieren sagt, daß er sogar im Badezimmer über Aktien nachdenkt und daß er einen Vierundzwanzig-Stunden-Tag einlegen muß. Wir wissen, daß wir den Lesern von »The Institutional Investor« ein Bild von einem Hamburger zeigen wollen und dazu sagen: »Wir wissen genau, was das ist. Sie haben zuviel Geld, und manchmal wissen Sie nicht, wohin mit dem Geld, und es gibt viele Leute, die von Ihnen abhängig sind, und deswegen bleiben Sie da und machen keine hohe Spesenrechnung fürs Mittagessen. Darum lassen Sie sich einen Hamburger raufschicken, und der wird kalt. Und wissen Sie was? Für Sie ist das ein großer Antrieb. Sie denken wirklich, daß Sie wer sind, weil Sie diesen kalten Hamburger essen, und Sie wissen, daß es stimmt.«

Die Kampagne fing an, von diesem Typ auszugehen, der sich so fühlt, weil er so schwer arbeitet. Die Tatsache, daß er keine Gelegenheit hat, seine Kinder zu sehen. Die Tatsache, daß er sich rasiert und an die Arbeit denkt. Die Tatsache, daß er seit Monaten nichts Ordentliches mehr gegessen hat.

Nacheinander entstehen die Anzeigen: »Der Ruhm und Glanz des Kalten Hamburgers«; »Der 24-Stunden-Arbeitstag.« Inzwischen zeichnet Ron wie ein Verrückter. Wie verknüpfen wir jetzt alles miteinander? Warum arbeiten diese Jungs denn so? Wieso machen sie sich kaputt? Weil eine Menge anderer Leute von ihnen abhängen. Gut. Das ist die Essenz der Sache. »Rufen Sie Hirsch & Company an, weil so viele Menschen von Ihnen abhängen.«

Ron layoutet jetzt mit der einen Hand und skizziert mit der anderen Hand die Headlines ein. Beim Anzeigenmachen gibt's vier Stadien: einen »Thumbnail« (Daumennagel), das ist nur ein kleiner Skribbel, ein »Rough« ist wie ein »Thumbnail«, nur größer, eine »Comp« (von Komposition) ist das Roh-Layout, da sind die Headlines schon einskizziert worden, und alles andere ist detaillierter; zum Schluß kommt »The Finish« – die Reinzeichnung.

»Wie gefällt dir das?«, sagte er, »wir haben eine verdammt schöne Aufnahme von einem Hamburger mit Pommes frites daneben, und wir haben den Schrifttyp für die Headlines festgelegt.« Ich sitze da und texte im Geiste, ich sage gleich, was ich mir ausgedacht habe. Die Aufregung im Zimmer ist fantastisch. Jetzt können wir nicht einfach auf dem Stuhl sitzen bleiben. Wir springen mal auf, setzen uns wieder, weil wir einen Termin einzuhalten haben, und jetzt haben wir's, jetzt wissen wir, daß wir's schaffen. Im Zimmer herrscht eine elektrisierende Spannung, und dies ist, was die Werbung eigentlich ist, was die Kreativen betrifft. Ron hat seine Skribbels um 9.15 Uhr fertig. Der Mann von Hirsch kam um 9.20 Uhr herein. Wir hatten fünf Anzeigen fertig, die wir ihm präsentieren konnten – fünf Roh-Layouts mit einskizzierten Headlines, Blindtext für den Bodycopy, und mit einem Slogan, mit dem sie leben können, und zwar für immer. Es war fertig.

Die Atmosphäre in diesem Zimmer zwischen acht Uhr dreißig und neun ist wie wahnsinnig. Ron zeichnet, so schnell er kann, und wirft mit Papier um sich, und ich quatsche wie ein Irrer. So ist es, wenn eine Anzeige entsteht, so geschieht es eben. Noch nie hat jemand darüber geschrieben. Nie kam jemand der Wirklichkeit nahe, wenn er das schilderte, Sie reden davon, als wäre es Zauberei, Magie. Dabei ist es wirklich keine Magie, und es ist auch nicht sehr kreativ. Wissen Sie, wie es ist? Es ist, als wenn sich zwei Verkäufer zusammensetzen, um einen Hebel zu finden, wie sie das Auto an diesem Vormittag am besten verkaufen können. Es ist neun Uhr, und die Tür wird aufgemacht, und Leute werden hereinkommen. Was soll man ihnen erzählen, damit sie das Auto kaufen? Das ist tatsächlich alles. Die Leute sollten nicht versuchen, einen Texter und einen Art-Direktor daraus zu machen. Es sind zwei Verkäufer, die dasitzen und sich was ausdenken und dann mit einer Idee herauskommen.

Als der Mann von Hirsch hereinkam, fragte er: »Was haben Sie da?« Wir sagten: »Nun, was wir haben ist dies: Alle diese Jungs möchten gern Helden sein. Stimmt's?«
Er sagte: »Stimmt.«
»Und einige dieser Jungs bemitleiden sich selbst, weil sie wie die Pferde arbeiten müssen. Stimmt's?«
»Stimmt.«
»Gut, dann wollen wir eine Kampagne machen, die sie dafür rühmt, daß sie sich kaputt machen. Wir sagen ihnen, daß wir wissen, wie schwer sie arbeiten. Es ist institutionell, es ist auf lange Sicht. Das bedeutet übrigens noch nicht, daß jemand Hirsch & Company anrufen und sagen wird: Ich komme zu Ihnen, weil Sie diese Anzeige hatten. Es bedeutet vielleicht, daß, wenn er die Wahl hätte zwischen Hirsch & Company und einem anderen Börsenmakler, von dem er noch nie gehört hat, daß er sich dann dunkel erinnert, wie Hirsch etwas machte, worüber er sehr froh war.«
Der Mann von Hirsch warf einen Blick auf die Anzeigen und sagte: »Ich kaufe sie.«

Die Kampagne lief, und es war eine der guten, erfolgreichen Kampagnen in dieser Gegend; denn die Leute, an die sie sich wendet, können die Kampagne verstehen; sie sind es, es ist ihr Leben. Einige dieser Investment-Leute haben Hirsch sogar angerufen und um Andrucke der Anzeige gebeten. Sie möchten sie in ihren Arbeitszimmern aufhängen. »Das bin ich, wissen Sie«, sagen sie. Sie zeigen die Anzeige ihren Frauen und sagen »Weißt du, warum ich immer so spät abends nach Hause komme? Hier steht's, warum!« Sie möchten die Anzeigen einrahmen. So sind die Leute eben. Sie reagieren wirklich auf Werbung.

Es ist kinderleicht einzusehen, daß es an jenem Morgen nur mit Ron und mir in einem Zimmer klappte. Man hätte niemand anders hereinlassen dürfen, etwa einen Kontakter. Sie wären im Wege, würden den Prozeß stören. Und man sieht auch, mit welcher souveränen Leichtigkeit die Leute, die die Anzeige tatsächlich ausführen, sie dem Kunden präsentieren und Anzeige und Kampagne erklären können. In den größeren Agenturen des Establishments hat man Cheftexter, Groupheads, stellvertretende Groupheads – alle über den eigentlichen Schöpfern der Anzeige. Da fängt der Kummer an. Diese Textexperten, wenn sie nicht tatsächlich nützliche Arbeit tun, sind nichts anderes als Richter und Oberrichter.

Sie sitzen da und erzählen einem, wann etwas funktionieren wird und wann nicht; jedenfalls glauben sie das. Sie haben nicht mehr Anrecht darauf, in dieser Position zu sein, als irgendein Hohlkopf von der Straße. Wer wird Richter? Was befähigt jemand zum Richteramt? Alter? Oder Gehalt? Oder der Wunsch? Wie wird jemand Richter? Deswegen haben wir's nicht gern, anderer Leute Arbeit in unserer Agentur zu begutachten. Niemand wird begutachtet, was seine Arbeit angeht. Natürlich, wenn ein Junge nicht produziert oder wenn er mit einer Anzahl Kampagnen kommt, die der Kunde nicht haben will, weil sie Dynamit sind, nun, dann muß man den Jungen einfach feuern. Aber niemandem wird je gesagt du darfst dies nicht tun oder jenes nicht probieren, oder du kannst so eine Idee nicht präsentieren. Jeder hat die Chance danebenzuschießen.

Reden wir mal über den Irrsinn der Werbung. Wo sonst kann man einen Star-Art-Direktor oder Texter für 50 000 oder 60 000 Dollar im Jahr einstellen und dann den Versuch machen, ihm vorzuschreiben, was er tun soll? »Okay, wir zahlen dir soviel Moos und hier ist nun, was wir gern von dir hätten. Wir möchten, daß du dies machst, aber jenes darfst du nicht.« Stellen Sie sich mal vor: Da ist ein Knabe der so viel Geld macht, und gewiß weiß er, wie man's macht und was man macht. Er wird eingestellt, weil er ein Profi ist. Dennoch stellen die Agenturen jeden Tag Spitzenkräfte ein und versuchen dann, sie zu belehren, was Werbung ist. Es ist merkwürdig und – dumm.

Noch merkwürdiger ist es, wenn eine Agentur keine Zwei-Mann-Teams die Arbeit machen läßt, sondern statt dessen diese Riesenkonferenzen einberuft, diese sogenannten Brainstormings.

Diese sind wirklich eine Studie in Idiotie. Denn es geht fast wie bei Gruppentherapie her. Aber jeder hat sein ganzes Dasein in diese Gruppentherapie investiert. Es gibt vielleicht vier, fünf oder sogar sechs Leute bei so einer Sitzung. Da ist der große Creativ-Direktor, der 90 000 Dollar im Jahr verdient und der keine Idee aufkommen läßt, die nicht von ihm ist. Der erste, der versucht, seine eigene Idee einzuschmuggeln, wird prompt vom Creativ-Direktor gekillt. Er killt, weil er sich Sorgen macht. Wie könnte er die Idee eines Mannes akzeptieren, der nur 60 000 Dollar verdient? Der Sechzigtausender ist vielleicht Gestaltungsgruppenleiter, und seine Aufgabe ist es, sich eine Anzeige einfallen zu lassen, die den Neunzigtausender lächerlich vor allen diesen Leuten macht. Herrliche Situation! Man hat vielleicht noch vier andere Leute dabei, die im Verlauf der Sitzung irgend was sagen müssen, damit der Creativ-Direktor merkt, daß sie noch da sind. Sie müssen am Ball bleiben. Es kümmer sie nicht, wenn sie das Falsche sagen – in der Tat erwartet man, daß sie das Falsche sagen. Aber sie müssen zu hören sein. Sie kommen mit Sätzen wie: »Warum probieren wir nicht ...?«

Vielleicht haben wir auch einen Kontakter dabei. Sein Beitrag ist: »Ihr müßt euch was einfallen lassen, sonst verlieren wir den Etat.« Er gibt die Atmosphäre der Sitzung an: »Der Etat geht baden«, sagt er, und alle sitzen herum und werfen sich gegenseitig Headlines um die Ohren.
Ist das Problem groß und kritisch genug, gesellt sich vielleicht der Agenturpräsident dazu. Schon immer war er der Ansicht, daß er Geschmack fürs Kreative hatte, seit er früher in Dartmouth diesen fantastischen Semesterschlußaufsatz schrieb, für den er die Note »Gut« erhielt und »Sehr Gut« bekommen hätte, wenn der Professor ihn gemocht hätte. Da sind sie also. Sie rauchen und trinken Kaffee und spielen die Kreativen. Der erste, der es versucht, ist immer der Neunzigtausender. Wenn er das große Tor schießen und das Fußvolk gleich abschießen kann, hat er's geschafft. So wendet er sich wie zufällig an den Präsidenten und sagt: »Sehen Sie mal, ›Bekämpft Kopfschmerzen auf dreierlei Weise‹ hat gut gewirkt, hat uns einen sehr guten Marktanteil verschafft. Wenn wir jetzt sagen würden: ›Bekämpft Kopfschmerzen auf fünferlei Weise?‹« Und der Präsident schaut dann den Kreativ-Direktor an und schüttelt immer den Kopf: »Ja.« Prominente Agenturpräsidenten sagen niemals Nein. Darin sind sie wie Japaner. Sie schütteln immer den Kopf zu einem Ja. Sie meinen überhaupt nichts, aber sie sagen immer ja. Der Creativ-Direktor mit seinen neunzigtausend im Jahr weiß nicht, wie er das Kopfschütteln des Präsidenten auslegen soll, und er stürzt sich also weiter auf »Bekämpft Kopfschmerzen auf fünferlei Weise.«
Der Gestaltungsgruppenleiter mit seinen 60 000 Dollar im Jahr hat inzwischen dagesessen und versucht, sich auszudenken wie man »Bekämpft Kopfschmerzen für fünferlei Weise« abschießen kann. Er kann es nicht direkt abschießen, indem er etwa sagt: »Sie spinnen ja.« Dann verliert er seinen Job. Er macht es also ungefähr so, daß er die Headline nicht schlecht nennt. Er sagt einfach, sie sei nicht gut genug. Er hat auch einen guten Grund, es nicht so zu machen wie Albert Lasker 1932 es für ein ähnliches Sujet machte. Wie er weiß, schrieb Lasker eine Headline, die sagte:

»Medizinmänner bekämpfen Kopfschmerzen auf fünferlei Weise.« Kein Mensch weiß, was Lasker sagte. Um den Neunzigtausender endgültig zu killen, sagt der Sechzigtausender: »Wir sollten es so machen wie *Doyle, Dane*. Wir verlieren den Etat noch, wenn wir nicht ein wenig *DDB*-Stil in die Sache hineinbringen. Wir müssen uns ihre Art Headline einfallen lassen. Und was würde *Doyle, Dane* in so einer Situation sagen? Ich habe zufällig . . .« Er greift dann in die Tasche nach den sechzig Headlines, die er zu Beginn der Sitzung schnell hingerotzt hat. Er fährt fort und liest »einige Sachen« vor, die »wirklich im Stil von *DDB* sind«. Natürlich sind es scheußliche Sachen.

Der Neunzigtausender, der zwar einmal angeschossen worden, aber immer noch voll List und Tücke ist, erkennt sofort, daß der Sechzigtausender, nachdem er laut diesen Mist vor dem ganzen Gremium verlesen hat, sehr verwundbar ist. Er sagt: »Schauen Sie mal, diese Agentur gründet sich nicht auf den *DDB*-Stil; denn so eine Scheiße machen wir nicht. Überlassen wir das den Boutique-Leuten. Wir werden sie mit solider Werbung schlagen. Deswegen haben sie uns hier schließlich eingestellt.« Eins zu Null für den Creativ-Direktor. Der Präsident nickt ununterbrochen. Der Kontakter wird weiß im Gesicht, denn er stellt sich schon vor, wie der Kunde mit seinem Etat nach diesem Unsinn einfach weggeht. Die kleinen Windmacher im Zimmer tun so, als seien sie bei einem Tennisspiel. Sie nicken nach links, sie nicken nach rechts. Sie wissen nicht, in welche Richtung sie zuerst nicken sollen.

Das Meeting geht weiter. Dieses Jahr ist es in der Mode, wenn einer sagt, daß wir einen Fernsehspot im *Wells, Rich & Greene*-Stil brauchen, und dann schießt ein anderer die Sache schon wieder ab, indem er schnell die Tradition und die Geschichte der Agentur ins Spiel bringt. Vielleicht hat der Präsident eine frühe Verabredung zum Mittagessen, und er hat auch die Nase voll von der Sitzung. So regt er einen Kompromiß an. Er hält die Radikalen bei Laune, die gern

ein bißchen volkstümlichen Humor im *DDB*-Stil wollen, und er hält die Traditionellen bei Laune, indem er vorschlägt: »Oi, Bekämpft Kopfschmerzen auf viererlei Weise.« Oder irgendwas ebenso Lächerliches.
Meinen Sie, ich mache hier Witze? Wirklich nicht. Ich schreibe im tiefen Ernst.

Aber diese Sachen laufen immer. Sie hielten vor vielen Jahren mal so eine Sitzung bei *Fuller & Smith & Ross* ab, als sie sich um den Air-France-Etat bewarben. Der Gestaltungsgruppenleiter mit seinen 60 000 Dollar im Jahr versuchte, den Creativ-Direktor mit seinen 90 000 Dollar jährlich zu beeindrucken. Und sie alle warfen mit Sätzen um sich, wie: »Und wenn wir nun sagen würden . . .?«
Außerhalb der Feuerlinie saß ein armer Junge, der 20 000 Dollar verdiente, und er wußte, daß er auch sein Scherflein beitragen mußte, auch wenn die anderen Leute es gleich verdammen würden. Er war irgendein Senior-Texter, aber ziemlich weit unten in der Hackordnung.
Er nutzt eine Gesprächspause aus und sagt: »Wissen Sie, ich habe mir was ausgedacht. Air France, das ist doch französisch. Warum sagen wir nicht so was wie: »Kommen Sie mit uns heim nach Paris.«

Die Sitzung hielt den Atem an, die Headline zündete.
Ehe die Sitzung zu Ende war, sprudelte der Creativ-Direktor mit seinen 90 000 Dollar im Jahr die Headline hervor, als habe er sie erfunden. Er begann, indem er sagte: »Ich sage euch, das ist eine gute Konzeption, denn wir könnten . . .« Es war ein bewaffneter Überfall, wie er diese Headline klaute. Den Jungen mit seinen 20 000 Dollar im Jahr hörte man bis zum Ende der Sitzung nicht mehr. Er hielt aber immer die Hand hoch – denn, wissen Sie, er hatte doch ein Tor geschossen und vielleicht könnte er am Jahresende 25 000 Dollar verdienen.
Der Junge hatte leider ein schwaches Herz, und später starb er an einem Herzinfarkt. Aber schon bei der Sitzung war er quasi tot. Sie übergingen ihn. Keiner wollte wissen, daß er

noch da war. Jeder bestieg so schnell er konnte den Dampfer, bevor es zu spät war. Der Creativ-Direktor, mit neunzigtausend der Wichtigste, ging zuerst an Bord. Der Sechzigtausender sah was geschah und versuchte, die Headline anzuschießen, indem er sagte: »Na, das ist alles schön und gut, aber wie wär's, wenn wir einen Teil der Headline nehmen würden und ...« Der Creativ-Direktor schlug diesen Angriff rasch ab. »Nichts wird ›Kommen Sie mit uns heim nach Paris‹ schlagen können.«

Der Creativ-Direktor machte so viel Wirbel, daß die Leute noch vor dem Ende der Sitzung davon überzeugt waren, daß er die Headline erfunden hatte. Jedesmal, wenn jemand die Headline abschießen wollte, antwortete der Creativ-Direktor: »Ich bestehe darauf, daß dies der Weg ist, den wir gehen müssen.« Die Leute dachten, daß ihm die Headline eingefallen war und daß er deswegen die Headline so verteidigte. Nun, sie bekamen den Air-France-Etat, und da wurde das Leben für den Creativ-Direktor noch besser und schöner. Ich habe in den verschiedenen Werbefachblättern gelesen, daß der Creativ-Direktor nicht nur als Urheber der Headline, sondern auch als der Mann genannt wurde, der den Etat ins Haus geholt hatte. Dieser Creativ-Direktor machte vielleicht hunderttausend jährlich und trug die Nase hoch. Der Junge, dem die Headline einfiel, ist tot und vergessen. Nur wegen dieser Kampagne war der Creativ-Direktor bei *Fuller & Smith & Ross* lange, lange Zeit ein Held. Das einzige ist, daß der Creativ-Direktor weiß, von wem die Headline stammt. Er weiß, daß die Headline nicht von ihm ist, daß er sie irgendeinem armen Jungen wegschnappen mußte. Er sollte das wissen, und sehr spät abends ein wenig zittern.

# Zensur

Man gibt nicht 50 000 oder 60 000 Dollar aus, um einen Fernsehspot zu produzieren, und läßt ihn dann einfach ausstrahlen. So einfach ist das eben nicht. Es gibt Regeln, Vorschriften und Zensur. Es gibt sogar so viel davon, daß es verdammt komisch und dumm ist. Früher oder später wird jeder Fernsehspot von irgendwem abgelehnt. Die »National Association of Broadcasters« ist die nationale Zensurtruppe, und sie lehnt Spots über bestimmte heikle Themen ab, etwa Zigarettenwerbung, persönliche Produkte, Intimhygiene für Frauen und Körperstellen wie den Bauchnabel. Die National Association ist verdammt schwierig, wenn's um den Bauchnabel geht. Wenn man durch die *N. A. B.* durchkommt, hat man es mit den Sendegesellschaften zu tun, die ihre eigenen Kontrolleure beschäftigen. Und die einzelnen Sender haben ebenfalls ihre Zensoren.

Eines der größten Probleme, das alle Agenturen haben, ist die Zensur. Sie bereitet Kopfschmerzen. Dabei gibt's wirklich keinen Grund für eine Zensur. Zensur, jede Art von Zensur, ist reine Willkür und Laune. Zensur ist eigenmächtig. Es gibt auch keine Regeln, Vorschriften oder Gesetze dafür. Das Problem ist, daß der Kodex der »National Association of Broadcasters« sich jede Woche ändert. Jede Woche erscheint eine neue Direktive der *N. A. B.* Ich richte mich nicht nach irgendwelchen Regeln oder Vorschriften oder Gesetzen, wenn ich einen Fernsehspot mache. Denn wie könnte ich auch? Was diese Woche okay ist, kann in der nächsten Woche wieder nicht gut sein. Es gibt keine Regeln. Es gibt nur Miss Cheng.

Nun, Miss Cheng ist ein steiler Zahn – Vorname An-Shih. Sie ist 31 oder 32 Jahre alt, und sie ist die Dame, die man bei der *N. A. B.* besuchen muß, um einen Spot genehmigt zu bekommen. Miss Cheng sitzt in ihrem kleinen Zimmer oben auf der Madison Avenue, und das ist ein seltsamer Ort für einen Zensor. Sie sitzt da und sorgt dafür, daß das große amerikanische Publikum nicht beleidigt wird. Sie ist privat nicht an Spots interessiert, sie hat kein Geld drin stecken. Sie möchte nur Amerika sauber halten. Obwohl Miss Cheng ein süßes Mädchen ist, hatte ich mit ihr meine größten Probleme, als ich die Spots für Feminique machte.

Nun gut, Feminique ist ein Produkt für Frauenhygiene, um mal eine Phrase loszulassen. Frauen benutzen den Spray, damit sie um die Vagina herum schön duften. Dazu ist das Zeug da. Aber man kann dies nicht im entferntesten in einer Anzeige oder in einem Fernsehspot sagen. Also versuchten wir, einen Filmstar dazu zu bringen, das Produkt in einem Spot gutzuheißen. Wir versuchten es mit allen. Vanessa Redgrave schickte uns einen Brief, in dem stand, daß wir Amerikaner wegen unserer sauberen Achselhöhlen und so weiter, verrückt seien. Sie schrieb, sie glaube, daß Feminique nur ein weiteres Beispiel für die amerikanische Verrücktheit mit der Sauberkeit sei. Was die Vagina betrifft, so schrieb Vanessa Redgrave, die Frauen sollten doch Bidets, Seife, Wasser und Babypuder verwenden. Ich stehe da, und es dämmert mir, daß wir niemand dazu kriegen werden. Ich meine, jede ließ uns abblitzen, jede bis auf Linda Darnell, und die ist seit drei Jahren tot. Ich bin sicher, auch sie hätte uns abblitzen lassen, wenn sie noch am Leben gewesen wäre.

Schließlich kommt Nachricht von einem der Agenten, daß Dorothy Provine, der Fernsehstar, den Spot für 50 000 Dollar machen würde. In der Agentur herrschte großer Jubel, als die Provine zusagte. Wenn 50 000 Dollar auch eine Menge Moos sind, konnten wir doch den einzigen Spot ausgestrahlt bekommen, der in allen Dingen, die der Kodex verbot, vorbeikam. Man darf auch Sex nicht erwähnen, aber die Provine ist gleichbedeutend mit Sex. Man darf nicht sagen: attraktiv, aber die Provine ist attraktiv. Meine

Theorie war, daß die Konkurrenz, wenn sie unseren Spot sieht, und es mit uns aufwärts geht und der Umsatz steigt, sagen wird: »Wir müssen uns auch einen Star besorgen, um diesen Leuten den Wind aus den Segeln zu nehmen.«
Ich stelle mir vor, daß, wenn diese Jungs so auf die Suche gehen würden, wie ich das gemacht habe, Arthur Godfrey dann der einzige Star ist, der für sie übrig bleibt. Er macht jetzt Spots für Axion, aber ich meine, er ist der einzige, noch übriggebliebene Star.

Wir drehten den Spot draußen in Los Angeles in einem großen Landhaus. Wir haben einen großartigen Kameramann, einen Regisseur, Skriptgirls, Dutzende von Leuten, die herumlaufen, und wir haben eine Menge Kies investiert. Ich gehe in dieses Landhaus, das vielleicht vierzig Zimmer hatte, um mit der Provine zu sprechen, und als ich sie sehe, falle ich fast um.
Sie saß unter der Trockenhaube, und wie Sie wissen, ist das keine gute Gelegenheit, mit Damen zu reden, denn Damen sehen unter der Trockenhaube gewöhnlich ziemlich lausig aus.
Ich gehe hinunter und fühle mich sehr nervös. Ich meine, hier sind wir nun mit einer Mannschaft von fünfundzwanzig Leuten, wir geben 50 000 Dollar für die Provine aus, und vielleicht noch mal 25 000 für den Film, und was sollen wir machen?

Endlich kommt die Provine herunter, und sie ist schön. Ein schwuler Maskenbildner hat sie zusammenmontiert und etwas aus ihr gemacht. Ich fing an, mit ihr zu sprechen, und sagte: »Ich möchte, daß Sie das so sprechen wie Sandy Dennis.«
Sie fragte: »Und wie spricht Sandy Dennis denn?« Ich sagte: »Sandy Dennis spricht, als sei man geistig zurückgeblieben, etwa in den ersten achtzehn Jahren des Lebens, und als habe man gerade erst sprechen gelernt, könne sich aber der Wörter nicht so gut entsinnen. Sagen Sie's ungefähr so: ›Dies ist das erste Mal, daß ich ... äh ... je ein ... einen Werbefilm ... äh ... gemacht habe‹.« Ich sagte: »Es muß natürlich klingen, wie bei Sandy Dennis, wissen Sie, gemacht natürlich.«
Sie machte es, und sie machte es sehr gut. Da ist also eine

Szene, sie tritt auf und sagt: »Dies ist das erste Mal, daß ich je einen Werbefilm gemacht habe. Er handelt über ein Produkt, das mich ... äh ... sehr bewegt ... Es ist ein weibliches ...« Und sie lieferte uns einen wunderbaren Text à la Sandy Dennis. Ein fabelhafter Spot. Dann begann unser Kummer mit Miss Cheng.

Die Büroräume der »National Association of Broadcasters« täuschen. Sie sind wie andere Büroräume auch. Man geht hinein, und da sitzt ein Mädchen im Empfang, und man sagt: »Miss Cheng bitte.« Und Miss Cheng kommt hinaus. Sie ist eine milde Natur, sehr nett, und ich weiß nicht recht: Vielleicht ist sie die treibende Kraft hinter der ganzen Sache. Ihr Titel lautet: Verantwortlicher Redakteur. So viel ich weiß, habe ich da oben nie viele Leute gesehen. Alles was man macht, ist, sein Zeug Miss Cheng zu zeigen. Sie redet immer vage über Leute im Hintergrund, die sie zu konsultieren hätte, aber von diesen Leuten habe ich immer nur einen gesehen. Sie geht weg, und dann kommt sie mit den dümmsten Entscheidungen zurück, die ich je erlebt habe.
Gewöhnlich geht man zu Miss Cheng mit den Storyboards – das sind diese Pappdinger, worauf die verschiedenen Szenen aus einem Spot eingezeichnet worden sind, und darunter wird der Text getippt. Bei dem Feminique-Spot leistete Miss Cheng gleich ganze Arbeit – sie schmiß zwei Drittel einfach raus: weg Storyboard!

Miss Cheng erklärt, wir dürften nicht sagen: »Es ist sicher«, aber wir dürften sagen: »Es macht, daß Sie sich sicher fühlen.« »Also, das heißt doch, daß die Frau sicher ist?« »Ja, aber sie dürfen nicht sagen, daß es sicher ist.« Miss Cheng liebt auch nicht die dreimalige Verwendung des Wortes »weiblich« im Spot. »Ist weiblich gut genug, daß man es einmal verwenden darf?« »Gewiß, einmal dürfen Sie's verwenden.« »Ja, und warum darf ich es nicht dreimal verwenden?« »Nun wenn Sie's dreimal verwenden, dann unterstreichen Sie's zu sehr.« Und weiter: »Sie dürfen die Namen Ihrer Konkurrenten nicht verwenden, auch dann nicht, wenn Sie was Nettes über sie sagen.« Weiter: »Sie dürfen den Ausdruck ›Frauenhygiene‹ nicht verwenden.« Immerhin ist Miss Cheng ziemlich liebenswürdig. »Viel Erfolg mit Ihrem Spot«, sagt sie. Man könnte natürlich den Spot ohne Miss Cheng's Billigung drehen, aber senden könnte man ihn nicht. Oh ja, ich stelle mir vor, man könnte zu Sendern gehen, die dem Kodex der *N. A. B.* nicht angeschlossen sind. Vielleicht gibt's zwei Sender, die sich dem Kodex nicht angeschlossen haben. Möglicherweise liegt einer davon in so einem bedeutenden Markt wie Monahans, Texas (KMOM-TV).

Also macht man sich 'ran und schreibt den Spot um, damit Miss Cheng glücklich ist, und dann zieht man zur Küste, um zu drehen, und gibt ich weiß nicht wie viele Dollars aus, um zu montieren, und dann bringt man ihn wieder zu Miss Cheng, damit sie ihn ansehen kann. Sie schaut ihn in ihrem kleinen Vorführraum an, nickt weise und ruft einen dann am nächsten Tag an und beginnt, wieder drauf herumzuhacken. Eine der Zeilen, die Dorothy Provine spricht, lautet: »Es gibt eine Menge anderer Produkte, aber was ich benutze heißt Feminique.« Miss Cheng möchte das »aber« nicht haben. Das »aber« zeigt an, daß wir versuchen, der Konkurrenz eins auszuwischen. Miss Cheng möchte, daß die Provine sagt: »Es gibt eine Menge großartiger Produkte – das Produkt, das ich gebrauche, heißt Feminique.« Miss Cheng sagt, wir hätten eine Zeile in dem Spot, die erklärt, daß Feminique einen frischen reinen Duft hat, den man nicht durch eine Dusche oder ein Bad bekommt. Miss Cheng sagt, diese Zeile bedeute – und so formulierte sie es tatsächlich –, daß man nach einer Dusche oder nach einem Bad »immer noch stinkt«. Wir sind wieder gekillt worden. Sie hält uns auf, mehr Probleme – mehr Haken. Es wird so weitergehen, und es ist eine endlose Schlacht. Je mehr Macht die Zensoren erhalten, desto heftiger werde ich sie bekämpfen. Und es ist ein Kampf, den die Agenturen nicht gewinnen. Zum Schluß bekamen wir den Spot ausgestrahlt. Wir synchronisierten nach, wir schnitten, wir machten einen Saustall aus einem guten Spot, nur um Miss Cheng bei Laune zu halten.

Ich stieß wieder mit der Zensur zusammen, als ich versuchte, eine Anzeige für Feminique in McCall's (einer Frauenzeitschrift) erscheinen zu lassen. Art Stein war damals der Herausgeber von McCall's, und er verabscheute die Vorstellung von weiblicher Hygiene. Wir gingen mit dem Provine-Spot zu ihm, der inzwischen vollendet und freigegeben war, und wir zeigten ihm, daß die gleiche Anzeige von »Ladies Home Journal«, »Washington Post« und einer Menge weiterer Zeitungen und Zeitschriften akzeptiert worden war. Stein las den Text, der unter anderem sagte: »Jetzt, wo die Pille Ihnen die Angst genommen hat, wird dieser Spray diese ganze Freiheit lebenswert machen.«

»Was veranlaßt Sie zu glauben, daß die Frauen, die meine Zeitschrift lesen, die Pille nehmen?«, sagte er. »Nun«, sagten wir, »wir haben hier einen Artikel, den Sie vor sechs Monaten in Ihrer Zeitschrift gebracht haben, und zwar über die Pille, über Schwangerschaft und alles das.«

Wir zeigten ihm den Artikel. Er sagte: »Das gehört ins redaktionelle Ressort. Mein Ressort ist Werbung. Man kann den Frauen nicht erzählen, daß die Pille sie von der Angst befreit hat. Ich werde das nicht akzeptieren.« »Prima«, sagte ich, »wir nehmen diese Zeile raus.«

»Da haben Sie noch so einen Satz«, sagte er und wies auf eine Zeile, die so was sagte wie: »Eine Frau sollte sich um ihren wichtigsten Körperteil kümmern, wenn sie badet.« »Dieser Satz«, sagte er, »das mit dem wichtigsten Teil, ... man ... man ... kann so was nicht schreiben.«

Ich sagte: »Ich habe die Anzeige geschrieben, und ich denke, daß dies der wichtigste Teil einer Frau ist.« Stein wurde tiefrot im Gesicht und sah mich an und sagte: »Mr. Della Femina, haben Sie schon mal was vom Herzen gehört?« Ich sagte ihm, daß, wenn ich mit einer Frau ins Bett gehe, ich mich nicht besonders ums Herz kümmere. Er sagte: »Sie kommen mit dieser Anzeige nicht in meine Zeitschrift, jetzt ist es Schluß.« Whamm! Und er wurde sie los. Inzwischen hat man Stein gefeuert, und sein Nachfolger kam letzten Sommer in unsere Agentur und fragte, ob er wohl dieselbe Anzeige für seine Zeitschrift haben dürfte.

Zensur bedeutet nur Heuchelei. Ich wurde zensiert, weil Mr. Stein es nicht übers Herz bringen konnte zu glauben, daß die Frauen, die seine Zeitschrift lesen, Vaginas haben. Glauben Sie nicht einen Augenblick, daß wir wegen der Natur des Produktes die einzigen waren, die Kummer mit dem Zensor hatten.

Bei *Bates* produzierten sie mal einen Spot für eine Spielzeugfirma, der einen kleinen Jungen mit einer kleinen Maschinenpistole zeigte, wie er oben auf einem Sandhaufen stand und auf Nazis oder sonstwen feuerte, den wir damals gerade umbrachten oder bekämpften. Vielleicht Vietkong. Der Spot ging zum Zensor, und zurück kam die Antwort: »Dieser Spot ist für den Kodex nicht akzeptabel.« Der Kontakter fragt: »Warum nicht?« Offensichtlich ist er über die Reaktion auf den Film sehr betroffen. Der Kontakter stellt sich vor, er sei im Zensurbüro auf einen gestoßen, der den Krieg verabscheut und versucht, Gewalttätigkeit auf dem Bildschirm zu unterdrücken. Keineswegs. Der Zensor sagt: »Nun, es ist klar, daß der Sandhaufen zum Spiel gehört.« Der Kontakter fragte: »Sandhaufen? Was für ein Sandhaufen?« »Der Sandhaufen, von dem der Junge herunterschießt.« Der Kontakter sperrt die Augen weit auf und tritt zurück. »Der Sandhaufen gehört zum Spiel? Wie kann irgendein Kind glauben, daß der Sandhaufen zum Spiel gehört? Es ist einfach irgendein Sandhaufen.« Der Zensor sagte: »Die Kinder werden natürlich meinen, daß er zum Spiel gehört, denn er ist auf der ganzen Länge des Spots im Bild, und der kleine Junge verbringt seine ganze Zeit oben auf dem Sandhaufen.« Der Zensor vermutet, das Kind werde erwarten, zu jeder Maschinenpistole einen Sandhaufen als Zugabe zu bekommen. Der Zensor sagte dem Kontakter, daß *Bates* die Wahl habe: entweder den Kindern als Zugabe zu jeder verkauften Maschinenpistole einen Haufen Sand zu liefern oder während des Spots auf dem Bildschirm einen Text einzublenden, der sagt: »Der Sandhaufen wird nicht zur Pistole geliefert.« Der Kontakter, der ein sehr heller Junge ist, glaubt plötzlich schon im Jahre 1984 zu leben. »Welches Kind«, sagt er, »wird so was glauben?« Der Zensor hatte auch dafür eine Antwort parat. »Es sind nicht die Fünfjährigen, die uns Kummer machen. Es sind die Ein- oder Zweijährigen, die irregeführt werden könnten.«

Der Kontakter fragt, nur um sicher zu gehen: »Und für die Zweijährigen, die nicht lesen können, soll ich einblenden: ›Der Sandhaufen gehört nicht zum Spiel‹? Der Fünfjährige, der lesen kann, wird uns ohnehin für verrückt halten.« Der Zensor sagt: »Wenn Sie den Text nicht einblenden wollen, wird der Spot nicht gesendet.« Und so wurde der Text für die Zweijährigen, die nicht lesen können, dann auch eingeblendet. Bei all diesem sagte niemand: »Glauben Sie wirklich, wir sollten einen Spot ausstrahlen, der ein blutdürstiges Kind zeigt, das mit einer echt aussehenden Maschinenpistole eine Menge andere Kinder umlegt?« Nein, das ist in Ordnung. Kinder dürfen töten und noch viel mehr. Es lag nur an einem Sandhaufen. Das ist Zensur in ganz großer Form.

Wie ich schon erwähnte, gibt's nicht nur einen Zensor, sondern manchmal auch zwei oder drei. Miss Cheng ist der Zensor der *N. A. B.* Der Zensor der einzelnen Sendegesellschaften ist gewöhnlich eine Frau mit Namen McGillicutty oder so ähnlich, die über vierzig ist und ein bißchen zu dick. Eine alte Jungfer und eine Jungfer von Amts wegen. Ich meine nicht bloß eine jungfräuliche Jungfer. Ihre Aufgabe ist es, dazusitzen und so viele Spots wie möglich zu sehen, zu lesen und zu begutachten. Das ist ihre einzige Aufgabe. Das einzige, was sie den ganzen Tag zu tun hat, ist, nach Schmutz zu suchen. Wenn sie keinen Dreck findet, hat sie an dem Tag ihr Gehalt eigentlich nicht verdient. Also ist es ihre Aufgabe, tagaus tagein Schmutz zu finden. Wenn sie morgens aufsteht, kreisen ihre Gedanken nur um Schmutz, Mist und Dreck. Mensch, war das nicht eine Brust, die ich gestern in dem Spot sah? Habe ich bei dem Modell nicht ein wollüstiges Grinsen gesehen, oder war es nur ein nettes Lächeln? Zeigte der Bursche unter der Dusche nicht ein bißchen Hüfte?« »Laß das bitte nochmal laufen, ich glaube, ich sah ein Stückchen Hüfte.« Das ist der Tageslauf und das Leben dieser Leute. Man kann sich vorstellen, wie frustriert die am Ende des Tages sind. Sie haben einen verrückten Job. Vielleicht versuche ich, in einem Spot, etwas durchzubekommen. Vielleicht versuche ich in einem Spot, »Sex« zu sagen und schlage sie. Aber sie kann sich nicht schlagen lassen, sie muß es entdecken. Es ist ein großes Spiel: Sie muß das Stückchen Hüfte, das wollüstige Grinsen, die hochgezogene Augenbraue, den Schmutz finden.

Nehmen wir mal den Noxzema-Spot mit der fantastisch aussehenden Blondine, nämlich den, in dem die Blondine sehr, sehr suggestiv am Daumen lutscht und sagt: »Lege ab, lege ab.« Dieser Spot ist sehr sexy. Irgendwo im Laufe der Produktion hat ein Kontakter ganze Arbeit geleistet. Er muß den Spot eingereicht und sich mit der über vierzigjährigen Zensorin hingesetzt haben, und sie schauten sich ihn an. Wenn die Zensorin nun Zweifel wegen der Blondine hat, die so am Daumen lutscht, was wird sie sagen? Etwa, daß das auf dem Bildschirm wie Fellatio aussieht? Der Kontakter muß gesagt haben: »Sie lutscht am Daumen. Wenn Sie mir sonst noch irgendwas sagen können, das dies bedeuten könnte, dann senden wir den Film nicht.« Was für eine Aufgabe. Die Frau konnte es offenbar nicht über sich bringen, ihm zu erklären, was der Spot ihrer Ansicht nach unterstellte. Ich bin sicher, daß das so vor sich ging.

Es ist nicht so leicht, einen Zensor zu überlisten. *Smith/ Greenland,* eine gute Agentur, machte einen Spot für Fresh, ein Deodorant. Warum haben solche sauberen Produkte immer soviel Schwierigkeiten? Jedenfalls kamen sie bei Miss Cheng durch, ich meine, sie zeigten Miss Cheng, was sie machen wollten, und sie sagte: »Fantastisch.« Sie wollten eine Bauchtänzerin bei der Arbeit zeigen, wollten zeigen, was für ein anstrengendes, aktives Leben sie führt. Natürlich duftet die Bauchtänzerin die ganze Zeit herrlich, weil sie Fresh benutzt, das auch dann nicht nachläßt, wenn man eine ganze Nacht lang mit Bauchtanzen verbringen möchte. Sie schnitten den Film mit viel Geldaufwand, und als Miss Cheng den Schnitt sah, sagte sie: »Prima.« Sie bildeten sich ein, sie hätten's geschafft. Was sie nicht einkalkulierten, war der Zensor von NBC, der einen Blick auf den Spot wirft und sagt: »Das ist ja ein Bauchnabel. Mein Gott, Sie können doch keinen Bauchnabel zeigen.« Die Theorie war, daß Kinder zusehen und dann den Bauchnabel erblicken könnten. Natürlich machte der NBC-Zensor sich nicht klar, daß Kinder am Abend, wenn sie in der Badewanne sitzen und sich betrachten, ihren Bauchnabel sehen. Aber keine ausgestrahlten Bauchnabel! Nicht gut! Vergessen wir einfach, daß jedes Kind einen Bauchnabel hat. Vergessen wir das.

Plötzlich hatte *Smith/Greenland* nun diesen teuren Spot auf Lager und weiß nicht, wohin damit. Der NBC-Zensor machte den Spot völlig kaputt. Auf beiden Seiten herrschte viel Bitterkeit. Die Fresh-Leute können diese Art Probleme nicht gebrauchen, und da ist nun eine Agentur, die viel Geld ausgegeben und keine Möglichkeit hat, den Spot ausstrahlen zu lassen. *Smith/Greenland* hat den Spot in Form eines Storyboards vorgelegt. Wer weiß? Vielleicht hat der Illustrator den Bauchnabel nicht eingezeichnet oder wenn schon, dann war es kein echter, lebendiger, pulsierender Bauchnabel, der sie hätte veranlassen können, schon in diesem Stadium den Film zu stoppen. *Smith/Greenland* verlor den Etat, einen Etat von über einer Million Dollar. Was an dieser Geschichte so traurig ist, ist die Tatsache, daß man nicht gewinnen kann, daß man keine Chance hat.

Die Antwort lautet: Weg mit der Zensur. Die Antwort lautet: Wenn man was Geschmackloses macht, ist man bald weg vom Fenster. Ich meine, weil die Leute das Produkt nicht mehr kaufen wollen. Sicher, eine Menge Scheiße wird ausgestrahlt. Schrecklich. Aber dieses Zeug geht ein, stirbt. Aber man sollte es von selbst absterben lassen. Wer bin ich denn, um sagen zu können, daß dieses Zeug geschmacklos ist? Ich denke übrigens auch, daß viele Agenturen in dieser Stadt eine Menge geschmacklosen Mist produzieren. Aber ich habe nicht das

Recht, ihnen das vorzuwerfen. Nein. Meine Vorstellungen über Zensur sind ganz simpel: ich habe nicht das Recht, irgendwen zu zensieren. Manchmal schreitet der Kunde ein und sagt der Agentur, daß dieser Spot nicht gut sei. Aber das ist Zensur durch den Knaben, der die Rechnungen bezahlt. Viele Kunden möchten nicht, daß ihre Produkte auf eine bestimmte Weise abgebildet werden. Viele Kunden möchten noch nicht mal an der Grenze zum schlechten Geschmack sein. Aber es ist was anderes, wenn der Kunde einem sagt, daß man kürzer treten soll, als wenn eine dritte Partei einen zensiert. Miss Cheng sagt, daß Nabel in Ordnung sind, die Dame vom Schlage Mrs. McGillicutty sagt, daß Nabel raus müssen. Miss Cheng kümmert sich nicht um Geld. Sie ist nicht beteiligt. Wie ich ihr neulich am Telefon sagte: »Wenn ich in dem Spot einmal ›weiblich‹ sagen darf, wem komme ich in die Quere, wenn ich es dreimal sage?« Aber in ihrer kleinen Welt sind dreimal zu viele Male. Einmal ist alles, was sie mir erlauben kann. Ich verliere wieder einmal.

Da gibt's einen Klassiker von Lenny Bruce. Er spielt einen Vater, der mit seinem Sohn redet, während sie sich beide einen pornografischen Film angucken.
Bruce sagt: »Mein Sohn, ich kann's dir nicht erlauben, dies zu sehen. Dies ist ein Film, in dem ein Paar sich liebt, und das ist schrecklich, schmutzig und abscheulich. Mein Sohn, ich werde dir jetzt die Augen verbinden. Dieser Mann küßt die Frau, und jetzt werden sie sich lieben, und es wird Spaß und noch anderes machen, und das ist schrecklich. Und du darfst das nicht sehen, bis du mindestens einundzwanzig bist. Statt dessen, mein Sohn, werde ich mit dir zu einem guten Kriegsfilm gehen. Wir können natürlich zu einem Kriegsfilm mit John Wayne gehen, wo es Blut, Eingeweide und Morde gibt. Denn jemand hat entschieden, daß du so was sehen darfst, mein Sohn.«

Wenn man Spots für Zigaretten macht, dann kann man das gleich vergessen. Man kann in Zigarettenspots nichts sagen. Nichts. Man darf einen Schwulen in dem Spot ein wenig auf und abgehen lassen, aber in einem Zigarettenspot darf ihm das keinen Spaß machen. Die Darsteller dürfen nicht so aussehen, als machte es ihnen Spaß. Zigaretten dürfen nicht von einem Sportler empfohlen werden, sie dürfen von niemandem empfohlen werden. Darsteller dürfen nicht zu jung sein und dürfen nicht zu klug aussehen. Gerade jetzt sind Zigaretten ein heikles Thema. Wer kann nicht alles Held sein, indem er gegen die Zigaretten stänkert? Der Kampf gegen die Zigarette ist wirklich die heuchlerischste Art der jetzigen Zensur. Schlimmer als Miss Cheng oder Mrs. McGillicutty. Es ist jetzt sehr in der Mode, die Werbung anzugreifen, und wir sind leicht verwundbar, weil wir untereinander uneins sind. Jemand kann im Kongreß aufstehen und sagen: »Das Geld, das für Seifenwerbung ausgegeben wird, würde reichen, um Harlem zu retten.« Jedermann wird dem beipflichten – bis auf die Leute, deren Beruf es ist, Seife herzustellen und zu verkaufen. Für einen Politiker ist es ziemlich leicht, Leute fertig zu machen, aber nur wenige von ihnen sind so töricht, die Werbung als Ganzes anzugreifen. Wissen Sie, die Politiker gehören zu den größten Inserenten. Rockefeller gibt ein Vermögen für Werbung aus, jedesmal wenn er kandidiert. Javitts – er ist gerissen wie der Teufel – behandelt sich selber als Produkt. Wenn er während der Kampagne die Umfrageergebnisse ansieht und bemerkt, daß er mit großem Abstand gewinnen wird, macht er es wie jeder andere Kunde: Er kürzt einfach den Etat.

Senator Gaylord Nelson aus Wisconsin hielt vor ein paar Jahren ein Hearing und entschied, daß die amerikanischen Autoreifenhersteller weniger Geld für Werbung ausgeben und dafür bessere Reifen produzieren sollten. Oberflächlich gesehen, klingt das phantastisch. Meiner Ansicht nach würden die Reifenfabrikanten, wenn sie könnten, sicherlich bessere Reifen produzieren; denn dann hätten sie es auf dem Markt viel leichter. Aber Nelson sagt, sie gäben zu viel Geld für die Werbung aus. Ich schrieb in »Marketing/Communications« einen Artikel über Nelson, und es gelang mir, zu ermitteln, wie viel er bei seiner letzten Kampagne anläßlich der Senatswahl ausgegeben hatte. Dieser Politiker, der sich über die Ausgaben der Reifenleute aufregt – und das ist im Staatskapitol in Madison öffentlich dokumentiert – hat in seinem letzten Wahlkampf etwa 486 338,34 Dollar ausgegeben, um sich selber zu propagieren. In Ordnung. Wieso schränkt er nicht seine Werbung ein und verwendet das Geld, um bessere Senatoren zu produzieren? Vielleicht könnte er das Geld benutzen, um Fachleute anzuheuern, die ihn mit Wissen vollstopfen. Er könnte eine Menge mit dem Geld anfangen. Dieses Land braucht bessere Senatoren, und Nelson sollte von seinem Werbeetat etwas für die Produktion besserer Senatoren abzweigen. Ich könnte für ihn nach dieser Konzeption sogar eine ganz gute Kampagne machen.

Was die Politiker tun, ist Salamitechnik: Sie greifen eine Gruppe nach der anderen an. Heute sind die Zigarettenfirmen dran. Beim nächsten Mal sind es vielleicht wieder die Marihuanajungs, und danach sind es die Autos. Zum Schluß kommen sie ganz unten bei den Seifenleuten an. Beobachten Sie das mal. Wenn jemand versucht, sie davon abzuhalten, argumentieren sie so: »Schauen Sie mal, es ist nur ein Teil der ganzen Wirtschaft. Und wir machen das zu Ihrem Besten.« Die Salamitechnik ist in Wahrheit auch bei Werbung und Verpackung angewendet worden. Die US-Regierung hat entschieden, daß Sie Ihre Kirschtorte nicht Kirschtorte nennen dürfen, wenn nicht 32 Kirschen pro Torte drin sind – oder so was. Wer also macht den Wirbel wegen der Kirschtorte? Die Brotfabrikanten nicht – ihnen ist es egal. Der Brotmensch sitzt da und sagt: »Gut für sie. Man sollte es denen mal zeigen. Diese Arschlöcher sollten sich mal mit den Kirschen in ihrer Kirschtorte befassen.« Der Knabe eine Ecke weiter, der Zigaretten herstellt, ist nicht interessiert: »Geschieht den Leuten nur recht. Es ist höchste Zeit, daß man sich mal um diese Nepper kümmert, die Kirschtorte verkaufen.« Der Kirschtortenfabrikant bekommt es also mit voller Wucht. Weil ein Mann in Washington willkürlich die Zahl der Kirschen in einer Kirschtorte festgesetzt hat, kommt die Tortenindustrie mit einem Instrument heraus, das die Zahl der Kirschen genau

mißt. Es ist ungefähr so wie ein Sieb zum Goldwaschen. Sie tauchen dieses Ding in einen Topf mit Kirschen, sie sieben sie, und wenn der Überschuß durchfällt, müssen sie 32 Kirschen zählen können. Ehe sie das Sieb in die Torte kippen, müssen sie mindestens 32 Kirschen darin haben. Die Regierung meint, daß der Mann von der Straße, der seine Kirschtorte löffelt, nicht genug Schutz hat, wenn nicht ausreichend Kirschen in der Torte sind.
Der einzige, der darüber in Wut gerät, ist der Tortenmacher, und er richtet sich danach, weil er statt »Kirschtorte« nicht »kirschenähnliche Torte« sagen möchte. Also hält er sich an die Verordnung. Eine Ecke weiter denkt ein anderer Knabe: »Prima. Haut diesen Kirschentortennepper.« Niemand hält in dieser Sache zum anderen.

Die Regierung verfährt nach der Theorie, daß meine Frau oder Ihre Frau oder irgendeine Frau zu dumm ist, den Unterschied zwischen einer Superdose und einer Großdose zu erkennen. Da ist ihre Theorie: Wir kümmern uns besser um die Leute, denn die Leute sind zu blöde, um selbst auf der Hut zu sein. Was dann geschieht, ist, daß wir Typen wie Bess Myerson oder Betty Furness bekommen, die für uns aufpassen. Es ist erstaunlich, was für Leute als Wachhunde des Volkes angestellt werden. Ich warte auf Frances Langford oder vielleicht Dorothy Lamour. Auch Gloria De Haven wäre gut. Oder Ann Miller. Ich stelle mir vor, wie Ann Miller zwanzig Minuten »Ehrlichkeit bei der Verpackung« macht. Ich begreife nicht, warum die Sache so versaut worden ist. Warum wenden sie sich an die Show-Branche? Wie wär's mit Mickey Rooney oder mit Shirley Temple? Nein, die kommt nicht in Frage, weil sie uns schon bei den Vereinten Nationen vertritt. Was mich wirklich wütend macht, ist, daß die Regierung in der Sache so heuchlerisch verfährt. Die Regierung sagt, Zigaretten sind eine Gefahr für die Gesundheit. In Ordnung. Warum erklären sie dann nicht den Verkauf der Zigaretten für ungesetzlich? Es wäre sehr einfach, keine Schwierigkeit. Sie brauchen die Zigaretten nur dem LSD, Heroin, Hasch und dergleichen zuzuordnen, und der Film ist gelaufen. Einfach gesetzwidrig machen. Nun, ich denke, daß die Regierung sich dazu nicht durchringen kann, weil sie gerade aus den Zigaretten eine Unmenge Steuergelder bezieht. Die Regierung verdient an den Zigaretten viel Geld – und wer weiß, wieviel zusätzliche Steuergelder die Bundesstaaten und die kommunalen Verwaltungen noch kassieren? Die Regierung ist die große Nutznießerin der Zigarettenwerbung. Und das ist doppelte Moral.

Daß die Sender die Zigarettenwerbung aufgeben, ist ein Witz. Die Sendegesellschaften sagen: »Richtig. Keine Zigarettenspots mehr.« Aber der Grund ist einfache Ökonomie. Der Druck auf die Sender, Spots der »American Cancer Society« (Krebsstiftung) auszustrahlen, war groß. Für diese unentgeltlichen Spots hätten sie soviel Zeit opfern müssen, daß es für sie wirtschaftlich nicht mehr vertretbar war, die Zigarettenwerbung fortzusetzen. Die Sendegesellschaften können nicht gut die Zigarettenwerbung beibehalten und dann der Antizigarettenwerbung die gleiche Zeit geben und dabei noch im Geschäft bleiben. Um aus dieser Klemme herauszukommen, geben sie eben die Zigarettenwerbung auf.
Wenn die Werbeagenturen solche Verführer sind, wenn sie so viele Leute zum Kauf von Zigaretten verlocken können, wie kommt es dann, daß sie die Leute nicht dazu verlocken können, mit dem Rauchen aufzuhören? Sie machen ja Kampagnen gegen das Rauchen. Entweder hat man das Recht zu rauchen oder nicht. Entweder erklärt man das Rauchen für ungesetzlich oder man läßt die Finger davon. Aber genug von der doppelten Moral.

Marihuana ist illegal. Die Ärzte sagen, es sei vielleicht gefährlich, vielleicht auch nicht. Die Regierung ist ganz sicher – sie sagt es sei ungesetzlich und je nachdem, wo man ist, kann man für den Verbrauch oder Verkauf lange Zeit eingesperrt werden. 1969 fand in Bethel, New York, ein Rock-Festival statt, und so um die 400 000 junge Leute saßen auf der Wiese und wurden high. Völlig ungesetzlich, und ein Sheriff sagte, es gäbe in drei Bundesstaaten nicht genügend Gefängnisse, um alle einzusperren, die ihre Sticks rauchten, und daher sagten sie: »Scheißegal. Was soll's.« Doppelte Moral – wie die Prohibition.

Die Zigarettenleute stellten ihren eigenen Zensor an. Sie meinten, es sei leichter, einen Knaben zu heuern, der sie zensierte, als dazusitzen und sich von der Regierung zensieren zu lassen. Sie zogen los und stellten Robert Meyner ein, den ehemaligen Gouverneur von New Jersey.
Und die Industrie sagt zu Meyner: »Bitte, zensiere uns. Behüte uns davor, daß wir Sachen machen, über die die Regierung aus dem Häuschen gerät.« Er ging so weit, daß er sie jetzt viel schärfer zensiert als die Regierung es je könnte. Kürzlich sagte mir ein Freund: »Ich werde sie schlagen. Ich werde einen Spot für Zigaretten gesendet bekommen.« Endlich rückte er mit der Idee raus. Er wollte die Rechte für den »59th Street Bridge Song« kaufen, in dessen Text das Wort »Wohlgefühl« vorkommt, und er wollte einen Jungen und ein Mädchen zeigen, die durch Manhattan flanieren und rauchen, und im Ton würde dann das Wort »Wohlgefühl« gesungen. Der Kodex sagte: »Nicht gut. ›Wohlgefühl‹ ist jung, es ist junge Musik. Beschaffen Sie ältere Musik.« Mein Freund war fertig, erledigt. Erinnern Sie sich an die berühmten Anzeigen, die Colonel Elliot Springs für »Springmaid« (Frühlingsmädchen) Bettücher machte? Geiles, geschmackloses Zeug. Er zeigte ein Indianermädchen, das Kleid hoch bis zum Nabel, und neben ihr ein Indianerjunge. Es war offensichtlich, daß die beiden gerade gebumst hatten. Und wenn man das vielleicht nicht herausbekam, half einem die Headline: »A buck, well spent on a Springmaid sheet«. (In diesem Falle ist ein »Buck« ein junger Indianer. »Well Spent« bedeutet hier: er hat gut spendiert.) Man sieht das jetzt nicht mehr. Die Verbraucher machten da zum Schluß nicht mehr mit. Sie entschlossen sich, diese Bettücher nicht mehr zu kaufen. Am Ende funktioniert geschmacklose Werbung nicht, und man hat nichts davon, es zu probieren.

Die Verbraucher killen schlechte Werbung auf eine sehr gute Weise. Sie schreiben noch nicht mal so viele Briefe an den Hersteller. Sie kaufen das Produkt einfach nicht mehr. Plötzlich schaut man sich um und sieht, wie Umsatzziffern fallen. Die Briefe, die an die Sendegesellschaften gerichtet werden, sind nur wenige und seltene, was die Spots betrifft. Wenn aber Firmen oder Sendegesellschaften solche Briefe bekommen, werden sie sehr nervös. Ich könnte die gesamte Werbung mit fünf kleinen alten Damen und fünf Füllhaltern kontrollieren. Eine Firma braucht nur mehr als zwanzig Briefe über einen einzigen Spot zu bekommen – und schon ist alles erledigt. Die Firma wird nervös, sehr nervös, und der Spot ist im Eimer, weg vom Bildschirm.

Ich schrieb mal eine Anzeige für Männersocken, und die Anzeige zeigte einen Mann, der neben einem Hund stand. Ich weiß jetzt nicht mehr, und ich kann mich auch nicht mehr erinnern, weshalb wir in der Anzeige einen Hund hatten, aber das spielt keine Rolle. Der Hund war eben da. Nun, Kayser-Roth, die Firma, die diese Socken produzierte, bekam einen Brief von irgendwem in Ohio. In dem Brief stand, daß der Hund das ekelhafteste aller Tiere sei, und er fuhr fort, die Eigenheiten des Hundes zu schildern. Es war ein sehr widerlicher Brief. Aber der Brief landete bei Chester Roth, dem Präsidenten des Unternehmens, auf dem Tisch, und er hielt soviel davon, daß er ihn zu irgendjemand hinunterschickte, der soviel davon hielt, daß er ihn an jemand anders weiterschickte, und der Brief verbreitete Unruhe. Offenbar war der Absender ein richtiger Spinner und Idiot. Vier weitere Hundefeinde könnten einen lausigen Hund aus einer Anzeige liquidieren. Wir ließen unsern Hund drin, aber es stand auf des Messers Schneide. Die Geschichte, die die Zensoren verbreiten, besagt, daß sie alles zum Besten der Öffentlichkeit tun. Das ist ihre ganze Begründung. Sie werden weiterhin Spots ruinieren, sie werden der Werbung weiterhin Schaden zufügen. Alles nur zum Besten der Öffentlichkeit.

# Haufenweise Gerüchte

Als ich bei *Delehanty, Kurnitt & Geller* war, machte ich mal für einen zukünftigen Kunden eine Präsentation. Der Knabe, dem die Firma gehörte, schoß uns ab. Er war wie ein Pfeil, ein blendend aussehender Junge, hochgewachsen, schlank wie eine Tanne, Typ: Basketball-Spieler. Rund sechs Monate später traf ich ihn auf der Fähre nach Fire Island. Er war mit einem anderen Knaben zusammen, und sie hatten die Arme um einander geschlagen. Während ich vorbei ging, betrachtete ich ihn aus dem Augenwinkel und sagte mir: »Das habe ich wirklich nicht bemerkt.« So ging ich weiter, als wollte ich ihm nicht begegnen und auf der Fähre nicht mit ihm reden. Meine Frau saß im Vorschiff, und da er mich allein sah, sagte er sich: Und jetzt nichts wie ran: »Jerry«, sagte er, »wie geht's dir denn?« Ich konnte mich seines Namens nicht mehr erinnern, ich wußte nur, daß wir für seine Firma präsentierten. Da ist er also, breit grinsend, mit seinen vier Kumpanen und fragt: »Wen hast du bei dir?« »Ich bin hier mit meiner Frau«, murmelte ich. »Ach so«, sagte er, »ach so.« Und damit hatte es sich.

Hätte ich, als ich diese Präsentation machte, über diesen Knaben Bescheid gewußt, dann hätte ich vielleicht – nun ja, man kann das nie so sagen – dann hätte ich vielleicht irgendwas gemacht, um was in der Hand zu haben. Etwa ein Kleid getragen. Nein, das ist natürlich nicht wahr, aber es ist wahr, daß man wie der Teufel arbeitet, um Etats ins Haus zu holen. Bevor man überhaupt eine Chance bekommt zu präsentieren, muß man sich vergewissern, daß der Kunde überhaupt zuhören will. Man erfährt durch Gerüchte von möglichem Neugeschäft. Gerüchte sind in der Werbung sehr wichtig. Ob man sie nun in Gang bringt oder ob man ihr

Opfer ist, Gerüchte sind der springende Punkte für die Werbung. Die Werbung ist eine der wenigen Branchen, in denen die Leute so gerüchtbewußt sind. Man findet fast nie zwei Rechtsanwälte, die dasitzen und diskutieren, ob *Sullivan & Cromwell* einen Klienten verlieren wird. Gerücht, Klatsch, Getratsch – wie man's nennen möchte – ist für die Werbung wesentlich. Leute benutzen die Fachpresse, um ihre Karriere zu fördern, um bei Wettbewerbspräsentationen dabei zu sein oder um Leute abzuschießen, die beim Rennen um den Etat innen laufen. Die wichtigsten Fachblätter für Gerüchte sind »ANNY« (Advertising News of New York), »The Gallagher Report«, »Ad Age« (Advertising Age) und »Ad Daily«. ANNY hat auch einen Pendant in Chicago und an der Westküste. Die Leute setzen sich hin und lesen ANNY und den Gallagher Report, um raus zu kriegen, ob sie dran sind, ihre Etats zu verlieren. »The New York Times« ist die stärkste Macht in der Werbung, was die Nachrichten schlechthin betrifft. Die »Times« befaßt sich nicht mit Gerüchten, nur mit klaren Nachrichten, wenn ein Etat schließlich von einer Agentur weg und zu einer anderen geht, und solchen Meldungen. Die Fachpresse druckt Gerüchte – und zwar absichtlich –, wenn die Gerüchte aus verläßlicher Quelle kommen.

Eines der Blätter brachte 1969 ein Gerücht, daß nämlich eine Waschmittelfirma dran denke, ein Enzym zu entwickeln, das einem anderen Waschmittel Konkurrenz, wirkliche Konkurrenz, machen werde. Die Geschichte lautete, daß, wenn die Firma dieses Waschmittel herausbringen würde, sie den Etat einer großen Agentur geben würde, die dann ihren Etat kündigen müßte wegen des Interessenkonflikts. Zufällig weiß ich, daß der Knabe, der dieses Gerücht in die Welt setzte, dies tat, weil er der Waschmittelfirma Nummer 1 sagen wollte: »Was ist an der Geschichte? Ist sie wahr? Und wenn, dann möchten wir uns gern um den Etat bewerben, der gekündigt werden muß.« Dies war ein legitimes Gerücht, das an die Presse ging, und wer weiß, ob was daraus wird? Man weiß es nie.

Die Fachpresse ist von Wert, wenn jemand nach Neugeschäft ausschaut oder seine Position gegenüber dem Kunden verstärken möchte. Meiner Ansicht nach ist dieses Gerüchtegeschäft keineswegs eine schmutzige Sache. Es ist wie ein Wettbewerb um einen Etat, und jeder tut, was in seiner Macht steht, um ihn zu bekommen. Agenturen stellen Stars ein, um den Kunden zu beeindrucken, die Leute tun alles, um einen Etat zu bekommen. Das Gerücht gehört eben zum Rennen um den Etat. Es ist wahr, daß es ein paar üble Burschen gibt, die sofort losziehen und versuchen, die anderen Agenturen abzuschießen, die sich ebenfalls um den Etat bewerben. Sie werden das Gerücht verbreiten, daß die besten Leute der Agentur weggehen. Es gibt Fälle, da setzen einige Jungs sich hin und verbreiten Lügen – nicht Gerüchte, die eine Grundlage haben können. Ein gutes Beispiel dafür war kürzlich, daß die besten Leute von *Doyle, Dane* zu anderen Agenturen gehen wollten. Nun war *DDB* gerade dabei, einen guten, großen Etat zu bekommen, und jemand verbreitete dieses Gerücht, so daß der Kunde meinen konnte, es lohne sich nicht, zu *DDB* zu gehen, wenn dort die Leute abmarschierten.

Wir Werbeleute würden uns was vormachen, wenn wir nicht zugäben, daß das Gerüchtegeschäft existiert. Agenturgeschäftsführer betreiben es. Sie telefonieren mit Gallagher und bringen dort die Neuigkeit unter, die sie gern loslassen möchten. Es ist ungefähr so wie in Hollywood zu der Zeit, in der die Oscars vergeben werden. »Joe Soundso ist ein sicherer Tip für einen Oscar für den besten Darsteller einer Nebenrolle.« Da ist Joe's Agent am Werk, er verbreitet Gerüchte.
Die Fachpresse kontrolliert die Gerüchte. Sie ist kein unschuldiges Opfer, und man kann sie überhaupt nicht dazu bringen, irgendwas zu verbreiten, das sie nicht nachgeprüft hat. Man kann sie nicht kaufen, denn sie ist nicht käuflich. Sie ist äußerst vorsichtig bei der Geheimhaltung ihrer Quellen. Niemand erfährt, woher ein Gerücht stammt. Man kann nur raten. Man liest eine Geschichte über sich selbst

in ANNY und bekommt nicht heraus, wer der Urheber war. Um keinen Preis der Welt.

Als wir noch neu in der Werbung waren mit unserer Agentur und verdammt gut aufpassen mußten, um oben zu bleiben, erschien in »Ad Age« eine Geschichte, die besagte, zwei unserer Partner fühlten sich in ihrer Position nicht ganz glücklich und dächten dran, auszusteigen. Und zu einer anderen Agentur zu gehen. Damals wollte ich nicht, daß so eine Geschichte im Druck erscheint – obwohl sie einen Tatsachenhintergrund hatte – und offenbar war dieses Gerücht von irgendwem an »Ad Age« übermittelt worden. Ich rief an und sagte: »Was soll denn das. Es ist nicht so. Wer sagte das?« Und die Ad Age-Leute sagten: »Genau wie wir Sie decken würden, wenn Sie uns was sagten, so müssen wir unsern Gewährsmann in der Geschichte über Sie auch decken.«
Ein Gerücht über unsere Agentur kam voriges Jahr in »Ad Daily«, und es lautete schlicht und einfach: »*Jerry Della Femina* erfolgreich. Möchte nicht mehr mit kleinen Etats reden.«
Nun, das stimmt nicht. Ed Buxton von »Ad Daily« ist ein sehr guter Freund von mir. Ich rief ihn also an und sagte: »Hallo, wie läuft's? Was höre ich denn da über mich? Daß ich nicht mehr mit kleinen Etats rede? Weißt du, einige von ihnen zahlen mir viel Geld dafür, daß sie so eine Agentur aufsuchen. Du wirst mit dieser Geschichte erreichen, daß ein paar Leute abspringen, bevor sie hinkommen.«
Er sagt: »Jerry, ich muß meine Quellen wahren. Wir haben gehört, daß du eine Umsatzgrenze für Etats festgelegt hast, die du nimmst. Und das betrifft die kleinen Kunden. Wir hörten, daß keiner hereinkommt, wenn sein Etat nicht so und so hoch ist . . . «

Was für ein schönes Gerücht da irgendwer dem Ed doch zugespielt hat. Soll ich es jetzt etwa so machen und sagen: »*Jerry Della Femina & Partner* geben bekannt, daß sie jeden kleinen Etat nehmen, den sie bekommen können?« Ich meine, jede Art Dementi, das ich abgebe, ist für mich tödlich – alles außer Schweigen taugt nichts. Wenn ich mich melde und sage: »Ja, kleine Etats sind willkommen«, dann wird das von den Leuten so interpretiert, als sei *Jerry Della Femina* in Schwierigkeiten und nimmt alle kleinen Etats, die er erwischen kann. Der Bursche, der dieses Gerücht in die Welt setzte, war ganz schlau – und ich weiß genau wer es war – denn er schoß mir vielleicht zehn prospektive Etats von je 150 000, 200 000 oder sogar 300 000 Dollar ab. Wer weiß schon, was »klein« bedeutet? Ein Knabe mit einem Etat von einer Million Dollar sagt sich vielleicht: »Für die Leute bin ich nicht groß genug. Bei denen habe ich vielleicht keine Chance.«

Es ist ein trickreiches Geschäft. Sagen wir, daß eine neue Agentur aufgemacht hat, und sie haben Zusicherungen, daß der Etat, der drüben bei der *Joe-Doakes-Agentur* auf der Kippe steht, zu ihnen gehen wird. Die Papiere sind noch nicht unterschrieben worden, aber jeder hat zugestimmt. Der Kunde macht diesen Wechsel, weil er von der großen Publicity profitieren will, die sofort da ist, wenn ein neuer Laden mit einem großen Etat aufmacht. Nun ruft ANNY jeden Mittwoch Leute an; sie haben eine Liste der Quellen in der ganzen Stadt, und sie telefonieren und fragen: »Was gibt's Neues in der Stadt?«
Sie rufen vielleicht einen Mann an, der mit der Situation – die neue Agentur eröffnet und bekommt den Etat, der bei *Joe Doakes* auf der Kippe steht – gut vertraut ist. Und dieser Mann entschließt sich vielleicht, der neuen Agentur eins auszuwischen und versucht selbst den *Doakes*-Etat zu bekommen. Das macht er, indem er ANNY sagt, daß der große Widget-Etat *Doakes* kündigen wird und zu der neuen Agentur geht.

»Es ist eine üble Sache«, sagt dieser Typ zu ANNY, »aber das habe ich nun einmal so gehört. Warum recherchieren Sie nicht?« ANNY ruft die neue Agentur an und fragt, ob es wahr sei, daß sie den Widget-Etat bekämen. Der Mann, der die neue Agentur gründete, ist erledigt. Er stützt den Kopf in die Hände, denn zu der Geheimniskrämerei bei den Gesprächen mit den Widget-Leuten gehörte es zu sagen: »Wir möchten, daß Sie unser erster Kunde sind. Und wir erwarten, daß das weite Kreise zieht.« Wenn ANNY eine Story bringt, in der steht, Jim Soundso, einer der Partner der neuen Agentur, habe gesagt, zur Zeit gäbe es über den Widget-Etat nichts Neues zu berichten, dann ist der Film gelaufen. Es ist eine tote Geschichte. Jedenfalls für die Fachpresse. Mit einer toten Geschichte verlieren die Widget heute den wichtigsten Grund, ihren Etat der neuen Agentur zu geben. Jeder hätte zum anderen gesagt: »Wir wären dann ihr erster Etat und wir hätten alle Sorgfalt, die ganze Publicity, nämlich: ›Sie haben heute aufgemacht, und sie gründeten die Agentur mit diesem bestimmten Etat‹.« Nachdem aber die Meldung heraus ist, wird das nicht passieren. Was vielleicht geschieht, ist, daß die Widget-Leute sagen werden: »Mensch, die neue Agentur hat die Klappe nicht halten können und hat herum getratscht, daß wir uns von Doakes trennen möchten. Wozu brauchen wir so eine Truppe Großmäuler?«

Die Kunden lesen alle die Fachpresse. Aber nur wenige von ihnen bemerken, welcher Kampf sich hinter den Kulissen abspielt, und zwar dauernd. Sie wissen nur, daß sie ärgerlich werden, wenn ihr Name auf falsche Weise genannt wird. Sie wissen nichts von dem Blut, das hinter der Front fließt. Kürzlich sah ich einen Artikel über eine Agentur – der Name der Agentur wurde auch erwähnt – in dem es hieß, daß sie etwas für Carter-Wallace Inc. machten. Der Artikel meldete, daß das Projekt »vertraulich« sei. Einzelheiten seien nicht zu erfahren. Mehr weiß ich nicht, aber ich weiß, daß wieder mal einer gekillt wurde. Ein Boß bei Carter-Wallace muß den Artikel gelesen und dann die Agentur angerufen haben, die an dem Projekt saß. »Wir meinten, dies sei sehr vertraulich, und *da es nicht vertraulich ist,* wieso haben Sie uns nicht gesagt, daß Sie kein Geheimnis bewahren können?« Irgendwer hat die

Agentur hochgehen lassen. Wer weiß, weswegen und warum? Es gibt Agenturen, die überhaupt nicht merken, was los ist. Tag für Tag stecken diese Agenturen rechte Gerade ein. Einige Agentur-Leute sind nette, süße, warmherzige Jungs, die von Gerüchten nichts wissen wollen. Sie fahren abends nach Hause nach Rye. Sie wissen nicht besser mit einem Gerücht fertig zu werden als der Mann im Mond. Sehr wenige Leute laufen herum und erzählen in diesem Gerüchte-Spiel die dicksten Lügen – da meint man, einen Punkt setzen zu müssen. Aber wenn's eine Neuigkeit gibt, benutzen einige Jungs das zu ihrem Vorteil. Mehr ist nicht dran.

Die Leute machen auch einen Punkt, wenn einer auf unfaire Weise Vorteil aus etwas zieht. Sie würden kein Fachblatt anrufen und geradeheraus sagen, jemand würde den Etat verlieren. Sie rufen keine Fachzeitung an und sagen »Hör' mal, ich habe einen Tip für dich.« Das ist übler Stil. Die Fachpresse sollte sie anrufen. Einmal bekam ich von einem der Fachblätter einen Telefonanruf:
»Hast du noch was gehört?«
»Ich habe nichts gehört.«
»Nun, wir wollen sehen, ob wir dein Gedächtnis ein wenig auffrischen können. Ich höre, daß deine Agentur eine Präsentation für National Airlines machen will.«
»National? Die sind doch bei *Papert, Koenig, Lois*. Über National Airlines wird ja immer geredet. Aber ich mache gar nichts.«

»Nun, wir hören, daß du tatsächlich mit jemandem redest.«
Ich frage: »Ist deine Quelle eine gute Quelle?«
»Meine Quelle ist eine ziemlich gute Quelle.« Ich sage: »Fein. Warum rufst du nicht *PKL* an? Sie werden dementieren. Warum rufst du National nicht an? Sie werden's zugeben, denn National gibt so was immer zu. Sie sagen immer: Wir reden immer mit Agenturen.« Während des Gesprächs wußte ich nichts über National und *PKL* und konnte dem Mann vom Fachblatt wirklich nicht helfen. Aber ich glaube nicht, daß ein Mann mit Klasse je den

Hörer abnimmt und sagt: »Hallo, hast du gehört, daß ... « Ich meine, das ist Denunziation, und das ist falsch.

Leute nutzen Gerüchte, um andere Leute abzuschießen. Ein Beispiel für diese scheußlichen Praktiken ist der Fall *Mary Wells*. Laut »The Gallagher Report« pflegte *Mary Wells* mit ihrer eigenen Agentur nur einen Vertrag für dreißig Tage zu haben. Aber die Leute fingen an, diese Meldung gegen sie zu benutzen, und das beeinträchtigt ihr Neugeschäft. Wie kam es je heraus, daß sie nur einen kurzfristigen Vertrag hatte? Wer weiß? Aber ich wette, *sie* lief nicht in der Stadt herum und posaunte es aus. Irgendwer ließ es von *Wells, Rich & Greene* zu jemand anderem durchsickern und von da gelangte es zum »Gallagher Report«. Und Gallagher machte eine ganze Artikelserie drüber. *Wells, Rich* wollten vielleicht eine Präsentation machen. Und eine andere Agentur, die auch im Rennen war, mochte vielleicht zu dem prospektiven Kunden sagen: »Wozu wollen Sie zu *Wells, Rich* gehen. Mary Wells hat nur einen Dreißig-Tage-Vertrag. Sie kann abhauen, wann immer sie will.« Um dem entgegenzutreten, unterschrieb sie einen Zehn-Jahres-Vertrag mit ihrer eigenen Agentur. Jetzt kann niemand *Wells, Rich* mit dem Satz abschießen, daß Mary Wells wegginge. Ein Kunde kann sich sagen: »Für die nächsten zehn Jahre habe ich Mary Wells.« Damit ist sie etabliert, und es geht wieder aufwärts. Aber stellen Sie sich mal vor, wie übel die Werbung sein muß, wenn Mary Wells einen Zehn-Jahres-Vertrag unterschreiben muß, nur um gegen die Gerüchte anzukommen. Und natürlich ging es groß durch die Fachpresse, als sie unterzeichnete.

Leute in einer Agentur versuchen, indem sie die Gerüchte benutzen, Kollegen in derselben Agentur abzuschießen. Ich habe mal bei einer Agentur gearbeitet, da probierte der geschäftsführende Vizepräsident – ich will ihn Hunter nennen – den Präsidenten der Agentur – den ich Duffy nennen will – abzuschießen. Alle Woche setzte Hunter Gerüchte in die Welt, er werde Präsident werden. Duffy

war im ganzen Haus fast erledigt. Die Gerüchte waren von jener Natur, mit intimen, stillen Geschäftsdetails, die nur die beiden Jungs wissen konnten. Immer wenn jemand Hunter wegen dieser scheußlichen Gerüchte fragte, pflegte er mit einem Achselzucken zu sagen: »Was? Wer? Ich? Ich weiß überhaupt nicht, wie das aufkommen konnte.«
Hunter hat die Position noch nicht. Aber eines Tages könnte er sie vielleicht bekommen. Tag für Tag ein anderes Gerücht. Man schlägt »The Gallagher Report« auf, und man liest: »Hunter wird Duffys Position bekommen.«
Oder: »Hunter ist ein guter Nachfolger für Duffy«
Oder: »Duffy wird älter und muß sich um den National-Clambake-Etat kümmern, denn der Etat geht nicht so wie er gehen sollte.« Der Durchschnittsleser muß sich fragen: »Wieso geht Duffy nicht eines Tages in's Zimmer von Hunter und haut ihm eins in die Fresse?«
Aber das entspricht den Spielregeln nicht. Duffy trifft Hunter und sagt: »Hallo, Hunter, wie geht's?« Hunter sagt: »Gut. Aber ich habe mich ziemlich über diese Gerüchte über dich geärgert. Ich kann mir nicht vorstellen, wie sie aufkamen.« Duffy kann Hunter nicht rausschmeißen. Hunter hat einen Vertrag und ist in der Agentur gut etabliert. Ohne eine komplette Vorstandssitzung kann er nicht gefeuert werden.

Eines Tages mußten Hunter und ich gemeinsam ein Taxi nehmen, weil wir einen Termin hatten. Er fing an: »Jesses, ich weiß nicht, wie diese Gerüchte über Duffy und mich aufkamen. Hast du das heute im Gallagher Report gelesen?« Ich sagte: »Hunter, laß den Blödsinn. Ich weiß, woher die Gerüchte kommen. Du hast sie in die Welt gesetzt.« Er seufzte und sagte: »Ach, wechseln wir das Thema.« Das war's, damit war die Sache erledigt: Wechseln wir das Thema.

Der Außenseiter, der von dieser Art Kulissenkampf liest, ist vielleicht entsetzt, aber – und merkwürdig genug – ich genieße ihn. Ich denke, er macht viel Spaß. Ich mag es, wenn jemand probiert, mich abzuschießen. Der Junge, der erklärte, daß wir keine kleinen Etats mehr nehmen würden, machte einen guten Job. Er erwischte mich voll. Er brachte mich in eine Lage, in der ich nicht zurückschlagen konnte, und ich kann so eine Arbeit bewundern. Beim ganzen Gerüchte-Spiel muß man sich immer vor Augen halten, daß man einen soliden Etat und einen soliden Werbemann nicht antasten oder verärgern kann. Ein Gerücht kommt auf, ein Fachblatt ruft den Werbeleiter des Etats an, und der Werbeleiter sagt: »Was soll's?« Nehmen wir die Talon-Reißverschlüsse bei *Delehanty, Kurnit & Geller*. Talon ist sehr froh, sie bekommen gute Werbung, und sie sind glücklich und zufrieden. Man könnte eine Million Gerüchte unter's Volk bringen, diese Leute würden keinen Etatwechsel vornehmen. Gerüchte kommen nur auf, wenn was mit der Werbung nicht stimmt, die für den Kunden gemacht wird. Heute, bei der Revolution in der Werbung, sind Gerüchte besonders schwerwiegend. Die älteren Agenturen fangen zu stolpern an, und sie verzweifeln. Deshalb: viele, viele Gerüchte.

Die jüngeren Agenturen sind aggressiv und hart im Nehmen. Deshalb: viele, viele Gerüchte. Der Mann in der älteren Agentur, der auszuhalten versucht, ist durch Gerüchte verwundbar. Er erwidert den Kampf, indem er eine Menge Gerüchte in die Welt setzt. Die Konsequenz ist der junge Mann, der probiert, eine Agentur aufzubauen, und es unter allen Umständen schaffen will, und wenn er auch über zehn Leichen gehen muß. Auch er plaziert Gerüchte, und zwar einige ganz widerliche und böse. Eine Menge Leute beobachten dieses Herumtreiben und fragen sich, was würde eigentlich passieren, wenn diese Jungs sich nicht mehr mit Gerüchten unter Druck setzen, sondern ihre Zeit mit Kampagnen machen verbringen würden. Die Wahrheit ist, daß für beides viel Zeit bleibt. Das Gerüchtegeschäft geht mir unter die Haut, weil ich es als Teil des totalen Krieges im Werbespiel ansehe. Denken Sie dran: Es gibt alle Arten Krieg. Nehmen wir an, einer sagt: »Wieso gehen sie da nicht mit ihren Waffen hin und radieren diese Stadt aus? Was soll denn dieser Quatsch mit psychologischer Kriegsführung? Was soll dieser Quatsch mit Spionen und allem Möglichen? Man nimmt die Panzer und zieht los und nimmt die Stadt.« Nun ja, vielleicht entdeckt jemand beiläufig, daß es fünfzig verschiedene Arten gibt, eine Stadt zu erobern. Man braucht Panzer und Waffen, und man braucht vielleicht noch eine Menge anderer kleiner Dinge, an die diese Leute nicht denken. Das gehört zum Spiel. Es ist ein Teil dieses Mixgetränkes. Auch Publicity gehört dazu.

Ich möchte nicht so sehr von den Gerüchten abkommen, aber wenn man eine Minute lang *Doyle, Dane* betrachtet, muß man zugeben, daß sie in ihrer eigenen ruhigen, reservierten und wunderbaren Art eine phantastische PR-Leistung gezeigt haben. Ohne Zweifel sind sie sehr Public Relationsbewußt. Nie hat man das Gefühl, daß sie Publizität erhalten. *DDB* scheint nur irgendwas zu gewinnen und irgendwas zu machen, und ist das nicht wunderbar? Sie haben ein sehr gutes Mädchen, das ihre PR macht, und sie sind sehr schweigsam über das, was sie tun und wie sie's tun. *Mary Wells* stellte ein Mädchen ein, das für sie die Public Relations macht. Es gibt keine Agentur, die immer gute Sachen bringt, so daß jeder aufblickt und sagt: »Mensch, sind die gut!« Es sind die Public Relations und viele, viele andere Dinge.

Zum Gerüchtegeschäft gehört die Art und Weise, in der man sich Leuten zugänglich zeigt, die Arbeit suchen. Nennen wir es einen Krieg, wenn man einen Etat bekommt und verliert. Sagen wir auch, daß das erste, was man im Krieg zum Kampf benötigt, Munition, ist und in der Werbung bedeutet Munition gute Anzeigen. Zweitens: Alle Munition der Welt hilft nicht, wenn man nicht über Informationen verfügt. Spionage. Spionage heißt wissen, was vorgeht, wissen, was die Leute eine Straße weiter machen. Meiner Ansicht nach kann man nicht aus einem Vakuum heraus operieren. Man kann nicht sagen: »Ich weiß, was ich mache und muß mich nicht drum kümmern, was die Leute eine Straße weiter machen.« So bekommt man nie einen Etat, so gelingt es einem nicht, einen Etat ins Haus zu holen.

Ich interviewe Leute immer im Hinblick auf ihre Anstellung, aber ich betrachte diese Jungs, die sich um einen Job bewerben, als größte Informationsquelle über das, was in der Werbung vorgeht. Einige der Leute, die vorbeikommen, sind mit ihrer Arbeit in ihrer Agentur unzufrieden. Andere versuchen einem zu imponieren mit ihrem Wissen über das, was in ihrer Agentur geschieht. Sie sind bereit, einem alles zu sagen – einige sprudeln es geradezu heraus. Ich traf vor einiger Zeit ein Mädchen, sie arbeitete in der Media-Abteilung einer guten Agentur in der Stadt. Im Verlauf des Gesprächs sagte sie mir, daß die Leute von einem sehr guten Etat, den ihre Agentur hatte, sehr unzufrieden seien, weil sie meinten, nicht den Service zu bekommen, wie sie's gern gehabt hätten. Sie benutzte das Wort »Verwöhnen.« »Was meinen Sie mit ›verwöhnen‹?«, fragte ich. Sie sagte: »Na ja, es ist nicht so, daß sie richtig verwöhnt werden möchten. Aber sie möchten, daß der Agenturpräsident alle vierzehn Tage mal vorbeischaut, ihnen die Anzeigen präsentiert und mit ihnen redet. Sie möchten die ›Präsident-zu-Präsident-Ebene‹.«

In Ordnung. Hier ist nun ein Stückchen Spionage, das mir übermittelt wird. Was macht man damit? Vielleicht kann ich morgen den Kunden anrufen und sagen, es sei an der Zeit, daß wir miteinander redeten, daß wir uns mal hinsetzen und zusammen zu Mittag essen, da ich meine, eines der Dinge, die unsere Agentur groß werden läßt, sei die Tatsache, daß wir jetzt in der Größe zusammenpassen – Präsident zu Präsident – und über Werbung reden können. Vielleicht bekomme ich den Etat nie, aber ich habe eine direkte Leitung zu Etats von anderthalb Millionen Dollar, und ich weiß genau, was da nicht stimmt.

Agenturgeschäftsführer sollten ihre Leute bei Laune halten. Leute haben große Klappen, und sie gehen los und plappern, und wer verärgert ist, hat eine noch größere Klappe. Das Mädchen, mit dem ich sprach, erwähnte auch etwas vom Präsidenten ihrer Agentur, die Tatsache, daß er sich vielleicht zurückziehen möchte. Sie erzählte mir so viel von den

Vorgängen im Laden, daß ich jetzt genau darüber informiert bin, daß es da zwei oder drei Etats gibt, um die es sich lohnt zu kämpfen. Und ich weiß, welche ihre Probleme sind. Dieses Mädchen redete von einem ihrer Elektronik-Etats. Und sie umriß haargenau die Probleme bei diesem Etat.
Nun ist dies nur ein Mädchen. Ein Job. Man multipliziere sie pro Tag mit drei oder vier, und man erfährt genau, welche Etats in der Stadt wackeln oder in Schwierigkeiten sind.
Ich glaube, alle der neueren und kleineren Agenturen arbeiten so, wenn sie mit Leuten über Jobs reden. Wenn jemand sich bei *Thompson* bewirbt, vergessen wir's. Wegen *Thompson's* Größe müssen die Kommunikationslinien dort so verzwickt sein, daß irgendeine wertvolle Nachricht aufgrund eines Interviews nie zu den Leuten hinauf gelangt, die fürs Neugeschäft zuständig sind. *Thompson* ist so groß, daß jemand im Falle eines Brandes nicht so viele Leute benachrichtigen könnte, daß sich dadurch eine große Katastrophe vermeiden ließe. Bei den kleineren Agenturen ist das Verhältnis 1:1.
Der Agenturpräsident redet mit dem Mediamädchen, das Mediamädchen spuckt alles aus, der Agenturpräsident ruft am nächsten Morgen an und bekommt vielleicht den Etat.

Leute wie *Doyle, Dane* sind über das Stadium hinaus, in dem sie Informationen nachjagen müssen. Sie sind an einem Punkt, da rufen die Leute *DDB* wegen eines möglichen Neugeschäfts an, und sie kämpfen nicht mehr so hart. Auch ich bekomme Anrufe, eine Menge. Aber ich kämpfe auch hart. Das ganze Geschäft hat so was von Machiavelli, das ich mag, und wie immer wir auch wachsen, glaube ich doch nicht, daß ich mich je zurücklehnen und mir sagen werde: »So, das wär's. Ich habe keine Lust mehr, mich abzurackern.« Ich genieße diesen Aspekt, ich genieße ihn beinahe so, wie Anzeigen und Spots machen. Es kitzelt mich, Informationen zu finden und sie auszunutzen.

Corum-Uhren sind einer unserer ältesten Kunden und wahrhaftig einer unserer besten. Eine gute Erfolgsstory für uns. Eine ihrer Uhren besteht aus einem alten amerikanischen

Goldstück, in das ein Uhrwerk eingesetzt ist. Wir verkaufen das Ding sehr gut in Texas. Von Corum erfuhren wir ursprünglich durch einen Jungen bei der Zeitschrift »Look«, daß die Corumleute eine Agentur suchten, und wir sollten dort mal eine Präsentation machen. Nach diesem Anruf holte ich das Telefonbuch hervor und konnte Corum-Uhren nicht mal finden. Ich rief den Mann von Look an, der den Kunden kannte. »Natürlich, Corum, kenne ich gut. Ein Typ namens Jerry Greenberg leitet das ganze Geschäft. Er ist ein großartiger Mann.« Ich fragte ihn nach Greenberg. »Jerry ist ein Cuba-Flüchtling, und er spricht mit starkem spanischen Akzent. Er ist ein sehr sanfter, sehr netter Mensch, aber etwas skurril.« Ich nahm den Hörer ab, bekam Corum und sagte: »Hallo, Jerry Greenberg, ich höre, daß Ihr Etat frei ist. Ich möchte gern vorbeikommen und mit Ihnen drüber reden.« An diesem Punkt ist es nicht sinnvoll zu sagen, wir sollten zusammenkommen und uns ein bißchen unterhalten. Er redet bereits mit anderen Agenturen, und ich könnte zu spät gekommen sein. Auch er hat nie von mir gehört.

Wir waren erst drei Monate im Geschäft, und die Sache stand schlecht. Unser Geld schmolz dahin, zwei unserer Partner hatten sich entschlossen auszusteigen, und die Lage war sehr gespannt. Ich besuchte ihn, präsentierte ihm das Zeug und bekam den Etat. Einfach so. Ich bekam ihn praktisch, während ich noch da war. Als wir den Etat übernahmen, inserierte Corum in der Beilage von »The New York Times« und gab ungefähr 65 000 Dollar aus. Der Etat ist jetzt bei uns fast eine halbe Million Dollar groß. Für uns ist es ein bedeutender Etat, und sehr bald wird er ganz groß sein. Die Umsätze von Corum sind fantastisch. Für diese Goldstückuhr ist Greenberg für zwei oder drei Monate mit Ordern eingedeckt. Der Knabe hat jetzt ein Uhrenunternehmen. Wenn man ungefähr 500 000 Dollar für Werbung und Verkaufsförderung ausgeben kann, muß man wirklich einen Haufen Moos machen.

Nehmen wir an, man verfolgt ein Gerücht, und man wird eingeladen, eine Präsentation zu machen. So was kann man auf zweierlei Manier machen. Man kann so präsentieren, wie man immer für prospektive Kunden präsentiert. Oder man kann eine komplette Präsentation machen und dem Kunden schon zeigen, was für eine Kampagne er bekommen wird. Die neueren und jüngeren Agenturen wählen die Standardmethode. Mit anderen Worten, sie präsentieren dem Kunden, was sie für andere Kunden schon geleistet haben, und wie sie arbeiten. Sie glauben nicht an unbezahlte Präsentationen. Für keinen. Die älteren Agenturen – das Establishment (das in Furcht lebt) – tun alles fürs Neugeschäft. Und sie machen auch alles: Komplette Kampagnen, die vielleicht nie genommen werden. Wie die TWA-Geschichte, die ein gutes Beispiel dafür ist. Ein Gutes hatte die TWA-Präsentation doch. Nämlich die wachsende Abneigung aller Agenturen, unbezahlte Präsentationen zu machen.

Es gibt noch einen dritten Weg, einen Etat zu bekommen, aber dieser Weg kommt schnell aus der Mode.
Dabei passierte es, daß der Aufsichtsratsvorsitzende einer altmodischen großen Agentur erfährt, daß ein Etat frei wird und sich dann erinnert, daß er mit Bunny oder Snoopie oder sonstwem, der heute beim Etat Aufsichtsratsvorsitzender ist, zur Schule gegangen war. Der Werbe-Aufsichtsratsvorsitzende ruft seinen Freund bei der Chase Manhattan Bank an, und der Bankier arrangiert in der Stille ein Mittagessen für die beiden Aufsichtsratsvorsitzenden. Sie haben ein schönes Mittagessen, das sich dadurch auszeichnet, daß nicht über Werbung gesprochen wird. Vielleicht reden sie über ihren gemeinsamen Freund Stinky, der ein Hans-Dampf in allen Gassen war, weil er eines Abends nach der Tanzparty der Senioren die Rathausglocke klaute. Man muß verstehen, daß die beiden Vorsitzenden wirklich nicht über Werbung reden können, denn sie wissen nicht die Bohne davon. Wenn der Kunden-Aufsichtsratsvorsitzende sich nach dem Mittagessen besonders wohl fühlt, gibt er vielleicht den Etat auf der Stelle dem Werbe-Vorsitzenden. Weil er ihm vertraut. Und er »wie wir« ist. Weil er zu »unserer Klasse« gehört.
Wie es auch sei, diese Methode kommt aus der Mode. Denn

heutzutage steht sehr viel Geld auf dem Spiel. Nur einmal traf ich einen Knaben, den ich noch als Kind in Brooklyn gekannt hatte. Wir präsentierten für einen Rundfunksender, und dieser kleine Junge, der immer an derselben Straßenecke herumstand wie ich, entpuppte sich als der Produkt-Manager des Senders. Es war das erste Mal, daß ich mit einem prospektiven Kunden einen gemeinsamen Hintergrund hatte. Wir saßen da und sprachen über die alten Zeiten, wissen Sie, etwa so: »Mann, was macht der Baldy jetzt eigentlich?« »Weiß ich nicht.« »Und was macht Louie Nuts?« »Nun, Louie Nuts sitzt jetzt seine drei bis fünf Jahre in Dannemora ab.« »Und Whacky?« »Whacky?« »Du erinnerst dich doch, der Typ mit dem komischen, spitzen Kopf.» – »Oh, ja, Whacky.« Es stellt sich heraus, daß Whacky von seinen ersten zwanzig Lebensjahren zehn in verschiedenen Gefängnissen verbracht hat. Ich bin nicht sehr gut in Wettbewerbspräsentationen, die auf Schulkameradschaften beruhen.

# Seid nett zueinander...

Gute Agenturen weigern sich, unbezahlte Präsentationen zu machen. Die Agentur, die gezwungen ist, so eine Präsentation zu machen, ist in Schwierigkeiten. Es ist eine verzweifelte Agentur, die sich zu unsicher fühlt, um die schon gemachten Sachen zu präsentieren. Da war mal auf dem Bildschirm ein Spot für Waschmittel, und er zeigte ein kleines Mädchen, das mit einem eben gewaschenen Höschen schnüffelnd zur Mutter läuft und sagt: »Mutti, riech' mal an mein Höschen.« Wenn man nun bei der Agentur ist, die diesen kleinen Job zustandebrachte, dann möchte man so was nicht einem anderen Kunden präsentieren, nicht wahr? Gut, da kommt ein prospektiver Kunde zu einem und sagt: »Wir sind mit der kreativen Arbeit, die unsere Agentur macht, nicht zufrieden. Was können Sie?« Nun, da steht man dann vor dem Problem, entweder das kleine Mädchen zu präsentieren, das an seinem Höschen riecht, oder eine komplette neue Kampagne für den Kunden zu machen.

Was heutzutage in der Werbung passiert, ist, daß Kunden kommen, um über Kreativität zu reden. Für die Kunden liegt die Hauptquelle ihrer Unzufriedenheit auf dem kreativen Gebiet. Hat eine Agentur keine guten Kreativen, dann müssen sie zu unbezahlten Präsentationen übergehen. Sie kommen also mit einer Kampagne heraus. Sie arbeiten, als hätten sie den Etat schon. Sie ziehen los und fotografieren und arbeiten Marketing-Strategien aus und geben ein Vermögen aus an Layout-Spots. Sie geben Tausende von Dollars aus. Sie gehen zu Fotografen und nötigen diese Leute, für Spezialpreise zu arbeiten. Sie sagen: »Okay, mach' das jetzt mal für den halben Preis, dann kannst du das später auf der Rechnung dazu schreiben, wenn du wieder was für

einen unserer anderen Kunden machst.« Am Ende bezahlen die heutigen Kunden der Agentur die Präsentationen.
Wenn's einen Skandal in der Werbung gibt, dann ist es, daß Kunden für Arbeiten zahlen, die sie nie gesehen haben. Ein typisches Beispiel: Eine große Agentur muß eine Präsentation machen. Sie schreiben eine Menge davon ab. Sagen wir, sie bekommen wegen der Präsentation eine Rechnung über 400 Dollar für Fotostaten, Fotosatz etc. Sie verteilen diese 400 Dollar auf die zwanzig Etats, die sie in der Agentur haben. Das macht 20 Dollar pro Etat, und was weiß der Kunde schon davon?

Wenn diese Leute ihrem Art-Direktor sagen, er sollte etwas so billig wie möglich machen, ist das einzige, was der Art-Direktor zum Fotografen sagen kann, daß er – der Fotograf – es jetzt zum halben Preis machen muß, mit dem Versprechen, daß er es auf die nächste Rechnung aufschlagen kann. Satzrechnungen: das gleiche. Sicher, sie veranlassen jemand, die Satzrechnung zu reduzieren, aber der Betrag erscheint später in der Rechnung für einen anderen armen Kerl. Statt 25 Dollar für irgendwas zu zahlen, zahlt er 29 Dollar. Er beschwert sich nicht, denn was weiß schon ein Kunde von Satzkosten? Und es ist nur eine Differenz von vier Dollar. Die Setzerei-Leute werden das Manko nicht übernehmen. Irgendwer muß zahlen, also begleichen die derzeitigen Kunden die Rechnung. Wenn eine Agentur eine Präsentation großen Stils macht, muß jemand dafür blechen – das ist so klar wie Kloßbrühe. Nicht so klar ist, daß die Kunden, die jetzt da sind, dafür aufkommen müssen. Wie – glauben Sie – ist es einem zukünftigen Kunden zumute, wenn er während der Präsentation erfahren würde, daß diese Präsentation eine Gefälligkeit der anderen Kunden der Agentur war. Er würde so denken wie ich: »Schön, prima, aber was passiert, wenn ich der Agentur meinen Etat gebe? Muß ich für Präsentationen zahlen, die die Agentur in Zukunft machen wird?« Denken Sie mal an die Arbeitszeit, die für Präsentationen draufgeht. Der Kontakter, der Art-Direktor, Texter, Medialeute, Marktforschungsleute . . . alle diese Jungs arbeiten an der neuen Präsentation. Wenn sie ihre Zeit damit verbringen, übers Neugeschäft zu denken, dann verbringen sie ihre Zeit eben nicht damit, über die Etats nachzudenken, die schon im Hause sind. Das ist sehr unfair. Es ist unfair von einem Kunden, um eine unbezahlte Präsentation zu bitten. Und es ist unfair von einer Agentur, darauf einzugehen und eine Präsentation mit einer kompletten Kampagne zu machen. Ich würde sagen, daß die meisten kleineren und neueren Agenturen eine unbezahlte Präsentation ablehnen, wenn eine komplette Kampagne verlangt wird. Der Grund dafür ist teils Stolz und teils Gemeinsinn.

Kleinere Agenturen rackern sich ab, sie haben weniger Leute pro Etat als die größeren Agenturen, und sie haben nicht die Zeit, Leute von den derzeitigen Etats abzuziehen und sie eine Kampagne machen zu lassen. Wir machen es wie eine Menge Agenturen: normale, offene Standard-Präsentation. Sie läuft genau 36 Minuten – nicht mehr und nicht weniger.
Wir präsentieren, was wir früher gemacht haben, wir verkünden in einer Minute unsere Agenturphilosophie, das heißt, wie wir Probleme anpacken. Wir beantworten Fragen, die der zukünftige Kunde vielleicht stellen möchte. Und das ist es dann auch. Wenn wir den Etat nicht bekommen, dann verdienen wir ihn nicht. In diesen 36 Minuten erfahren sie alles Wissenswerte von uns. Wir haben unsere Präsentation auf sieben Minuten Fernsehspots reduziert. Dann präsentieren wir die Anzeigen und erklären ein wenig den Hintergrund jeder Anzeige, und damit hat's sich.

Präsentationen sind wie eine Premiere am Broadway. Es ist ein großes Ereignis für die Agentur, es geht auf Biegen oder Brechen, und jeder lebt unter Druck. Man hat 36 Minuten, und da sitzen die Zuhörer, und wer weiß was passiert? Manchmal bekommt man die Präsentation kaum in Gang, und schon bricht das Unglück herein. Vor nicht langer Zeit machten Ron Travisano und ich eine Präsentation für einen sehr netten Knaben namens Jerry O'Reilly, der zuständig ist für das Parfum »Evening in Paris«. Wir spazierten ins Büro, und sie hatten das schickste und teuerste Büro, das ich seit

langem sah. Wir nannten unsere Namen einer Empfangsdame, und da kommt dieser Bursche durch den riesigen Empfang. Er ist der persönliche Assistent von Mr. O'Reilly. Er führt uns in ein riesig großes Zimmer, wo wir Mr. O'Reilly treffen sollen. Ich trug die normale Anzeigenmappe, und Ron schleppte den Projektor, der ein Riesending ist und sechzig bis siebzig Pfund wiegen muß. Mr. O'Reily tritt ein, und ich strecke meine Hand hin und sage: »Mr. O'Reilly, ich bin Jerry Della Femina.« Er schüttelt mir die Hand, und dann dreht sich Ron zu ihm hin und sagt: »Hallo, ich bin Ron Travisano.«
Woran Ron nicht mehr dachte, als er sich O'Reilly zuwendete, war der Projektor, den er trug. Als er sich umdrehte, drehte sich der Projektor mit um, und das Ding knallte Mr. O'Reilly genau auf die Kniescheibe. Das Geräusch, das der Projektor beim Zusammenstoß mit der Kniescheibe machte, war mir aus Kindertagen vertraut, als ich den Dodgers in Ebbets Field zusah. Man hörte auf den Aufschlag des Schlägers und konnte dem Geräusch entnehmen, wenn ein Ziellauf fällig war. Das gleiche Geräusch kam von O'Reillys Knie. Ich hatte die Augen zu, als ich das Geräusch hörte, und ich hätte geschworen, daß sein Knie übers ganze Feld geflogen sei. O'Reilly ging sofort zu Boden.

Ron wandte sich beim »Aufschlag des Schlägers« sofort mir zu und sagte: »Das wird keine sehr gute Präsentation werden.« Und ich war ganz fertig, als er das sagte. Wir wurden beide hysterisch. Die Tränen stiegen mir in die Augen. Der Bursche ging zu Boden und konnte ein paar Minuten lang nicht recht sprechen. Ron und ich wurden so hysterisch, daß wir uns nicht mehr bewegen konnten – für den Rest der Präsentation waren wir ganz nutzlos. O'Reilly verhielt sich sehr nett, wenn man bedenkt, daß er durch den Treffer sein Leben lang zum Krüppel hätte werden können. Es tut mir leid, sagen zu müssen, daß wir den Etat nicht bekamen – das ist übrigens auch nicht überraschend –, und der Mann war immerhin so nett, daß er uns nicht wegen fahrlässiger Körperverletzung verklagte.

Kurz nachdem wir uns selbständig gemacht hatten, hatten wir die Chance, eine Präsentation machen zu können für eine Firma in New Jersey, die Haar-Tonic herstellte. Sie wollten sehen, was wir früher gemacht hatten, und wir entschlossen uns, alle unsere früheren Anzeigen vor der Präsentation nach New Jersey zu schicken.
Ron wohnt in Jersey und sagte, er wird die Anzeigenmappe am Tage zuvor mitnehmen, denn es lag auf seinem Heimweg. Ron zieht sich auch mal etwas zu poppig an. An diesem gewissen Tag trug er ein hellgrünes Sportjackett zu einem stahlblauen Hemd, und obendrein hatte er eine dieser Blumenkrawatten um. Er hat eine ziemlich dunkle Haut und viel Haar auf dem Kopf, und wenn man ihn gelegentlich anschaut, kommt er einem ein wenig merkwürdig vor. Er fährt mit der Mappe nach Jersey und erklärt der Vorzimmerdame, er sei geschäftsführender Vizepräsident der Agentur, und sie bringt ihn ins Zimmer von Mr. Jones, dem Mann, dem wir alles zeigen wollten. Jones kommt zur Tür, und Ron fängt zu sagen an, daß er von der Agentur käme, aber Jones wirft einen Blick auf Ron und hält ihn für einen der »Mercury Messengers«-Jungs. Das sind eine Art von privaten Postboten, die man beauftragen kann, irgendwas für einen zu erledigen oder zu besorgen. »Okay, vielen Dank, Junge«, sagt Jones und läßt den armen Ron da stehen. Es war klar, daß Jones, hätte Ron ein Frachtzettelchen in der Hand gehabt, es unterschrieben und ihn weitergeschickt hätte. Ron war noch drei Tage später wie am Boden zerstört. Es war das erste Mal, daß ihn jemand als Bote klassifiziert hatte.

Manchmal verwandeln Präsentationen sich in Katastrophen, weil man mittendrin entdeckt, daß man am besten doch lieber nicht hätte kommen sollen. Vor Jahren arbeitete ich kurz in einer Agentur namens *Ashe & Engelmore*. Einer der Leute in der Agentur – namens Bob Hirschberg – hatte in der Bar von »21« einen Typ getroffen, und nach zwei Minuten Unterhaltung hatte Bob geschlossen, dieser Typ deutete an, wir sollten uns aufmachen und für die Loew's Hotels in Puerto Rico eine sehr große Präsentation machen. Bis zum heutigen Tag weiß ich nicht, wieso Bob diesen Eindruck bekommen konnte, aber er kam in die Agentur zurück und sagte: »So steht's also. Wir haben bei diesem Etat einen Stein im Brett.«

Nun, wir setzten uns hin, und mir kam die glänzende Idee, daß wir herausfinden sollten, wie die Reisebüros auf das Americana Hotel reagierten. Ich besorgte mir ein kleines Tonbandgerät mit Telefonanschluß, und wir begannen, Reisebüros anzurufen. Ich beschloß, diesen Leuten zu erzählen, daß ich ein Typ war, der gern nach Puerto Rico reisen möchte, und ob sie ein Hotel empfehlen könnten. Empfahlen sie das Americana nicht, dann wollte ich fragen: »Und wir wäre's denn mit dem Americana? Kann man da hingehen?« Und dann wollten wir das Tonband nehmen und bei der Präsentation abspielen lassen. Ich bekam ein Band voller Reaktionen. Was wußte ich schon davon, daß so was eine ganze Präsentation kaputt machen kann. Ich meinte, das Band würde sie gleich davon überzeugen, daß sie eine Agentur wie die unsere brauchten. Eine, die vorausdachte und interessiert war, die Probleme kennenzulernen, mit denen sie konfrontiert waren.

Beim ersten Treffen wußte ich sofort, daß etwas nicht stimmte; denn der Typ, den Bob an der Bar getroffen hatte, sagte: »Bob, das wäre nicht nötig gewesen.« Bob sagte: »Nun, wir meinten, wir sollten euch mal zeigen, welche Vorstellungen wir über . . .« Und der Typ sagte: »Schau mal, ich dachte, dies sei nur ein Meeting, bei dem wir uns ein wenig unterhalten könnten.« Wenn man diesen Passus hört, ist es aus. Beim Meeting saß auch einer der Brüder am Tisch – welcher es war, habe ich vergessen, jedenfalls einer der Besitzer der Loew-Hotels.

Sie warteten auf den Beginn der Präsentation, und ich sagte: »Meine Herren, ich möchte gern, daß Sie dieses Tonband anhören.« Das Band läuft, man hört das Telefon klingeln und meine Stimme fragt: »Ist dort das Reisebüro Fliegender

Teppich?« »Ja.« »Mein Name ist Jerry Dell, und ich schaue nach einem Hotel aus, wo ich logieren kann, wenn ich nach Puerto Rico gehe. Ich frage mich, ob Sie was Geeignetes empfehlen können.« Und die Stimme des Reisebüromannes wird hörbar: »Ja, es gibt eine Menge nette Hotels in Puerto Rico.« Einer von Loews Leuten sagt: »Das ist Hymie Smith.« Und um den Tisch herum geht ein Flüstern: »Mensch, das ist Hymie Smith, das ist Hymie.«
Ich sagte: »Welches Hotel können Sie mir empfehlen?« Hymie sagte: »Ich würde Ihnen das Soundso empfehlen.« Und er empfahl was ganz anderes als das Americana. Meine Stimme kam wieder: »Wie wäre's denn mit dem Americana? Ich höre viel vom Americana.« Hymie sagt: »Das Americana? Das liegt zu nahe am Flughafen. Da gibt's keine Leute mit Schwung. Sie sind doch ein junger Mann, nicht?«
Die nächste Stimme, die ich höre, kommt von einem der Loew-Hotel-Leute, und er sagt: »Dieses Arschloch. Stoppen Sie das Band!« Ich schalte das Gerät aus, und der Hoteltyp beauftragt eine Sekretärin, einen Knaben namens Sid zu rufen, der offenbar für die Kontakte zu den Reisebüros zuständig ist. Sid ist ein sehr dicker Junge, und als er hereinkommt, ist er sehr herzlich und schüttelt umständlich allen die Hand. »Sid«, fragt der Hoteltyp, »wann hast du das letzte Mal mit Hymie Smith vom Reisebüro Fliegender Teppich gesprochen?« »Hymie? Ich habe Hymie gerade gestern zum Mittagessen eingeladen.« »Würdest du sagen, daß Hymie ein Freund von dir ist?« »Oh ja, Hymie ist einer unserer guten Freunde.« »Spielen Sie das Tonband ab.« Ich lasse das Band noch mal laufen, und Sid gerät heftig ins Schwitzen.

Jetzt bin ich dran, die Präsentation weiterzuführen. Aber es ist ihnen scheißegal. Jetzt sind sie so verärgert über diesen Hymie vom Reisebüro Fliegender Teppich, daß sie nicht mehr merken, daß ich noch im Zimmer bin. Ich sage: »Jetzt möchte ich ihnen zeigen, was wir machen werden, um diese Indifferenz gegenüber Ihrem Hotel zu bekämpfen.« Niemand hört zu. Der Loew-Mann fährt fort: ». . . da gibt man nun Geld aus, da führt man diese Leute in Lokale, die ich noch nicht mal besuche, und dann machen sie so was. Diese Arschlöcher halten noch nicht mal zu einem.« Leute laufen herum und murmeln: »Wie konnte man für diese Arschlöcher nur Geld ausgeben.« Ich versuche, dazwischen zu platzen mit: »Ich möchte Ihnen gern erklären, wie wir dieses Marketingproblem lösen werden . . .« Ein Hoteltyp guckte mich an, als ob er sagen wollte: »Na, bis du immer noch da? Du hast die ganzen Schwierigkeiten verursacht, du Vollidiot. Hau doch ab!« Ich sagte: »Hier haben wir eine Anzeige, in der James Bond . . .« Ein Mann sagt: »Schauen Sie mal, wir haben Werbung. Wir haben gute Werbung. Und wir sind nicht an einer neuen Agentur interessiert. Wir machen uns Sorgen um die Nachsaison.«

Inzwischen versuchen wir, rückwärts zur Tür hinaus zu schleichen, ohne verprügelt zu werden. Dies ist so ein Fall, da muß man seine sieben Sachen zusammenpacken, und plötzlich sieht es so aus, als hätte man viel mehr Sachen dabei. Man macht Steckerverbindungen und löst sie wieder, und das Tonbandgerät fällt zu Boden und: »Bob, halt mal . . .«, »Ich hab's . . .«, und sie schimpfen immer noch mit Sid. Die ganze Sache war so eine Katastrophe, daß sie wahrscheinlich das Letzte war, das ich je in der Werbung erlebte. Jedenfalls lernte ich eines daraus, nämlich nie Angst vor einer Präsentation zu haben. Ich meine, was könnte schlimmer ausgehen? Schlimmer wäre's, wenn sie einen tätlich angriffen. Das ist das Ende. Ich habe Leute gesehen, die bei Präsentationen sehr nervös waren. Viele Leute, Agenturpräsidenten, die bei Präsentationen völlig durcheinander geraten. Ich denke immer an den Tag zurück, als Bob und ich bei Loew das Feld räumten. Ich versuchte, mich zusammenzunehmen und das Tonbandgerät unter dem Arm zu behalten.

Auf der Straße war's mörderisch. Ein heißer, heißer Julitag, und das Thermometer muß so rund 45 Grad gezeigt haben. Wenn nun eine Agentur die Präsentation beendet hat, so schlecht es auch gegangen sein mag, dann sagt man gewöhnlich: »Hast du den Knaben da am Ende des Tisches bemerkt? Der war ziemlich beeindruckt. Die beiden anderen gähnten zwar, aber . . .« Man probiert immer etwas zu finden, was einen tröstet. Keiner bekommt einen Etat. Man sagt immer: »Mensch, wir hatten eine gute Chance.« Als Bob und ich aus dem Fahrstuhl traten, schauten wir uns immer noch um, ob sie uns nachjagten. Sie schoben uns aus der Tür und sagten Dinge, wie: »Hier nehmen Sie das. Dies ist der Deckel von dem Ding da, das Sie tragen. Sie können ihn später draufsetzen.«

Da standen wir nun bei 45 Grad und schleppten die ganzen Sachen. Ich machte einen Versuch, irgendwas Übliches über die Präsentation zu sagen, und Bob guckte mich an und sagte: »Psst, ich will nichts hören.« Wir schleppten die ganzen Sachen, Mappen, Tonbandgerät etc., und natürlich gab's kein Taxi. Wir mußten von der 43. Straße, Ecke Broadway, zur Madison Avenue, Ecke 38. Straße, laufen. Es war wie ein Todesmarsch. Wir schwitzten, wir kamen bald um, die Hitze machte uns fertig. Ich fühlte mich, als ob Leute mich mit Bajonetten stachen, damit ich weiter ging.
Wir kamen in die Agentur zurück, und Irwin Engelmore, der Präsident, ein sehr netter Typ, guckt uns zwei an, durchweicht wie wir sind, und sagt: »Na, wie war's?« Und zum ersten Mal in der Geschichte der Werbung sagte jemand nach einer Präsentation die Wahrheit. Bob sagte: »Wir sind baden gegangen.« Irwin fragte: »Gab's was, was sie nicht mochten?« Bob sagte: »Die mochten alles nicht. Wir sind abgeschossen worden.« Nun fragte Irwin, der immerhin eine Menge Geld für die Präsentation ausgegeben hatte: »Und sollen wir noch mal wiederkommen?« Bob sagte: »Ich glaube nicht, daß sie uns auch nur in der Nähe haben wollen. Ich glaube, wir können uns zwischen Broadway und der 42. Straße nicht mehr blicken lassen.«
Irwin fragte: »Hm, kann ich vielleicht jemand anrufen?«
»Ich weiß nicht«, sagte Bob. »Rufe doch einen Priester an, Irwin. Vielleicht kann der helfen.«

Einmal – auch bei Ashe & Engelmore – waren wir dabei, für einen Jungen namens Richard Meltzer zu präsentieren, der der Präsident von Beauknit Mills war, ein sehr großes

Textilunternehmen. Wir wollten den Beauknitt-Leuten irgendeine Kampagne präsentieren, ich weiß nicht mehr, was für eine Kampagne. Aber das ist auch nicht wichtig. Die Sache war die, daß wir Irwin vor der Präsentation instruierten: »Irwin, wenn du hingehst, und du setzt dich mit diesem Knaben da zusammen, vergiß nicht, daß er einige Fragen stellen wird, welche Art Werbung sie brauchen. Das ist neu für ihn. Denk' dran, es ist menschliche Werbung. Ich hätte gern, daß du ihm sagst, daß dies menschliche Werbung ist.« Ich pflegte Irwin immer so zuzureden, ihm Dinge klarzumachen. »Verstehst du es jetzt? Es ist menschliche Werbung, die du präsentierst. Wenn er fragt, was das ist, dann sagst du ihm, das ist warmherzig und menschlich.«
Irwin sagte: »Ja, ja. Es ist warmherzig und menschlich.«
Ich sagte: »Richtig, Irwin. Es ist warmherzig und menschlich. Warmherzig und menschlich.« Er sagte: »Keine Angst, Jerry. Wir machen das schon richtig.« Irwin kommt zur Präsentation und sitzt da mit seiner rechten Hand, einem sehr klugen Jungen namens Lee Barnett. Irwin zeigt Meltzer die Kampagne und sagt: »Mr. Meltzer, dies ist es. Dies ist human.« Barnett flüstert: »Nein, nein, nein.« Irwin sagt: »Es ist human, Mr. Meltzer. Es ist humane Werbung. Warmherzig und human.« Barnett flüstert: »Menschlich. Menschlich.«Irwin sagt: »Klar, menschlich. Sie ist human, Mr. Meltzer.« Endlich stieß Barnett Irwin unter dem Tisch an und sagte: »Menschlich! Human heißt nett zu Hunden, Sie Vollidiot!«

Irwin war für Präsentationen ein guter Mann. Er pflegte seine Präsentation immer damit zu beginnen, daß er fragte: »Haben Sie den Mut, unsere Art Werbung zu bringen?« Und der prospektive Kunde war gewöhnlich ein wenig verwirrt, denn er konnte sich nicht vorstellen, zu welcher Art Werbung er den Mut haben solle. Das war Irwins Standard-Satz. Die meisten Agenturpräsidenten haben einen Standard-Satz. Sie sagen zum Beispiel: »Man muß den Mut haben, unsere Art Werbung zu bringen.« Oder: »Man braucht keinen Mut, um unsere Art Werbung zu bringen.« Oder: »Wir sind Marketing-Experten.« Oder: »Wir sind Verkäufer«. Oder was sie auch an jenem Donnerstag eben sind. Irwins erster Satz war immer der Mut-Satz. Seine Anzeigen zu bringen, war ein Zeichen von Virilität. Es war wunderbar, einfach wunderbar.

Präsentationen mit Shep Kurnit zu machen, bereitete genauso viel Vergnügen wie mit Irwin. Kurnit ist ein brillanter Kerl. Er konnte sehr gut sein. Wir stehen in heftiger Konkurrenz miteinander, aber ich mag den Jungen. Er hat ein gewaltiges Durchhaltevermögen. Es ist schwer, mit ihm Schritt zu halten. Er bleibt. Er beißt und kratzt, er kämpft, aber er bleibt. Er fällt nicht um. Einer seiner Marotten besteht darin, daß er einen anfaßt, wenn er mit einem redet. Wenn er was Gutes gesagt hat, faßt er einen an. Dieses Anfassen machte uns verrückt. Eines Tages kam Ron aus seinem Zimmer und sagte: »Ich habe das Problem gelöst. Immer wenn er sich nähert und sich anschickt, mich anzufassen, dann zünde ich Streichhölzer an.« Shep pflegte einen immer in eine Ecke zu drängen. Ron sagte: »Es ist ganz leicht. Du stehst da und zündest Streichhölzer an. Und er kommt nicht mehr näher.«

Eine von Shep's Eigenarten war, daß er während der Präsentation gewöhnlich Mängel am Produkt entdeckte, für das man präsentierte. Wie ich schon sagte, war er sehr clever, und während der Präsentation pflegte er das Produkt oft in Augenschein zu nehmen und es automatisch neu zu entwerfen. Die Schwierigkeit lag nur darin, daß man nie im voraus wußte, wann Shep dem Produkt des Kunden ein neues Design gab. Und das führte bei Delehanty bei Neugeschäftssitzungen zu vielen Spannungen. Man wußte nie, wann Shep die Bombe platzen lassen würde. Vielleicht war der Kunde schon fünfzig Jahre im Geschäft, und vielleicht hat schon sein Vater angefangen, dieses Dingsbums herzustellen. Dieser Junge hat jahrelang mit dem Dingsbums gelebt, er wacht damit auf, und er schläft damit und träumt vom Dingsbums. Shep kam gewöhnlich herein, warf einen Blick aufs Dingsbums, und sagte: »Wissen Sie was? Wenn man diesen Griff hier wegnehmen und ihn hier hinsetzen würde, wenn man dann noch dieses hier auswechselte und das da änderte, dann hätte man ein ganz

duftes Produkt.« Es war großartig, denn so bekam man die Gelegenheit, sich mit seinen Schuhen vertraut zu machen. Man schaute sie intensiv an, und nach einer Weile war Shep dann mit dem neuen Design des Produktes fertig.
Das Wunderbare an Shep war, daß er einem an den unmöglichsten Orten eine Bombe an den Kopf warf. Einmal mußten wir an der Versammlung von Sendegesellschaften der Gruppe W (Westinghouse) teilnehmen. Das war in Florida. Shep hatte am Tag zuvor einen kleinen Vortrag gehalten, und an diesem Tag saßen wir am Swimmingpool und aßen zu Mittag: Shep, Marvin Davis, ein Vizepräsident von Delehanty, ich und eine Dame, die für die Koordination der Gruppe W-Stationen zuständig war. Sie war eine sehr steife und saubere Dame, denn wenn man für Koordination zuständig ist, muß man wenigstens eine Jungfrau, wenn nicht noch was Besseres, sein. Wir sitzen also, da und essen, und ich warte drauf, daß die Bombe platzt. Wir wissen, daß es passieren wird, und Marvin und ich versuchten also leichte Themen fürs Gespräch zu finden. Marvin brachte verdammt gute Themen, etwa das Wetter, und ich brachte die Konversation auf verdammt gute Themen, etwa Baseball, und wir beide machten eine gute Arbeit. Die Direktorin der Koordination muß uns für verrückt gehalten haben, aber sie war ja auch ganz ahnungslos.

In dem Augenblick, als Shep spitzgekriegt hatte, daß diese Dame für die Koordination zuständig war, mußte er Geschichten über Koordination erzählen. Er schoß also los: »Ich habe einen Kunden, der ein großartiger Typ ist. Aber einmal stand ich doch vor einem Problem, als ich ihm für Talon-Reißverschlüsse eine Anzeige verkaufen wollte, die die Freiheitsstatue mit einem Reißverschluß am Rücken zeigte.« Er walzte die ganze Geschichte breit aus, wie er den ganzen Tag Anzeigen für Reißverschlüsse entwerfen mußte, und ich warf Marvin einen Blick zu, und er hatte einen Sandwich im Mund und ließ die Augen nach hinten rollen. Wir wußten beide, daß Böses geschehen werde, aber wir waren nicht sicher, was. Ich sagte mir: »Er wird doch nicht diese alte

Geschichte von der Freiheitsstatue erzählen – das kann doch wohl nicht wahr sein.«
Aber natürlich. Er sagt: »Wir hatten diese Anzeige mit der Freiheitsstatue, und ich wußte, wie der Kunde reagieren würde, wenn die Freiheitsstatue auf ihrem Rücken den Reißverschluß offen hätte. Er könnte sagen, das sei unpatriotisch, aber ich erinnerte mich an etwas, das ich mal auf der 42. Straße sah.«
Ich sagte mir: »Mein Gott, jetzt wird er noch erzählen, wie er in irgendeinem Souvenirladen auf der 42. Straße eine Freiheitsstatue mit einem Thermometer im Hintern gekauft hat. Oh, Shep, bitte, rede nicht über das Thermometer im Hintern.«

Shep kam geradewegs dahin. Er sagte nicht, die Freiheitsstatue hätte ein Thermometer im Hintern gehabt. Er sagte: »Als ich diese Freiheitsstatue mit dem Thermometer im Arsch dem Kunden mitbrachte, erklärte ich ihm, wenn man der Freiheitsstatue ein Thermometer in den Arsch stecken darf, dann kann man ihr auch einen Reißverschluß am Rücken anbringen.« Es war so, als hätte jemand zum ersten mal nach dem Essen ein Gebet gesprochen. Jeder hatte den Kopf auf den Teller gesenkt und studierte die Petersilie.
Man darf Shep nicht unterschätzen. Eines Tages flog er von weiß ich wo nach New York zurück, und zufällig saß er neben dem Werbeleiter von Singer-Nähmaschinen in Peru. Shep unterhielt sich mit ihm während des Fluges, und der Junge interessierte sich für Shep und gab ihm den Etat. Es war einer der schönsten Etats in der Werbegeschichte. Wir verkauften Nähmaschinen an Indianer, die sie nicht benutzen konnten, weil sie nirgendwo Steckdosen hatten. Shep zog los und machte Nachforschungen, und wir entdeckten, daß das beste Medium in Peru sei, eine Tafel auf einem Boot anzubringen, das den Amazonas hinabfuhr – oder welcher Fluß eben durch Peru fließt. Die Peruanische Singer-Gesellschaft war ein großes Erlebnis. Einmal schrieb ich eine Anzeige, die lautete: »Die Nähmaschine, die Sie Ihrer Mutter am Muttertag kaufen, wird bis zum Vatertag halten.« Die Anzeige wurde zum Kunden in Peru geschickt und kam mit dem Vermerk zurück: »In Peru gibt's keinen Vatertag.«

Wir hatten ein Mädchen in der Agentur, die eine Studentin aus Colombia und eine Art Indianerin war, und sie kannte den spanischen Dialekt, der in Peru gesprochen wird. Jedenfalls behauptete sie das. Und sie übersetzte alles, was wir machten, und dann schickten wir die Sache nach Peru.

Ein verrückter Etat. Wir hatten einen Amerikaner, der die Sprache beherrschte, so daß er Spots für uns machen konnte. Wir schrieben also diesen Fernsehspot, in dem ein junger Mann und eine junge Frau vorkamen, die in ein dortiges Nähmaschinen-Center von Singer gehen. Nun ja, unser Mann in Peru bekommt das Storyboard, und er wußte nicht, woher er die Modelle für den Film bekommen sollte. Daher tat er, was ihm logisch vorkam. Er ging zu einem Filmstudio am Platz und heuerte ein paar arbeitslose junge Schauspieler an. Am nächsten Tag, als unser Mann sich gerade fertig machte, zur Aufnahme zu fahren, warf er zufällig einen Blick in die Ortszeitung. Da starrte ihn auf Seite eins das Gesicht seines männlichen Darstellers an, und auf der Brust hatte er eine Reihe Zahlen. Es stellte sich heraus, daß der Schauspieler eben von der Polizei festgenommen worden war, als er versuchte, die Nationalbank von Lima auszurauben. Unser Kameramann rief uns in New York an und informierte uns, daß der Spot, auf den wir warteten, jetzt drei bis fünf Jahre Verzögerung haben werde.

Ich hatte einen netten kleinen Spot geschrieben, in dem ein Stierkämpfer vorkam, der mitten in der Arena saß und sich eine Capa nähte. Sie lassen den Stier hinein, und der Stierkämpfer nähte jetzt wie der Teufel. Dann kam ein Schnitt mit dem Stier und dann wieder Schnitt: Stierkämpfer; Schnitt: Stier, Schnitt: Stierkämpfer; Schnitt: Stier. Bis zum letzten Augenblick, Schnitt: Stierkämpfer ist fertig geworden mit der Capa und lenkt den Stier damit ab und rettet seinen Hals. Als der Spot gedreht war, zeigte die erste Einstellung den Stierkämpfer in einem schwarzen Kostüm, in der nächsten Einstellung hatte er ein weißes an und in der dritten trug er ein Kostüm mit einer Menge irrer Ornamente. Sie hatten irgendeinen Archiv-Film gefunden und Teile davon verwendet, wo es nur ging.

Der Typ aus Peru tauchte ab und zu in New York auf, und Shep spendierte Stunden und Stunden, ihm die Media einzupauken. Der Typ aus Peru sagt: »Man muß in dieser Zeitschrift ›El Commandore‹ inserieren.« Shep fragt: »Und diese andere Zeitschrift ›El Fig‹?« (Nach unserem Mediaplan für Peru hatte man die Wahl zwischen den beiden Zeitschriften.) Der Peru-Typ sagt: »›El Fig‹ ist nicht gut, weil sie nie in den Kiosken ist. Man kann darin nicht inserieren.« Shep fragt: »Warum ist sie denn nicht in den Kiosken?« Er stellt sich vor, daß sie da Schwierigkeiten mit der Gewerkschaft haben. Der Peru-Typ sagt: »Sobald ›El Fig‹ erscheint, verschwindet sie aus den Kiosken. Aber ›El Commandore‹ ist immer zu haben.« Shep fragt: »Soll das heißen, daß die Leute ›El Fig‹ kaufen und ›El Commandore‹ nicht kaufen, und daß deswegen ›El Fig‹ nie, aber ›El Commandore‹ immer erhältlich ist?« Der Mann aus Peru sagte: »Oh.« Wir brachten Anzeigen, wir brachten Spots und wir machten eine Menge Moos. Wenn man den Indianer dazu bringen kann, die erste Anzahlung auf eine Nähmaschine zu leisten, dann hat man's ziemlich einfach. Der Rest geht dann wie von selbst.

Die beste Präsentation, an der ich je teilnahm, fand auch bei Delehanty statt. Wir bereiteten uns auf eine Präsentation für die Chemway Inc. vor, die Pretty Feet herstellt. Gewöhnlich pflegte Shep am Vorabend einer Präsentation hereinzukommen und plötzlich zu behaupten, daß alles falsch sei, und wir den Etat nicht bekämen. Nach diesem Muster kam er am Abend vor der Chemway-Präsentation und erklärte, daß wir Scheiße gemacht hätten und den Etat nicht bekommen würden. Wir hatten einen schrecklichen Streit. Shep und ich stritten uns immer, aber dieser Streit war der schlimmste. Marvin Davis, der auch bei der Präsentation dabei war, sagte auch was über eine der Anzeigen, und ich wurde wild. Ich hatte schwer gearbeitet und verlor einfach die Nerven. Ich kletterte über den Tisch, Marvin nach. Man mußte uns trennen, denn es drohte in eine richtige Prügelei auszuarten. Ich war so sauer über das, was gerade passiert war, daß ich die ganze Nacht auf Sauftour ging. Es war eine ziemlich wilde Nacht, und morgens um sieben wachte ich an einem wildfremden Ort auf und wußte nicht, was ich wegen meiner Kleidung machen sollte, denn Hemd, Anzug etc. waren hin. Ich wußte, daß ich eine Präsentation zu machen hatte, und mein Hemd sah aus, als habe sich jemand drauf ausgekotzt. Vielleicht war ich es sogar. Ich mußte ein Hemd finden, wenn nicht noch mehr.

Die Präsentation war auf neun Uhr angesetzt. Kein Geschäft ist schon um 8.30 Uhr offen. Ich hatte einen Wagen, aber ich konnte mich nicht mehr erinnern, wo ich ihn geparkt hatte. So ließ ich den Wagen stehen, wo immer er auch stehen mochte, und stieg in ein Taxi und bat den Fahrer, mich zum Hafen an der West Side zu fahren. Da unten haben die Geschäfte mit ehemaligen Armeebeständen die ganze Nacht auf. Ich kaufte ein Hemd aus blauem Drillichstoff und eine solide blaue Krawatte und meinte, daß ich darin keine schlechte Figur machte. Ich war immer noch verkatert, schrecklich sogar, und ich nahm wieder ein Taxi zurück ins Büro. Um die Präsentation zu machen.

Während der Präsentation fängt der ranghöchste Angestellte der Agentur an, und dann sagt jeder der Reihe nach sein Sprüchlein auf. Auch die Abteilung Gestaltung. Jetzt kommt der Augenblick, wo ich meinen Vortrag halten muß, und jemand hatte mir eine Tasse Kaffee gegeben. Der Alkohol muß sich in meinem Blut verdichtet haben, denn sobald ich den Kaffee getrunken hatte, war ich wieder betrunken. Aber ich stand auf und machte die beste Präsentation meines Lebens. Es war nicht so, daß ich mich für besonders gut hielt, doch am Ende der Präsentation kamen Leute auf mich zu und sagten: »Ich habe dich schon früher bei Präsentationen erlebt, aber ich habe dich noch nie so ruhig und beherrscht gesehen.« Nun ja, das Ruhig- und Beherrschtsein lag einfach daran, daß ich Angst hatte, den Mund aufzumachen und wirklich zu reden, denn ich stellte mir vor, daß, wenn ich den Mund aufmachte, ich gleich zuviel sagen würde. Also redete ich sehr langsam.

Hinterher sagten alle: »Gewöhnlich regst du dich sehr auf. Dies war schön. Du hast dich fast nicht gerührt. Du bist nicht herumgesprungen. Das war genau die richtige Art, die Präsentation für diese Leute zu machen.« Was wüßten die schon davon, daß mein Kopf auf den Tisch gefallen wäre, wenn ich herumgetanzt wäre. Sie gaben uns den Etat auf der Stelle. Ich bestellte Champagner für alle, aber weder Shep noch Marvin gab ich etwas davon. Wir wurden betrunken, am selben Tag noch. Es war wie eine 24-Stunden-Sauftour. Das ganze Haus wurde einfach verrückt.

Bei *Delehanty* machten wir mal eine wunderbare Präsentation, und der Präsident der Firma, für die wir präsentierten, schlief ein, als das Licht während der Vorführung der Spots ausging. Shep war an dem Tag sehr gut, und auch Marvin Davis war gut. Ich saß neben dem Präsidenten, und er mochte die ganze Gruppe nicht. Er verkrampfte sich, wurde fickerig. Wenn eine Präsentation so zusammengestellt ist, wie es die von *Delehanty* war, ist es sehr schwer, zu unterbrechen. Es ist so, als wenn man einen Hausierer mitten in seinem Verkaufsgespräch unterbricht, und dann wird er so verwirrt, daß er mit seinem Verkaufsgespräch noch mal von vorn anfängt. Sheps Präsentation konnte nicht zu bestimmter Zeit beendet oder beschleunigt werden. Die Präsentation rollte ab. Erbarmungslos.

Das Licht ging für die Rolle mit Spots aus. Ich beobachtete diesen alten Knaben. Das Licht ging aus, er auch. Er ließ den Kopf auf die Brust sinken, und wenn man ihn im Dunkel ansah, mußte man meinen, er überlegte scharf. Er mußte einen eingebauten Wecker gehabt haben, oder vielleicht stieß ihn sein Werbeleiter auch an, denn ganz plötzlich wachte er beim vorletzten Spot auf. Der letzte Spot war noch nicht zu Ende, und er war hellwach. Und er gehört zu den Typen, die nicht sehr nett sind, wenn sie gerade aufwachen. Er

wachte wie ein Tiger auf und begann die Leute zu zerreißen. »Und Sie? Was machen Sie?«, fragte er ein Mädchen. »Welche Qualifikation haben Sie, daß Sie an meinem Etat arbeiten?« Das Mädchen war sehr nervös. »Na ja, äh, sehen Sie . . .« »Sind Sie auf meinem Etat?« fragte er, »oder gehören Sie zu den Leuten, die man hier versammelt hat, um Eindruck auf mich zu machen?« »Nein, nein«, sagte das Mädchen, »ich bin Modekoordinatrice.« »Wozu brauche ich eine Modekoordinatrice?«, sagte er. Und so ging's weiter. Endlich geriet er an Kurnit. »Mr. Kurnit, wieso meint ihre Agentur – bei all den anderen Agenturen, die ich kenne – warum denkt Ihre Agentur, daß gerade sie meinen Etat betreuen kann.« Das ist eine harte Frage. »Nun«, sagte Shep, »einer der Gründe, weswegen ich die Qualifikationen habe, Ihren Etat zu betreuen, ist, daß unsere Agentur schon jahrelang nach dieser Art Etat gesucht hat.«
»Ich weiß, daß Sie nach meinem Etat Ausschau gehalten haben, ich möchte nur wissen, ob Sie jetzt mit dem Etat auch fertigwerden.«
Das Problem war einfach, daß er kein netter Mensch war, wenn er aufwachte. Er zerriß die Leute in Stücke.

Bei *Fuller & Smith & Ross* gehörte es zu den Problemen bei einer Präsentation, daß einer der Etatdirektoren – ein Windmacher namens Harry – so unfähig war, daß er fast von Anfang an alles versaute. Er behauptete, daß er an fast jeder großen Kampagne mitgearbeitet habe, die je bei J. Walter Thompson gemacht wurde, da arbeitete er nämlich, ehe er sich bei *Fuller & Smith* hereingeschwindelt hatte. »Pan Am, oh ja. Ich erinnere mich, wie wir Pan Am machten.« Er war vielleicht in der Agentur, als sie an Pan Am arbeiteten. Er war sagenhaft unkoordiniert. Er pflegte da mit einer Pfeife zu sitzen, und dann klingelte natürlich das Telefon. Er griff nach dem Hörer und stieß sich dabei die Pfeife aus dem Mund. Jedesmal. Einmal sah ihn Mike Lawlor kurz vor einer Sitzung, wie er sich in der Herrentoilette die Hose abbürstete. Harry sagte: »Muß zu einem Neugeschäft-Meeting. Habe etwas Puder auf meine Hose gekleckert.« Endlich bekam er die Hose sauber und sagte:

»Okay, jetzt kann ich zum Meeting gehen.« So kam er mit offenem Hosenlatz in die Sitzung. Er stellte einen Agentur-Rekord in der Teilnahme an Sitzungen mit offenem Hosenlatz auf.

Endlich wurde dieser Typ aus New York entfernt, aber er überlebte es. Er ging nach Rom und gab sich da als die große glänzende Hoffnung aus New York aus. In Rom wurde er abgeschossen, aber es gibt noch mindestens neun Länder, wo er hingehen kann. Der Junge hat Deutschland schon hinter sich, aber in Frankreich war er noch nicht. Er hat noch eine Menge Orte in Europa zur Verfügung. Wenn sie alle in Europa auf ihn hereingefallen sind, kann er hierher zu irgendeinem unbekannten Ort – etwa Topeka – zurückkehren. »Hier bin ich«, wird er sagen, »ich habe eine Zeitlang eine Agentur in Rom geleitet, aber jetzt bin ich bereit, nach Topeka zurückzukommen, denn ich habe da diesen kleinen Lungenfehler, und ich wollte die frische Luft in Topeka atmen, und ich glaube, daß ich was in Ihrer Agentur machen kann.« In Topeka fallen sie auf ihn herein.

Vor Präsentationen werden die Leute nervös. Sehr erregt. Einige Leute drehen vor Präsentationen völlig durch. Es gibt ein paar Agenturpräsidenten, die im Grunde sehr schüchtern sind, und wenn sie präsentieren, werden sie aufgefordert, was zu tun, was sie eigentlich nie wollten. In welcher anderen Branche zieht der Präsident einer Firma los und sucht um Abschlüsse nach? Vertreter bringen die Geschäfte. Und wenn die Vertreter kein Geschäft bringen, dann ruft man den Verkaufsleiter herein und staucht ihn zusammen. Wenn jemand sich von einem Anwaltsbüro beraten lassen möchte, dann tauchen keine Teilhaber auf, um ihm zu erzählen, was das Büro für ihn tun wird, und wieviele Mandanten sie schon vor dem Gefängnis bewahrt haben. Aber in der Werbung bekommt man keinen Etat, ohne daß der Kunde den Agenturpräsidenten kennenlernt. Auf der anderen Seite ist es eben so schwierig. Der Kunde muß sich eine Agentur aussuchen, und nehmen wir an, die Auswahl hat sich auf vier eingeengt, die ins

Finale kommen. Da soll er nun drei oder vier Millionen Dollar einem Trupp Jungs anvertrauen, und er muß sie innerhalb einer Stunde oder so begutachten. Und wissen Sie was? Nach einer Weile fangen alle vier an, gleich auszusehen, und heutzutage sagen sie auch das gleiche.

Klischee Nummer Eins: Wir sind die kreativste Agentur in New York. Sie gehen mit Ihnen sogar durch die Gestaltung. Dann sieht der zukünftige Kunde Leute in ihren Zimmern, denen die Haare so abstehen, als steckten sie mit der Zunge in einer Steckdose. »Der da drüben, den haben wir in eine Zwangsjacke stecken müssen, denn der läuft von Zeit zu Zeit Amok. Aber Mann, Mann, ist der ein guter Art-Direktor!« Sie zeigen auf einen Texter: »Sehr gut. Sie werden mit ihm nie zu tun haben. Wir halten uns auch nicht mit ihm auf, nur wenn's Futtern geblasen ist.«
Bates war immer groß darin, Kunden die Abteilung Gestaltung zu zeigen. Schauen wir den Tatsachen ins Gesicht: Meine Gruppe war irre. Jungs brüllten, Sekretärinnen schrien. Das sah ziemlich merkwürdig aus. Delehanty, der ein paar echt Verrückte hat, dämpft das Gerede über sie. Sie sprechen lieber über ihre Werbung. Es ist wie ein Wettrüsten, diese Kreativität. Unsere Verrückten sind verrückter als alle anderen. Wir haben mehr Spinner je Quadratzentimeter als jede sonstige Agentur. Deswegen sind wir kreativ. Ich denke, jeder Kunde, der darauf reinfällt, ist ziemlich naiv, aber einige fallen eben darauf rein.

Klischee Nummer Zwei: Wir haben einige der großen Erfolgsgeschichten der Werbung.
Jeder hat eine Erfolgsgeschichte. Wenn es nach Präsentationen ginge, dann hat es noch kein Produkt gegeben, das in Amerika versagte. Jeder hat Erfolg. Wir nahmen das und das, dessen Marktanteil immer weiter zurückging, und jetzt sind sie Nummer Eins. Wir nahmen dieses Ding da, das ein neues Produkt ist, und jetzt steht es ganz oben. Nach einer Weile fangen die Agenturleute alle an, zusammenzukommen. Sie sind sehr klug, sehr charmant. Die Jungs müssen charmant sein, sie

müssen Witz zeigen, sie müssen clever sein, sie müssen den Kunden anstarren, sich nach seiner Nase richten und ihm anscheinend tief in die Augen sehen. Sie werden alles tun, was sie im Laufe der Jahre gelernt haben. Sie werden ihre Sache so gut machen, daß sie alle gleich aussehen.

Das einzige, worauf dieser Junge sich wirklich verlassen kann, sind die Arbeiten. Wenn ich Kunde wäre, wollte ich keine Agenturleute sehen, bevor ich meine Entscheidung fällte. Wenn sie sich dann nicht als Gorillas erwiesen, würde ich ihnen den Etat geben. Ich habe in fünf verschiedenen Agenturen gearbeitet, und ich habe bei einer Präsentation nie was anderes sagen hören, als wir jetzt noch sagen. Wir alle sitzen im gleichen Boot. Und wir alle sagen das gleiche.

Oh, sicher, einige Leute schauspielern. Sie sagen: »Ich weiß nicht, ob ich Ihren Etat nehmen kann.« Sehr komisch. Im Innersten sagen diese Jungs: »Wenn Sie ihn mir geben, werde ich schon eine Möglichkeit ausdenken, ihn auch zu nehmen.« Aber im Grunde sind wir alle gleich. Wir sind alle klug, wir haben alle Witz, wir sind alle gerissen, wir alle kennen die Probleme des Kunden, wir alle wissen, wie wir sie lösen können. Es ist ein schwieriger Verkauf, aber es ist auch ein schwieriger Einkauf. Für einen Kunden ist es schwer, eine Agentur einzukaufen. Er wird sich immer fragen, ob er nicht eine falsche Entscheidung getroffen hat. Er wird sich immer fragen, ob vielleicht jene anderen Jungs, die er zur Tür hinaus spazieren ließ, über etwas mehr Magie verfügt hätten. Er muß sich nach Material von früher richten – das ist das Einzige. Und das ist der Punkt, wo wir als Agentur leben oder sterben. Mehr haben wir nicht. Ich spiele nicht Golf. Ron spielt Golf, aber er wird auf dem Golfplatz immer sehr aggressiv, so daß wir Neugeschäft nicht auf dem Golfplatz suchen können. Ich habe noch nie einen Kunden in meiner Wohnung zum Essen gehabt. Auch Ron nicht. Man braucht uns für so was auch nicht. Wegen so was kann man besser Mitglied eines Freundschaftsklubs werden. Wir führen einen Kunden zum Dinner aus, um übers Geschäft zu reden.

Vor kurzem machten wir eine Präsentation und standen im Wettbewerb mit *Doyle, Dane* und *Wells, Rich* und *Jack Tinker*. Drei sehr starke Agenturen. Ich bildete mir nicht ein, daß wir den Etat bekommen würden, aber ich dachte, es sei nett, in solcher Gesellschaft zu sein. Plötzlich steht in der Fachpresse, daß keine dieser vier Agenturen den Etat bekommen hatte. Er ging zu einer sehr, sehr schlechten Agentur. Eine der Agenturen, in denen sie sich um Mittelmäßigkeit und Plansboards bemühen. Nun machte diese Agentur keine Präsentation. Sie waren nirgendwo. Sicherlich können sie den Etat nicht auf Grund ihrer früheren Arbeiten bekommen. Irgendwo im Hintergrund landete jemand einen Treffer; siegte einer. Ich stelle mir vor, daß sie den Etat über ihre Bank bekamen. Diese schlechte Agentur ermittelte, welches die Bank des Kunden war, und machte einen Handel. Das ist so traurig, denn dieser Kunde brauchte wirklich eine gute Agentur.

*Doyle, Dane* wäre prima für sie, auch *Wells, Rich* und sogar wir. Aber die Agentur, der sie den Etat gegeben haben, wird sie zugrunde richten. Der Umsatz wird weiter sinken, und sie werden sich wundern, warum sie ihrem Produkt nicht zum Durchbruch verhelfen können.
Einige Agenturpräsidenten sind selber ziemlich lässige Typen, nicht zu reden von Textern und Art-Direktoren. Charlie Goldschmidt ist so ein Präsident . . . überhaupt nicht nervös. Charlie hat ein Faible für Feuerwehrautos oder vielleicht auch für Feuer. Er pflegt Feuerwehrautos durchs ganze Viertel nachzujagen. Wir konnten gerade eine Präsentation haben, und Charlie saß ruhig da, und – tatitatü – er hörte draußen eine Sirene. Dann sprang er auf, lief aus der Tür, und man sah ihn eine Stunde lang nicht mehr. Dann und wann saß ich allein bei ihm, und wenn er die Feuerwehr hörte, machte er das Fenster auf. Wenn es so schien, als sei das Feuer in der Nähe, ging er hinaus und sah es sich an. Er war ein großer Feuernarr.

Als Danny Karsch und ein paar andere Leute eines Tages in einer höchst wichtigen Sitzung mit einem zukünftigen

Kunden Besprechungen führten, hörten wir die Feuerwehr. Die Tür zum Konferenzraum kracht auf, und Charlie platzt herein. Ohne ein Wort zu sagen, lief er geradewegs durch den Raum, machte das Fenster auf, um zu prüfen, wie nahe das Feuer war, schloß das Fenster wieder, ging hinaus und machte die Tür zu. Kein einziges Wort. Jeder warf dem anderen einen Blick zu, und schließlich meinte Danny: »Ich glaube, daß Leute, die Feuer mögen, keine Menschen mögen.«

Präsentationen sind zusammengepackt wie Broadway Shows. Es gibt Stichworte und so'n Zeug. Bei unserer Präsentation rede ich zum Beispiel und sage dann: »Und was das Thema Marketing betrifft . . .« Und dann nahm Tully Plesser, der von der Cambridge Marketing Gruppe ist und gelegentlich für uns Marktforschungen macht, das auf und sagte: »Was das Thema Marketing betrifft, würde ich sagen, da können wir Ihnen . . .« Am Ende seines Vortrages konnte Tully vielleicht sagen: »Und natürlich ist Marketing nur so gut wie die Mediaplanung.« Dann stoßen wir den Media-Direktor an, der aufwacht und sagt: »Life, eineintel Seite, vierfarbig, angeschnitten.« Einige Agenturen haben darin eine solche Technik entwickelt, daß sie kein Stichwort mehr benötigen. Man wirft sich nur einen Blick zu.

Vor einiger Zeit machten wir eine Präsentation für ein großes Nahrungsmittelunternehmen in Dallas, Texas. Da stand eine Menge Geld auf dem Spiel, und wir waren sehr nervös – wenn man über Millionen Dollar redet, kann man nicht anders als nervös sein. Wir verließen New York am Donnerstag für die Präsentation am Freitagmorgen. Auf dem Flughafen von Dallas mieteten wir uns einen Wagen, fuhren in die Stadt und meldeten uns im Hotel an.
Wir merken, daß wir in einem fremden Land sind, als ein Einheimischer Ron anschaut, der zufällig sehr zahm angezogen ist, und fragt: »Hallo, Junge, warum gehst du nicht mal zum Friseur?« Ron ist sehr angespannt und sagt: »Kannst mich mal am Arsch lecken.« In einem erstklassigen Restaurant am Platz

essen wir zu Abend, und das großartige Mahl besteht aus gebratenem Steak mit Beilage.

Am nächsten Morgen haben wir Mumm. Ron, der stark schwitzt, leistet wirklich was. Wir quetschen uns in den Mietwagen und halten nach der Hauptverwaltung Ausschau. Das Unternehmen, für das wir präsentieren, ist riesig, aber wir können es nicht finden. Man hält dann an der Ecke an und fragt jemand, wo das Hauptbüro ist, und natürlich kann niemand verstehen, was der Mann sagt. Er spricht eine fremde Sprache. Wir kamen uns vor wie die Touristen im Ausland. Wir fuhren weiter und Ron fragt: »Was hat er gesagt?« »Ich weiß es nicht, ich habe ihn nicht verstanden.« Wir setzen die Fahrt durch dieses Labyrinth fort und hoffen auf einen Amerikaner zu stoßen, mit dem wir reden können. Endlich geraten wir an einen Knaben, der so etwas sagt, als ob das Gebäude, das wir suchen, zwei Straßen weiter und dann rechts herum liegt.

Ganz genau. Die Hauptverwaltung. Nervosität im letzten Augenblick. Vergiß nicht, unser Umsatz ist fünfzehn Millionen groß.« »Fünfzehn? Ich dachte, es seien achtzehn.« »Wieviele Leute sind jetzt bei uns beschäftigt?« »Ich weiß nicht, ich habe die letzte Zeit nicht mehr gezählt.« Wir versuchen, uns unserer Fakten wieder zu erinnern. Ein Mann vom Unternehmen kommt heraus, und er ist sehr freundlich und umgänglich: »Hallo, ich bin Eddie Jones, kommen Sie herein.« Gleich wollen vier Leute zur gleichen Zeit durch die Tür. Das passiert immer, und die Tür ist vielleicht auf eine halbe Person berechnet. Auf dem Weg zur Präsentation kommt es immer zur Kollision von Leibern. Es ist so, als wenn man beim Baseball »shortstop« im Yankee-Stadion spielt und weiß, daß alles in Ordnung kommen wird, wenn man nur einen Aufschlag in die eigene Richtung bekommt.
Wenn jemand fragen würde: »Was habt ihr denn für einen Umsatz?«, dann wäre alles in Ordnung. Aber niemand tut das. Sie bemühen sich nur, freundlich zu sein. Sie bringen einen in einen Konferenzraum, der in der texasüblichen Größenordnung

ist, und man betet, daß wenigstens ein Knabe dabei ist, den man verstehen kann. Man hört sich die Vorstellungen und die Begrüßungen an, und bei dem Hallo eines der Leute beugte Ron sich zu meinem Ohr und sagte: »New York«. Fantastisch. Ein Mann den wir verstehen konnten. Er war aus New York, und es war ein großartiges Gefühl, daß wir uns nicht allein in diesem fremden Land befanden.

Wir müssen nur noch den Mann heraussuchen, der das meiste im Raum zu sagen hat. Es gibt immer einen Typ im Raum, der Nein oder Ja sagen wird. Diesen Knaben herauszufinden, ist allein schon eine Aufgabe.
Dabei kann es echte Probleme geben. Ein Bursche, den ich kenne, kam mal zu spät zu einer Sitzung. Er setzte sich hin, blickte auf seine Papiere, und als er an die Reihe kam, schaute er sich alle Knaben nacheinander an, um denjenigen zu finden, auf den er zielen wollte. Er bemerkt einen, der sehr wichtig aussieht und sehr wißbegierig ist, und er sagt sich: »Der und kein anderer.« Während der ganzen Präsentation blickte er ihm gerade in die Augen und wandte den Blick nicht ab. Er schmiß die anderen Leute sozusagen raus und verkaufte, verkaufte, verkaufte. Er vergaß den ganzen Raum. Als es vorbei war, war er davon überzeugt, daß er ganz schön was geleistet hatte. Dann sagten sie ihm, daß er einem Neuen die Sache präsentiert hatte, der gerade erst hier in der Agentur angefangen hatte – ein stellvertretender Mediachef. Offenbar war der Typ zu schüchtern um zu sagen: »Du, ich gehöre zu deinem Team.«

Es sind vielleicht sechs Leute im Zimmer, und es wird auch eine Diskussion geben, aber wenn es vorbei ist, wird einer von ihnen sagen: »Ich denke, wir sollten es so machen.« Vielleicht sagt er nicht mal das. Er mag sagen: »Der Präsident, denke ich, wird auch der Meinung sein, daß wir es so machen.« Das ist der Knabe, den man finden möchte.
Man fängt zu improvisieren an und hat keine Ahnung, mit wem man redet. Sie möchten wissen, wo wir gestern abend aßen, und wenn wir's ihnen sagen, erklären sie: »Gutes Steak,

gutes Steak.« (Ich denke immer noch an die Beilage.) Sie fühlen sich unbehaglich, denn sie wissen, daß man verdammt nervös ist. Man beginnt, indem man sagt: »Ich möchte Ihnen allen dafür danken, daß Sie uns gestatten, hierher zu kommen und zu präsentieren.« Der »General«, der wichtige Knabe, ist bei dieser Sitzung dabei. Das ist nicht gut. Wenn ein »General« dabei ist, markiert das Fußvolk den großen Mann. Ich bin gern auf gleicher Ebene.
Die Gruppe, für die wir präsentieren, besteht ganz aus »Generälen«. Man merkte das bei der Vorstellung: »Vizepräsident, zuständig fürs internationale Geschäft«; »Vizepräsident, verantwortlich für Marketing«; »Direktor für Marketing und Werbung«.

Ich beginne wieder, indem ich allen danke. Ich verrate ein wenig von meinem Hintergrund, und dann gehen wir der Reihe nach um den Tisch. Und jeder von uns berichtete von sich selber. Einer unserer Etatdirektoren, Jim Travis, stellt sich vor. Ron stellt sich vor. Er ist immer noch nervös. Bringt es aber gut hinter sich. Nun stehen wir wieder am Anfang. Ich glaube immer noch nicht, daß es Zeit ist, unsere Sachen vorzuzeigen, auch Ron glaubt es noch nicht; denn nach unserer Methode gibt Ron mir die Anzeigen zum Präsentieren, und er greift noch nicht nach dem Stapel. Ich gucke ihn nicht an; denn auch ich möchte die Anzeigen noch nicht präsentieren. Gegen halb neun haben wir begonnen, uns vorzustellen, und jetzt ist es ungefähr zehn nach neun. Es ist immer noch nicht der rechte Augenblick, und dann fragt mich einer der »Generäle« wegen eines Artikels, den ich in »Marketing/Communications« schrieb. Ich redete über den Artikel, und jeder lachte. Ich attackierte die Regierung in Washington – und die Leute in der Nahrungsmittelindustrie leben ja in Angst vor der Kontrolle der »Food and Drug Administration«.

Jetzt plötzlich ist es Okay, die Sachen zu zeigen. Wir stehen ihnen jetzt sehr nahe, und jetzt wird die Präsentation fast automatisch. Ich schicke mich an, zu Ron hinüberzuschauen, brauche es aber nicht, denn er streckt den Arm schon aus, um

die erste Anzeige zu nehmen. Zuerst erkläre ich, daß einige der Arbeiten, die sie zu sehen bekämen, in drei verschiedenen Agenturen entstanden seien.
Die erste Anzeige, die wir zeigen, ist die Peanuts-Anzeige für Talon-Reißverschlüsse. Wir machen das, damit die Gruppe Gelegenheit bekommt, sich durch Lachen zu lockern. Ich sage ihnen, ich wüßte nicht, ob diese Anzeige je einen Reißverschluß verkauft habe, aber es sei für alle Konfektionsfirmen eine psychologisch gelungene Anzeige, die sich diese Anzeige ansahen, um etwas über Talon zu erfahren. So hat man die Sitzung eröffnet, und die Atmosphäre ist warmherzig und freundlich.

Jetzt muß man schweres Geschütz auffahren, also zeigen wir ihnen die Pretty-Feet-Anzeige, diejenige, die sagt: »Welches ist ihr häßlichster Körperteil?« Die Reaktion darauf ist gut, sehr gut. Sie sehen beeindruckt aus, dann fahre ich mit einer Abschweifung zur Medikamentenwerbung fort. Dann gibt's plötzlich eine lange Diskussion über Pretty Feet. Plesser paßt scharf auf und wartet. Im gleichen Augenblick, indem mir dieser Knabe eine Frage stellt und ich darauf antworte, weiß ich, daß ich nicht tiefgründig genug geantwortet habe. Eine Sekunde später höre ich Plessers Stimme: »Und ein anderer Aspekt davon ist . . .« Plesser bringt etwas mehr Gewicht hinein, er macht meine Antwort mundgerecht.

Als nächstes kommt Corum-Uhren ran, und bevor man's merkt, ist das Licht schon aus, und die Rolle mit den Spots läuft. Wir beginnen mit einem Spot für Ozone, einem Haarspray für Herren, den wir bei *Bates* machten, und wo Yogi Berra drin war. Immer, wenn dieser Spot bei Präsentationen gezeigt wird, kommt irgendeine Stimme aus dem Dunkel, die sagt: »Guck mal, was dieser Junge für ein Gesicht hat.« Der nächste Spot ist einer, den unsere Agentur für »The New York Knickerbocker« machte, eine Zeitung, die begann, als die »World-Journal Tribune« einging. Sie selbst ging auch rasch ein. Wenn der Spot beginnt, sage ich immer: »Dieser Spot ist für sechstausend Dollar gedreht worden. Heutzutage bekommen Sie für sechstausend nicht mal einen Schmalfilm von Ihrem Kind.« Sie horchen alle auf. Sie wollen sehen, was wir für unsere sechs Riesen bekamen – und das ist soviel, wie sie jede Stunde zum Fenster rausschmeißen.

Ein Spot für Royal-Globe-Versicherung folgt. In der letzten Einstellung kommt ein Wagen, dessen Fahrer die Kontrolle verloren hat, in einer hochdramatischen Nachtaufnahme direkt auf den Zuschauer zu. Ron steht während dieses Spots ganz ruhig auf und geht zum Projektor. Es sieht aus, als kümmere er sich um die Schärfeeinstellung, aber in Wirklichkeit dreht er den Ton ganz weit auf. Der Ton des Spots füllt den ganzen Raum im Augenblick des Zusammenstoßes. Als der Film zu Ende ist, dreht Ron die Lautstärke zurück und setzt sich wieder hin. Das funktioniert gut, und der Typ neben mir sagt: »Au!!!«

Der letzte Spot der Rolle ist einer, den wir für die Nationale Stiftung gegen Bluterkrankheit machten. Dieser Spot zeigt einen Bluter, der vor der Kamera blutet. Dann geht das Licht wieder an, und ich erläutere die Agentur-Philosophie. Weil dies ein Unternehmen ist, das Probleme mit der Regierung hat, erzähle ich von Miss Cheng und Feminique. Sie nicken und sagen: »Gottseidank sind sie hinter einem anderen her.« Ein alter Konservativer bei der Sitzung sagt: »Sie meinen, sie können von den intimen Körperteilen der Frau reden, und uns würden sie nicht erlauben, über Nahrung zu sagen, was wir wollen?« Er ist sehr wütend und wenn's nach ihm ginge, würde er losziehen und ein paar Mexikaner lynchen, um sich wieder wohler zu fühlen. Dann rede ich über unseren Umsatz – wir alle hatten uns zum Schluß auf eine Zahl geeinigt, die ziemlich genau war. Dann erwähne ich, daß wir Sonderaufträge von R. J. Reynolds und von Quaker Oats bekommen hatten. Ich wiederhole das dreimal, denn jemand hätte denken können, es handele sich um die Quakertown Oats Company, die Pferdefutter herstellt: »Ja, Quaker Oats hat uns angerufen und sagte: ›Wir haben beschlossen, Ihnen einen Auftrag zu geben‹.« Um ganz sicher zu gehen fügte ich hinzu: »Nette Leute da, bei Quaker Oats.« Wenn ich gekonnt hätte, hätte ich sie gefragt, ob sie heute morgen denn schon ihre Quaker Oats zum Frühstück gegessen hätten. Was ich mit Quaker Oats will, ist, dafür sorgen, daß sie uns für seriös halten, obwohl Quaker Oats ein größeres Unternehmen ist, als unser zukünftiger Kunde.

Dann rede ich über die American Broadcasting Company. In Dallas lieben sie alle das Wort »amerikanisch«, also scheinen sie von ABC schon gehört zu haben. Von ABC gehe ich zu Cinzano Vermouth über. Ich schaue jenen älteren Knaben an. Er sieht aus, als denke er, wir steckten mit allen Italienern unter einer Decke. »Dieser Kunde hat auch Moët-Champagner«, füge ich hinzu. Auch die Franzosen liebt er nicht, was? Also kommen wir zu Blue-Nun-Wein. Und mit Blue-Nun-Wein bekomme ich ihn fast zum Lächeln. Wir haben auch einige Spezial-Projekte für einen größeren Etat entwickelt, von dem sie schon gehört haben. Ganz plötzlich werfen sie sich um den ganzen Tisch herum kurze Blicke zu. »Schauen Sie mal«, sage ich, »diese Leute sind mit ihrer Agentur sehr zufrieden, aber es ist praktisch die gleiche Situation, in der Sie mich anriefen und sagten, mit Ihrer Agentur seien Sie nicht unzufrieden.« Ich rede von Corum-Uhren. Wer weiß schon was von Corum-Uhren? »Gehört zur Piaget Company.« Keine Regung. »Ein Teil der North American Watch Company.« Der alte Knabe hört »American« und fängt zu nicken an.
Plötzlich sagt einer: »Was halten Sie von *Ted Bates?*« Ich halte nicht viel von *Ted Bates*, Präsentation oder nicht, also beginne ich *Bates* abzuschießen. Sie reden weiter. Die große Frage, die ihnen einfällt, lautet: »Was passiert, wenn Della Femina nun von einem Lastwagen überfahren wird?« Sie sind beunruhigt über die Tatsache, daß wir ein Einmann-Unternehmen zu sein scheinen. Wir müssen sie davon überzeugen, daß sie sich irren. Wir kommen soweit, daß wir sie mit dem Eindruck verlassen, ich sei schon bei der Präsentation tot und ausgestopft gewesen, nur damit die Präsentation gut aussähe. Wir sagen ihnen, daß wir gerade neue Büroräume bezogen hätten.

Wir beenden unsere Präsentation, und damit hat's sich. Wir machen Pläne für ihren Besuch in New York, und das möchten sie auch. Termine werden festgelegt, und das ist gut. Das Einzige, was wir außerdem noch machen werden, ist dies: Wir werden unseren Art-Direktor Bob Giraldi zum Friseur schicken und ihn vielleicht wie einen echten Amerikaner einkleiden. Weiter wird sich nichts ändern. Einige Wochen später kamen sie uns tatsächlich besuchen. Wir gingen nochmal die Präsentation durch und führten sie durchs Haus. Aus diesem Anlaß hatten wir Bob so weit gebracht, daß er normale Kleidung anhatte. Wir haben auch gute Aussicht auf den Etat. Viel Händeschütteln, viele Glückwünsche. Als letztes sagte einer ihrer Leute, als er unsere Agentur verließ: »Mann, bei euch kreativen Agenturen laufen wirklich ein paar merkwürdige Typen herum. Wie dieser Art-Direktor von euch, zum Beispiel.«

# Den größten Spaß haben ohne sich auszuziehen

Für Daten habe ich kein gutes Gedächtnis, und es ist gut, daß ich in der Werbung bin, wo die Leute sich nicht so drum kümmern, wie genau Lebensläufe sind. Ich wurde 1936 geboren, und im Juli dieses Jahres werde ich 35 Jahre alt. Mit zwanzig heiratete ich, aber ich bin schon mein ganzes Leben lang verheiratet gewesen. Ich machte 1954 den Abschluß an der Lafayette High School in Brooklyn und ging dann ein Jahr lang auf die Abendschule im Brooklyn College. Soviel zum Thema Schulbildung. Mein erster Job war der eines Laufburschen bei der »New York Times«, und zwischen 1954 und 1961 habe ich darüber hinaus nicht viel getan. 1961 bekam ich endlich einen Job bei einer richtigen Werbeagentur, nämlich *Daniel & Charles*. Ich begann bei Danny und Charlie als Texter für 100 Dollar die Woche, und als ich 1963 da ausschied, um zu *Fuller & Smith & Ross* zu gehen, verdiente ich 18 000 im Jahr. Bei *Fuller & Smith* dauerte es nicht lange – nicht mehr als neun Monate oder dergleichen –, und in der nächsten Agentur, *Ashe & Angelmore,* arbeitete ich noch kürzere Zeit. 1964 ging ich zu Shep Kurnit bei *Delehanty, Kurnit & Geller*. Und da blieb ich ein paar Jahre. Von *Delehanty* wechselte ich 1966 zu *Ted Bates* hinüber, wo ich jährlich 50 000 Dollar und den ganzen Kummer hatte, den sie dort einem bereiten können.

Wir machten unsere eigene Agentur im September 1967 auf, nachdem Ron wegging und praktisch ganz allein 80 000 Dollar besorgte. Ich kenne nur wenige Leute, die 800 Dollar haben, geschweige denn 80 000.
Im September 1970 feierten wir unsern dritten Geburtstag in der Werbung, und wir hatten eine riesige Party. Ich weiß nicht genau, wie hoch unser Umsatz jetzt ist, aber so an die zwanzig

Millionen Dollar im Jahr werden es schon sein, und das ist gar nicht so schlecht. Keiner unserer Kunden hat uns je gefeuert. Wir haben einige kleine Kunden aufgegeben, weil wir Schwierigkeiten mit ihnen hatten, und einer – »The Knickerbocker« – ist einfach von der Bildfläche verschwunden. Wir haben einen Firmenwagen, einen Lincoln, und letzten Sommer fuhr ich mit meiner Familie an einem Wochenende nach Montauk raus. Gerade als wir zurück wollten, schloß ich die Wagenschlüssel im Kofferraum ein, und so kommt es immer noch vor, daß dann und wann was Merkwürdiges passiert.

Im Sommer 1969 schickte uns einer unserer Kunden mit der Post einen Scheck über 400 000 Dollar, mit dem eine Menge Fernsehtermine bezahlt werden sollten. Ron und ich guckten uns den Scheck an und fingen wie kleine Kinder zu kichern an. Es ist ein sehr eigenartiges Gefühl, einen Scheck über eine solche Summe in der Hand zu haben und nicht dran zu denken, Richtung Brasilien abzuhauen. Wenn wir zur Westküste fliegen, um einen Spot zu drehen, sind sie im Beverly Hills Hotel sehr nett zu uns, und es ist herrlich, am Schwimmbecken zu sitzen und sich bedienen zu lassen. Auch unser Bankier ist nett zu uns, und wir haben sogar einen Kredit bei ihm. Leute rufen uns an und drängen uns, unsere Aktien an der Börse notieren zu lassen, aber ich hoffe, das werden wir nie tun. Wir haben wunderbare Büroräume in der Madison Avenue 625, eine ganze Etage, und am Tag, als wir einzogen, hatten wir schon nicht mehr genug Platz. Ich arbeite irre Stunden, und vor kurzem verbrachte ich drei Tage und drei Nächte damit, einen bisexuellen Schauspieler im Auge zu behalten, der in einem unserer Spots auftrat. Dieser Knabe versuchte, erst jedes Mädchen im Studio zu bumsen, und nachdem ihm die Mädchen ausgegangen waren, fing er mit den Filmleuten an.

Wir sind in den vier Jahren einen langen Weg gegangen, um eine Headline von Leo Burnett zu klauen. In dem Jahr, als wir mit unserer Agentur in die Werbung einstiegen, machten noch 140 andere Agenturen auf. Zehn von diesen Agenturen sind jetzt noch übriggeblieben. Das Problem mit diesen neuen Agenturen ist, daß die meisten von Kreativen aufgemacht wurden, die keine Ahnung vom Geschäft haben. Und sie gründen ihre Agenturen von einem falschen Standpunkt aus. Ein Junge wird gefeuert, und er entschließt sich, eine Agentur aufzumachen. Solche Leute planen ihre Agenturen nicht. Sie planen ihr Wachstum nicht und geraten dann schließlich in Schwierigkeiten.

Einer meiner Freunde machte gerade eine Agentur auf und sagte: »Ich weiß nicht, ob ich von meinem Haus aus oder von einem Hotel aus arbeiten soll.« Ich sagte: »Arbeite lieber von einem Hotel aus. Wenn ein zukünftiger Kunde dich anruft, kriegt er wenigstens nicht deine Mutter an den Apparat.« Er sagte: »Ja, ich glaube, du hast recht.« In einem der Fachblätter las ich einen Tag später, daß er in einem Hotel angefangen habe. In einem Hotel, von dem ich noch nie gehört hatte. Ich meinte, ich hätte schon von jedem Hotel in New York gehört, aber dieses ist eines der Lyons-Hotels unten in der Bowery. Ich weiß nicht, wie er darauf kam, aber er ist jetzt im Geschäft. Und er wird Pleite machen.

Neue Agenturen fangen immer in der Mittagspause an. Jeder geht zum Mittagessen und jeder schimpft beim Mittagessen. »Diese Arschlöcher wissen überhaupt nicht zu schätzen, was ich alles für sie gemacht habe. Letztes Jahr habe ich Etats im Wert von zwei Millionen ins Haus geholt. Ich habe das gemacht.«
Und plötzlich: »Stell' dir das mal vor. Zwei Millionen Dollar. Das bedeutet dreihunderttausend Dollar für die Agentur. Und was bekomme ich? Lausige vierzigtausend im Jahr. Diese Jungs machen dreihunderttausend und zahlen mir vierzigtausend. Ich möchte eine eigene Agentur aufmachen.« Der andere Knabe sagte: »Weißt Du, wir haben viele Jahre zusammen gearbeitet. Ich habe zwar kein Geld, aber ich habe einen Freund, der das nötige Geld hat, und dazu hat er gute Beziehungen. Steigen wir doch ins Geschäft ein.«

So tun sich die drei zusammen. Finden ein Uncle-Sam-Hotel und steigen voll in die Werbung ein. Der Freund mit den guten Beziehungen ist schnell weg vom Fenster, er kann das Geld nicht beschaffen.
Der Etatdirektor, der so etwas wie ein Versprechen in der Tasche hat, er könne einen Etat bekommen, wenn er aufmacht, entdeckt plötzlich, daß er keinen Etat hat. Der Mann, der ihm sagt, er werde ihm den Etat verschaffen, gibt einem nichts, und plötzlich sind sie auch telefonisch nicht mehr zu erreichen.

Am Anfang war's verdammt schwer für uns. Da gab's die vier Gründungspartner: Ron, mich, Frank Seibke, einen Art-Direktor, und außerdem Ned Tolmach, einen Texter, wir alle von *Bates*. Und zwei Mädchen, Barbara Kalish und eine ganz Junge, namens Sandy Levy. Wir waren damals in der Madison Avenue Nummer 635, und wir hatten zu viel Platz. Nur wir sechs rannten in den riesigen Büroräumen herum. Wir saßen da und machten Präsentationen. Und hofften gegen jede Wahrscheinlichkeit, daß die Leute uns in ihr Büro, statt wir sie in unser Büro einladen würden. Wir bekamen einige kleine Aufträge, aber nach drei Monaten saßen wir dick in der Tinte. Es war Dezember, und eines Tages kamen Ned und Frank und sagten, daß sie gingen. Es war einfach zu schwer.

Dieser Tag, der Tag, an dem sie gingen, war ganz übel. Es war gegen vier Uhr nachmittags, und wir stellten fest, daß wir nach diesen drei Monaten nur noch 11 000 Dollar auf der Bank hatten. Fällig waren Möbelrechnungen, Miete, Gehälter für uns, und das Geld ging immer nur hinaus. Der Anwalt bekam 5000 Dollar für die ganzen Verträge und so weiter, und auch der Wirtschaftsprüfer nahm eine Gebühr. Man redet von 2000 Dollar, die Woche für Woche weggehen, aber nichts kommt herein, und wir saßen da und kapierten, daß wir weniger als 11 000 Dollar übrig hatten. Wir meinten, daß, wenn wir uns keine Gehälter mehr zahlten und jeden Cent umdrehten, wir es bis März aushalten könnten. Da waren wir nun im Dezember – der achte, glaube ich, war es, und mir ging auf, daß das schon der übelste Tag aller Zeiten war.

Eine Menge Leute sagte auch: »Wissen Sie, wir haben Sie schon in die engere Wahl gezogen, aber jetzt, da Frank und Ned weg sind, nun ja . . .« Dieser Termin da lag uns auf der Seele: Der 1. März – und dann Tür zu. Der Gerichtsvollzieher kommt und nimmt die Möbel mit. Wir hätten es auch weiterhin versuchen können, aber können Sie sich vorstellen, daß man eine Präsentation für einen Kunden macht, ohne ein Büro zu haben, ohne wenigstens ein Mädchen zu haben, das die Anrufe entgegennimmt? Wenn Sandy wegen Krankheit fehlte, und Barbara war außer Haus mit irgendwas anderem beschäftigt, mußte ein zukünftiger Kunde, der Jerry Della Femina & Partners anrief, einen Mann an die Strippe bekommen. Es war niederschmetternd, frustrierend; denn man weiß, daß man nichts weiter als Zeit braucht und zum Schluß kapiert man, daß man Ende Februar weg von der Bühne ist.

Dann fiel mir was ein. Einer meiner Helden – tatsächlich! – ist Mike Todd. Die große Mike-Todd-Story lautet: daß er mal 1944 im Winter Garden eine Show laufen hatte, die am Eingehen war. Es war irgendeine Kriegszeitshow mit Gypsy Rose Lee, und die Show war nicht gerade hinreißend. Todd hatte kein Geld, und er wußte nicht aus noch ein. Er brauchte wenigstens sechs Monate, um sein Geld wieder heraus zu bekommen, aber er konnte weder für Geld noch gute Worte Publikum gewinnen. Also schmiß er den Typ raus, den er in der Theaterkasse hatte, und stellte eine Dame ein, die sehr unter Arthritis litt. Sie konnte die Hände zwar bewegen, aber eben sehr langsam. Jemand kam dann an die Kasse, um eine Karte zu kaufen, und sie brauchte vielleicht zehn Minuten, um das Wechselgeld herauszugeben. Mit dem Tag, an dem er sie einstellte, war er wieder im Geschäft. Sie brauchte so lange, daß sich eine Schlange bildete. Immer, wenn drei Leute gleichzeitig eine Karte kaufen wollten, verlängerte sich die Schlange. Sehr bald streckte sich die Schlange rund um den Winter Garden herum. Leute sahen die Schlange und fragten: »Was für eine Show läuft denn hier?« Es war fantastisch, und dann schrieb Walter Winchell in seinem Artikel: Die Leute stehen bis an die Ecke, um in den Winter Garden zu kommen. Das war wahr. Sie standen wirklich bis an die Ecke. Nur lag es daran, daß die Dame nicht schnell genug herausgeben konnte. Die Show verwandelte sich plötzlich in einen großen Reißer, lief noch acht Monate, und Todd bekam sein Geld wieder heraus.

An jenem üblen Dezembertag machte ich es so, daß ich entschied, wir bräuchten so was wie Todd. Ron sagte: »Was sollen wir machen?« Ich sagte: »Wir machen eine Party!« Ron sagte: »Bist du verrückt geworden?« »Nein«, sagte ich: »Wir werden die größte Weihnachtsparty von Madison Avenue machen. Wir werden jeden potentiellen Kunden einladen, den wir kennen. Wir werden diese Räume so mit Leuten vollstopfen, daß wir zwei Barkeeper brauchen. Wir lassen einen Fotografen von ANNY und von »Ad Age« kommen und Aufnahmen machen. Wir müssen so wohlhabend wirken, daß es wehtut.«

Wir müssen tausend Einladungen verschickt haben, die Agentur war so voll, daß man sich kaum bewegen konnte. Wir hatten die Presse, wir hatten Freunde, wir hatten Feinde, wir hatten potentielle neue Kunden, wir hatten alle und jeden. Die Party kostete ungefähr 3000 Dollar, und wir wußten, daß es ganz aus war, wenn das nicht funktionierte. Wir zogen also eine Schau ab. An dem Abend kamen dauernd Leute auf mich zu und sagten: »Ich hörte, daß es mit euch nicht so gut ginge, aber Junge, ihr habt eine echte Agentur hier, was?« Und wir sagten: »Es geht fantastisch.« Barbara beobachtete den Barmann aufmerksam, und ich dachte, daß wir zum Schluß vielleicht aufessen könnten, was übrig blieb. Es waren Leute da, die aus New Jersey zur Party gekommen waren. Wir hatten alle unsere Anzeigen an der Wand. Man konnte fast hören, wie es anfing. Ein Knabe fragte vielleicht: »Weswegen sind Sie denn gekommen?« Und der andere: »Oh, ich habe mich schon seit längerer Zeit für diese Agentur interessiert, und wir ziehen sie in Betracht.« Alle waren wir bei der Party wie high, und doch hatten wir keinen Tropfen gesoffen. Meine Aufgabe war es, herumzulaufen und Zuversicht auszustrahlen, etwa so: »Hallo, wie geht's denn bei euch? Was macht den der Etat?«

Am nächsten Tag bekamen wir einen Anruf von einer Versicherungsgesellschaft. Der Typ hatte sich entschlossen, uns seinen Etat zu geben. Die Moxie Company rief einen Tag darauf an, und nun war es so weit: Wir hatten's geschafft. Die Party war der Wendepunkt für uns. Die Fotos erschienen in den Fachblättern, und die Leute in der Stadt redeten von Della Feminas Weihnachtsparty. Es war die große Sache, und das rettete uns. Leute fingen an, uns anzurufen und sagten: »Zum Schluß habt ihr es doch geschafft, Jungs.« Hätten wir die Party nicht gegeben und statt dessen unser Geld auf die folgenden Monate verteilt, dann wären wir eingegangen. Die Leute wären zu mißtrauisch gewesen. Wir hatten zu viele leere Wände, um jemand davon überzeugen zu können, daß wir eine große Agentur waren. Teil der Werbung – und ein erheblicher Teil – ist die Illusion. Illusion ist sehr wichtig. Sie macht dem zukünftigen Kunden bewußt, daß wir wer sind.

Das große Problem der neuen Agenturen besteht darin, daß man einen Wirtschaftsprüfer und einen Rechtsanwalt braucht, zwei der wichtigsten Leute der Welt. Wenn Leute Agenturen aufmachen, denken sie nicht daran, und sie meinen so was in der Richtung: »Nun ja, ich kann texten und der andere kann zeichnen.« Es ist durchaus nicht so. Es ist das Geschäft eines Wirtschaftsprüfers, der bei der Bank einen Stein im Brett hat, und eines Anwalts, der Willens ist mitzumachen. Wenn man es mit einem Anwalt und mit einem Wirtschaftsprüfer macht, ist man im Geschäft.

Man kann in der Werbung aus dem Wort Werbung schon Geld machen. Ich kenne eine Agentur, die keinen einzigen Etat hat und dennoch Geld verdient. Sie arbeiten an besonderen Aufträgen. Hier zehntausend für einen Spezialauftrag, dort zwanzigtausend. Zwei Jungs und ein Mädchen – keine teuren Leute, keine Kopfschmerzen wegen der Produktion. Sie machen Spezialaufträge, weil ihnen niemand einen ganzen Etat anvertraut. Als Ron und ich bei *Bates* waren, verdienten wir eine Menge Moos, indem wir unser Talent bei Spezialaufträgen zu Geld machten. In meinem Vertrag stand drin, daß ich freie Arbeiten machen dürfe.

Es war bei *Bates,* wo mir aufging, daß ich keine Werbung für Politiker machen wollte.
Ich sollte eine Kampagne für einen Politiker namens Arlen Spector aus Philadelphia machen. »Wann kann ich Arlen Spector sehen?« fragte ich. »Überhaupt nicht.« Spector war Staatsanwalt in Philadelphia und kandidierte fürs Bürgermeisteramt. Er wollte New Yorker Werbung, ließ aber eine Agentur in Philadelphia die Streuung machen. Ich beklagte mich darüber, daß ich Arlen Spector nicht zu sehen bekam. »Sind Sie verrückt?« fragten seine Leute. »Keiner kann mit Arlen Spector zusammentreffen. Auch wir sehen ihn nicht.« »In Ordnung«, sagte ich. »Wofür ist Arlen Spector denn?« »Arlen Spector ist dafür, gewählt zu werden.« »Gut«, sagte ich, »und wogegen ist Arlen Spector?« »Arlen Spector ist dagegen, zu verlieren.« Ich machte die Kampagne, aber Arlen Spector verlor.

Jeder arbeitet nebenher frei. Auch meine Leute machen das. Ich ging mal ins Zimmer eines Art-Direktors und sah etwas für Schaefer-Bier. Ich sagte mir: »Mensch, ich wußte wirklich nicht, daß wir den Etat bekommen hatten.« Ich war schon dran, einen drauf zu heben, und da begriff ich, daß dieser Junge für Schaefer etwas freiberuflich machte.

In der Werbung habe ich viel Glück gehabt. Mein erster Job war auch mein bester. *Daniel & Charles* war großartig und ist großartig. Auch die Arbeit für Shep bei *Delehanty* machte Spaß, obwohl die Leute manchmal meinten, wir brächten uns gegenseitig um. Als ich bei Shep arbeitete begann ich im Ernst dran zu denken, eine eigene Agentur aufzumachen.

Als ich von Shep zu *Bates* ging, war ich fest entschlossen. Und *Bates* gab etwa den Ausschlag. Nach einer Weile wußte ich, daß ich in der Werbung bleiben wollte, daß ich meinen Lebensunterhalt verdienen und stolz auf meine Arbeit sein wollte. Ich wußte, daß ich was Eigenes brauchte. Als *Bates* mich einstellte, wollten sie etwas von dieser angeblichen Magie kaufen, von dieser Atmosphäre à la *Doyle, Dane*. Was *Bates* und eine Menge anderer Agenturen noch nicht begriffen hatten, ist, daß es nicht wehtut, wenn jemand als Italiener oder Jude in den Straßen New Yorks geboren worden ist. Man kann diese Erfahrung nicht kaufen. Heute ist ein Texter in Ungnade, wenn er in einem Bostoner Vorort geboren und aus einer gutbürgerlichen Familie stammt.

Ein Typ, den ich Churchill nennen möchte, überzeugte mich davon, daß ich meine eigene Agentur haben müßte, wenn ich bei Verstand bleiben wolle. Dieser Knabe Churchill war bei *Bates* berühmt, denn er hatte eine Headline für ein Zeug namens Certs geschrieben: »Two Mints in One« (Zwei Mints [Bonbons] in einem). Certs ist so ein Pfefferminzding zum Lutschen, und es macht den Atem frisch. Und Churchill schrieb den berühmten Spot: Da streiten sich zwei Mädchen, und eine sagt: »Certs ist ein Atempfefferminz.« Und die andere sagt: »Es ist ein Pfefferminzbonbon.« Der Sprecher erscheint und sagt: »Aber Mädchen, streitet euch doch nicht. Es sind zwei Pfefferminz: Two Mints in One.« Oh, das ist ein fantastischer Spot, der den Anspruch auf Ruhm in der menschlichen Geschichte begründet. Zwei Pfefferminz in einem.

Churchill machte auch die Sache mit dem aufgeklappten Kopf und tat für Anacin Hämmer hinein. Churchill machte auch den berühmten Nasentest, bei dem man aufgefordert wird, seine Stirnhöhle wegen des Klimas nach Arizona zu schicken, und wenn es einem nicht gelingt, die Stirnhöhle ins Flugzeug zu bekommen, dann sollte man Dristan probieren. Großartiges Zeug. Ich schrieb bei *Bates* mal eine Aktennotiz über Certs: »Bei der heutigen Sitzung ist mir das Thema eingefallen, daß Certs Krebs kuriert. Ich möchte gern einige Storyboards über dieses Thema ausarbeiten.« Diese Aktennotiz verursachte bei Bates fast eine Schlägerei.

Ein wunderbares Geschäft, dieses Werbegeschäft. Junge Leute, die an Türen klopfen und herein wollen. Agenturen, die aufmachen und Pleite gehen. Die neuen Agenturen blühen auf, die älteren bekommen Arterienverkalkung. Ich verdiene ein ordentliches Geld in der Werbung. Ich denke gern dran, daß die Arbeit, die ich mache, auch gut ist. Ich weiß verdammt gut, daß sie das Produkt verkauft, denn meine Kunden würden nichts mehr mit mir zu tun haben wollen, wenn ich das Produkt nicht in Bewegung brächte. Ich muß nicht auf so was zurückfallen wie »Two Mints in One«, oder »Bekämpft Kopfschmerzen auf dreierlei Weise«, oder »Sorgt auf zwölf Arten für starke Körper«. Ich kriege nicht viel Schlaf, aber ich weine mich nicht in den Schlaf, wie es viele Leute tun. Ich führe niemand an der Nase herum, nicht mal mich selber. Ich liebe die Werbung wirklich. In diesem Buch lesen Sie auch ein paar üble Geschichten darüber. Was in der Werbung falsch ist, wäre in jeder anderen Branche auch falsch. Aber Sie sollten nicht den Eindruck bekommen, daß ich kein Faible für die Werbung habe. Ich habe wirklich eines. Ich konnte nur deshalb so über das Werbespiel schreiben, weil ich es wirklich liebe. Die meisten sagen: »Das ist ein scheußliches Geschäft.« Sie heben die Hände hoch und fahren abends nach Rye und denken nicht mehr dran. In der Werbung gibt's üble Typen, richtige Scharlatane, aber es gibt auch gute Leute. Und gute Werbung. Und ich glaube aufrichtig, daß die Werbung den größten Spaß macht, und zwar den Spaß, für den man sich sonst ausziehen muß.